भारतीय डायस्पोरा : विविध आयाम

भारतीय डायस्पोरा : विविध आयाम

संपादन और संयोजन

रामशरण जोशी
राजीव रंजन राय
प्रकाश चंद्रायन
प्रशांत खत्री

राजकमल प्रकाशन

ISBN : 978-81-267-2611-0

मूल्य : ₹695

पहला संस्करण : 2014
दूसरा संस्करण : 2022

प्रकाशक : राजकमल प्रकाशन प्रा. लि.
1-बी, नेताजी सुभाष मार्ग, दरियागंज
नई दिल्ली-110 002
शाखाएँ : अशोक राजपथ, साइंस कॉलेज के सामने, पटना-800 006
पहली मंजिल, दरबारी बिल्डिंग, महात्मा गांधी मार्ग, प्रयागराज-211 001
वेबसाइट : www.rajkamalprakashan.com
ई-मेल : info@rajkamalprakashan.com

मुद्रक : बी.के. ऑफ़सेट
नवीन शाहदरा, दिल्ली-110 032

BHARTIYA DIASPORA : VIVIDH AAYAM
Editing by Ramsharan Joshi, Rajiv Ranjan Ray, Prakash Chandrayan, Prashant Khatri

आभार

डायस्पोरा प्रवेशिका के लेखन का आरंभ हिंदी के माध्यम से डायस्पोरा निर्माण की प्रक्रिया का अध्ययन करने के उद्‌देश्य से हुआ। यह पुस्तक न केवल डायस्पोरा के विद्यार्थियों के लिए अपितु इस विषय में रुचि रखने वाले प्रत्येक व्यक्ति तक वैश्विक डायस्पोरा और ख़ासकर भारतीय डायस्पोरा निर्माण प्रक्रिया के विभिन्न चरणों को सरल और सारगर्भित भाषा में पहुँचाने के लिए लिखी गई है। इसकी रचना की संकल्पना का श्रेय हिंदी के विख्यात कथाकार और महात्मा गांधी अंतरराष्ट्रीय हिंदी विश्वविद्यालय के कुलपति श्री विभूति नारायण राय को जाता है।

यह संपादित पुस्तक विभिन्न विद्वान लेखकों और लेखिकाओं द्वारा लिखे महत्त्वपूर्ण लेखों के अभाव में अपने वर्तमान स्वरूप में संभव नहीं हो पाती, इसलिए उन सभी लोगों का आभार व्यक्त करने में हम हर्षित हैं। हम राजेश आगरकर और विवेकानंद के भी आभारी हैं, जिनके तकनीकी सहयोग से यह पुस्तक अपना वर्तमान आकार ले पाई है। हम प्रकाशन विभाग, महात्मा गांधी अंतरराष्ट्रीय हिंदी विश्वविद्यालय, वर्धा के भी आभारी हैं, जिनके माध्यम से यह पुस्तक आप सभी पाठकों तक पहुँच सकी है।

संपादकीय

विश्वविख्यात चिंतक और इतिहासकार अर्नाल्ड टॉयनबी ने डायस्पोरा समुदायों को विभिन्न महान सभ्यताओं के बीच व्याप्त दरारों और छिद्रों को पाटने वाले तत्त्वों के रूप में निरूपित किया है। भूमंडलीकरण, सभ्यताओं के टकराव, इतिहास का अंत और एकल ध्रुवीय राजनीतिक-आर्थिक-प्रौद्योगिकीय-सांस्कृतिक वर्चस्ववाद के दौर में टॉयनबी का यह अभिमत पहले से अधिक प्रासंगिक हो गया है, क्योंकि विश्व की 'डायस्पोरा मानवता' की वैविध्यपूर्ण संस्कृति और जीवनदृष्टि अपने-पराए समाजों को पारस्परिकता के सूत्र में पिरोने में रचनात्मक भूमिका निभा सकती हैं, राष्ट्र-राज्यों को बहुलतावादी और समन्वयवादी जीवन-दर्शन से समृद्ध कर सकती हैं, भविष्य में समतावादी वैश्विक व्यवस्था का सपना साकार हो सकता है। वास्तव में डायस्पोरा समुदाय केवल गिरमिटिया, उत्पादनकर्ता और पूँजी अर्जक-नियोजक ही नहीं होते हैं, बल्कि वे अपने मातृ देशों के अघोषित और भूले-भटके दूत भी होते हैं। वे सूक्ष्म को बृहत्तर और स्थानीयता को वैश्विकता से जोड़ते हुए एक 'अंतरमहाद्वीपीय बहुआयामी डायस्पोरा मानवता' को जन्म देते हैं। प्रस्तुत पुस्तक में डायस्पोरा के वैश्विक परिप्रेक्ष्य, इतिहास और उसकी गतिकी को आम पाठक और विद्यार्थी की दृष्टि से समझने का प्रयास किया गया है।

हमें यह जानना होगा कि मानव एक सामाजिक प्राणी है और यह सामाजिकता उसकी सामूहिक पहचान से मुखरित होती है। वर्तमान विश्व में मानव समुदायों की पहचान अंतरक्रियात्मक और आश्चर्यजनक रूप से परिवर्तनशील है। यह सामूहिक पहचान सामाजिक, स्थानिक और सांस्कृतिक स्तर पर निरंतर परिवर्तनशील रहती है। समूहों के प्रवासन, दूसरे स्थानों पर नए सामाजिक समूहों के गठन, इतिहास की पुनर्रचना और नृजातीय तत्त्वों की पुनर्व्याख्या से यह पहचान नित नए रूप ले रही है। इसी कारण, वैश्विक स्तर पर मनुष्य के सामूहिक पहचान से जुड़ा परिदृश्य, जिसे अर्जुन अप्पदोरई ने नृजातीय परिदृश्य 'एथनोस्केप' की संज्ञा दी है, आज अधिक विविधतापूर्ण होता जा रहा है।

वर्तमान विश्व में तकनीकी परिवर्तनों, आर्थिक संगठनों, उत्पादन की नवीन प्रणालियों और विचारधारा के स्तर पर बदलाव का दौर चल रहा है, जिसके कारण

विश्व में विविधतापूर्ण सार्वत्रिक सांस्कृतिक रूपों का उभार भी हो रहा है। इन्हीं परिस्थितियों में अपनी सांस्कृतिक संबद्धता के कारण डायस्पोरा समुदायों का अस्तित्व बना हुआ है। यद्यपि विश्व-अर्थव्यवस्था को गतिशील बनाए रखने में विभिन्न सामाजिक और आर्थिक घटकों (राष्ट्र-राज्य, अंतरराष्ट्रीय संगठन और बहुराष्ट्रीय कंपनियों) का योगदान है। फिर भी परिवार, नातेदारी और नृजातीय नेटवर्कों को इसके केंद्र में स्वीकार किया जा सकता है। इसी कारण विश्व स्तर पर पारिवारिक प्रवासन आधारित आर्थिक-सांस्कृतिक आदान-प्रदान का दौर चल रहा है।

अतः इन परिवर्तनशील वैश्विक परिस्थितियों में डायस्पोरा का महत्त्व दिनोदिन बढ़ता जा रहा है। बहुस्थानिकता, बहुभाषिकता और स्थानीय-वैश्विक प्रवृत्तियों के बीच सेतु के रूप में उपस्थित रहने के कारण यह अधिकतम सक्रिय रूप से वर्तमान विश्व व्यवस्था द्वारा उपलब्ध कराए जा रहे आर्थिक और सांस्कृतिक अवसरों का लाभ उठा सकने की स्थिति में दिखाई दे रहा है।

फैलाव और व्यापकता की दृष्टि से वैश्विक डायस्पोरा में भारतीय डायस्पोरा का महत्त्वपूर्ण स्थान है। विश्व संस्कृति में भारतीय डायस्पोरा महत्त्वपूर्ण और कुछ संदर्भों में विशिष्ट स्थान निर्मित कर रहा है। वर्तमान भारतीय डायस्पोरा का उद्‌भव अंग्रेज़ों द्वारा भारत में राजनीतिक प्रभुत्व स्थापित करने तथा उसे औपनिवेशिक शासन प्रणाली के हिस्से के रूप में अंगीकार करने से मुख्यतः जुड़ा है। उन्नीसवीं शताब्दी में अनुबंधित श्रमिकों के रूप में बड़े पैमाने पर भारतीयों को सुदूरवर्ती औपनिवेशिक बागान क्षेत्रों में ले जाया गया। इन्हीं परिस्थितियों में मॉरीशस, त्रिनिदाद, सूरीनाम, दक्षिण अफ़्रीका, फ़िजी, श्रीलंका, गुयाना, मलेशिया और अन्य देशों में बसे भारतीय मूल के लोगों ने विविध गतिविधियों से एक विशिष्ट पहचान बनाई है।

पुस्तक में प्रस्तुत निबंधों का चयन इस प्रकार किया गया है जिससे हिंदी भाषी आम पाठकों के साथ-साथ डायस्पोरा अध्ययन में रुचि रखने वाले विद्यार्थियों को भी इस नवीन अंतर-अनुशासनिक विषय के बारे में प्राथमिक परिचय मिल सके। पुस्तक में वैश्विक डायस्पोरा के प्रमुख प्रकारों-रूपों के संक्षिप्त वर्णन के साथ ही भारतीय डायस्पोरा के उद्‌भव और प्रसार के चरणों, उसकी सामाजिक-सांस्कृतिक जीवन से जुड़ी प्रक्रियाओं, उपलब्धियों और भारतीय राष्ट्र-राज्य से उसके परिवर्तनशील संबंधों को रेखांकित करने का भी प्रयास किया गया है। आशा है डायस्पोरा विभाग का यह प्रथम प्रयास प्रवासी भारतीयों के लिए भी उपयोगी सिद्ध होगा। वे इसके माध्यम से अपनी मातृधरा की स्मृतियों की अनुगूंजों को महसूस कर सकेंगे।

अनुक्रम

संपादकीय 7

1. डायस्पोरा और प्रवासन 11
2. विश्व डायस्पोरा का इतिहास 26
3. भारतीय डायस्पोरा के विभिन्न आयाम 48
4. भारतीय डायस्पोरा और प्रवासन पहचान 56
5. समुद्रपारीय भारतीय डायस्पोरा समुदाय का वर्तमान परिदृश्य 71
6. भारतीय डायस्पोरा : आर्थिक और राजनीतिक दृष्टिकोण 93
7. प्रवासी द्वीपों और देशों में भारतीय डायस्पोरा, भारतीयेतर समुदायों और आप्रवासी भारतीयों के अंतर–संबंध 112
8. भारतीय डायस्पोरा की उपलब्धियाँ 125
9. भारत से दूर लघु भारत 133
10. भारतीय डायस्पोरा और आधुनिक संचार माध्यम 153
11. पंजाबी डायस्पोरा 160
12. हिंद से बाहर हिंदी 178

पारिभाषिक शब्दावली *188*

लेखक परिचय *196*

1

डायस्पोरा और प्रवासन

रामशरण जोशी

मनुष्य का दूसरा नाम है निरंतर गतिशीलता। मनुष्य की यह मूलभूत प्रवृत्ति उसे निरंतर चंचल, यायावर, अन्वेषक, आविष्कारक, सभ्यता सर्जक, इतिहास निर्माता और भविष्य के पथ प्रदर्शक की बहुआयामी भूमिका निभाने के लिए निरंतर उत्प्रेरित करती आई है और मानव सभ्यता के जीवित रहने तक यह उत्प्रेरण-प्रक्रिया चलती रहेगी। मानव सभ्यता-संस्कृति और उपलब्धि-विफलता के ऐतिहासिक अनुभवों से यही साक्ष्य मिलता है।

अवधारणा के स्तर पर डायस्पोरा या प्रवासन को समझने के लिए इसकी पृष्ठभूमि और प्रवृत्तियों को जानना आवश्यक है। प्रवासन एक क्रिया है, जिसका संबंध मनुष्य की स्थितियों से रहता है। मनुष्य की जन्मजात गतिशीलता और महत्त्वाकांक्षाएँ प्रवासन का रूप और मार्ग निर्धारित करती रही हैं। यदि मनुष्य यथास्थिति से बँधा रहने वाला या जड़वादी होता तो वह एक ही स्थान पर पाषाण के रूप में जीवनपर्यंत पड़ा रहता। उसमें अपनी सीमाओं को लाँघने और दूसरे की सीमाओं का अतिक्रमण करने की कभी भी इच्छाशक्ति पैदा नहीं होती। इस इच्छाशक्ति के पंख पर सवार होकर वह अकेले या समूह में आवागमन करता आया है। मनुष्य के आवागमन, विचरण, प्रवासन, निर्वासन आदि को दुनिया के मिथकीय साहित्य में भी देखा जा सकता है। प्रत्येक देश के मिथकीय साहित्य, लोक साहित्य, मौखिक साहित्य और परंपरागत साहित्य के पात्र ऐसा करते रहे हैं। रामायण, महाभारत, जातक कथाओं, यूरोपीय साहित्य, अरबी साहित्य, रूसी साहित्य आदि में ऐसे अनेक मिथकीय पात्र मिल जाएँगे, जो अपनी इच्छानुसार देशाटन करते हैं और क्षेत्र विशेष में बस भी जाते हैं। तीनों लोकों में इच्छानुसार विचरण करते हैं और मायानगरी बनाते हैं। एक ओर मिथकीय साहित्य, मनुष्य की अभूतपूर्व कल्पनाशीलता को उद्घाटित करता है, और दूसरी ओर मनुष्य की लौकिक और पारलौकिक

गतिशीलता को भी दर्शाता है। यद्यपि मिथकीय पात्रों की लीलाओं के कोई ऐतिहासिक आधार नहीं होते हैं, लेकिन वे मनुष्य की बहुआयामी स्थानांतरणीयता को अवश्य ही प्रदर्शित करती हैं। निर्बाध स्थानांतरणीयता और पारगमनीयता मनुष्य की आंतरिक इच्छाशक्ति और बाह्य भौतिक सामर्थ्य का प्रतिनिधित्व करती हैं। रामायण और महाभारत में तीनों लोकों (पृथ्वीलोक, पाताललोक और आकाशलोक) के बीच देवी-देवताओं और भू-लोक के मनुष्यों का अबाध आवागमन होता रहता है। ये मिथकीय नायक-नायिकाएँ भूत और वर्तमान कालों में सुविधानुसार आवाजाही करते हैं। पिछले, वर्तमान और अगले जन्म अर्थात तीनों कालों में विचरण इनके लिए सामान्य क्रिया से अधिक नहीं है। वस्तुतः मनुष्य मिथकीय हो या ऐतिहासिक, वह स्थिर नहीं रह सकता।

जब हम इस परिप्रेक्ष्य में डायस्पोरा या प्रवासन के संबंध में विचार करते हैं, तब हमारे लिए मनुष्य की बहुआयामी गतिशीलता और जिजीविषा की पड़ताल ज़रूरी हो जाती है। मनुष्य ने अपनी चेतनाशील यात्रा कंदराओं, वन-उत्पाद एकत्रीकरण और स्थानांतरणीय कृषि से शुरू की थी, लेकिन वह आज व्यवस्थित, अतिविकसित और समृद्ध बसाहट की सभ्यता का स्वामी बन चुका है। इस मुकाम तक पहुँचने के लिए उसे जीवन के प्रत्येक क्षेत्र में कड़ा संघर्ष करना पड़ा है, अनगिनत ऐतिहासिक उत्थान-पतन और त्रासदियों से गुज़रना पड़ा है। वह कभी भी शांति से नहीं बैठ सका है। उसने अपने भौतिक परिवेश को बदलने और अनुकूल स्थितियों के निर्माण के लिए सभी दिशाओं में प्रयास किए, नए-नए अभियानों पर निकला और अपनी अक्षय मेधा का परिचय दिया।

यह उसकी मेधा ही थी, जिसने उससे देशाटन करवाया, मोक्ष-मुक्ति की रहस्यमय यात्राओं के लिए उद्धत किया, तीर्थयात्राएँ करवाईं, सांस्कृतिक प्रचार, व्यापारिक संपर्क और नए-नए क्षेत्र विजय के लिए मातृभूमि की सीमाओं को लाँघने के लिए प्रेरित किया। इस संदर्भ में महावीर स्वामी, गौतम बुद्ध, ईसा मसीह, पैगंबर मोहम्मद आदि के उपदेश-दूतों की भू-पारीय धार्मिक यात्राओं का स्मरण कर सकते हैं। सम्राट अशोक ने अपने पुत्र और पुत्री को श्रीलंका में बौद्ध धर्म के प्रचार के लिए भेजा था। इसी प्रकार अनेक बौद्ध भिक्षु तिब्बत, चीन, जापान, दक्षिण पूर्व एशिया, मध्य एशिया जैसे सुदूर क्षेत्रों तक धर्म प्रचार के लिए पहुँचे। उसी प्रकार ईसा और मोहम्मद के अनुयायी भी पृथ्वी के एक छोर से लेकर दूसरे छोर तक पहुँचते रहे। इन धार्मिक अभियानों ने नई प्रवासन संस्कृति को जन्म दिया। विभिन्न समाजों के बीच सांस्कृतिक, आध्यात्मिक, वैचारिक, शैक्षणिक और आर्थिक अंतर्क्रियाओं का युग शुरू हुआ। यूनान, चीन, पश्चिमी एशिया, यूरोप जैसे क्षेत्रों से यात्री और इतिहासकार आते रहे। सूफ़ीवाद का दौर चला। इस संदर्भ में ह्वेनसांग,

फ़ाहियान, मार्कोपोलो, अलबेरुनी, इब्नबतूता, संत थोमस, संत फ्रांसिस जेवियर्स, ख्वाजा मोईनुद्दीन चिश्ती आदि को भारतीय पृष्ठभूमि में याद किया जा सकता है। ये बहुआयामी प्रक्रियाएँ केवल भारत में ही नहीं, बल्कि विश्व के विभिन्न भागों में भी कम-अधिक समानांतर रूप से चलती रही हैं। यूरोप और पश्चिम एशिया, यूरोप और उत्तरी एवं दक्षिणी अमेरिका, यूरोप और कैरेबियाई क्षेत्र, अफ्रीकी महाद्वीप, यूरोप और दक्षिण एशिया एवं सुदूर पूर्व एशिया जैसे क्षेत्रों में इन प्रक्रियाओं से जनित प्रवासन परिदृश्यों को देखा जा सकता है। इस परिप्रेक्ष्य में रोमन-यहूदी टकराव, यहूदी निष्कासन और पलायन, ईसाइयत और इस्लाम में मुठभेड़ें, क्रूसेड और जिहाद, कोलंबस की अमेरिका की खोज, मध्ययुगीन साम्राज्यवादी और उपनिवेशवादी अभियान जैसी ऐतिहासिक घटनाओं का उल्लेख समीचीन है। इन घटनाओं के फलस्वरूप विभिन्न महाद्वीपों, उपमहाद्वीपों और आधुनिक राष्ट्र-राज्यों के मध्य विभिन्न रूपों में विशाल जनसंख्या के आवागमन, विस्थापन, प्रवासन, निष्कासन, स्थापन जैसी प्रवृत्तियाँ अस्तित्व में आई हैं।

इन घटनाओं के कारण व्यक्ति उजड़े, समाज विखंडित हुए और देश एवं राष्ट्रों के नक्शे बदले। नए प्रकार की अस्मिताओं, पहचानों, मातृभूमि और प्रवासित व्यक्ति या समूह के मध्य नए संबंधों, नई परंपराओं और सांस्कृतिक बोधों का जन्म हुआ। व्यक्ति की मूलभूमि और प्रवासित भूमि की परस्पर बहुस्तरीय संरचनाएँ अस्तित्व में आईं। दोनों की पारस्परिकता को नए संदर्भों में परिभाषित करने की आवश्यकता भी पैदा हुई है।

आज हम वैश्वीकृत दुनिया में साँस ले रहे हैं। विश्व एक 'विश्व ग्राम' में परिवर्तित हो चुका है। जब विश्व मानवता संचार क्रांति के कारण पहले से अधिक समीप होती जा रही है, तब लोगों में नए सिरे से स्वयं की उद्गम-भूमियों को खोजने की उत्कंठा भी तीव्रता से जाग रही है। विश्व के विभिन्न क्षेत्रों में छितराई प्रवासित मानवता में अस्मिता बोध करवटें लेने लगा है। कहीं-कहीं इसमें आक्रामकता भी दिखाई देने लगती है। विस्थापित होने के बावजूद प्रवासी मानवता भावनात्मक स्तर पर अपनी जड़ों से जुड़ना चाहती है। मातृभूमि के साथ नए सिरे से संबंध स्थापित करना चाहती है। वह अपना संपूर्ण अस्तित्व नए सिरे से खोजना चाहती है। इसलिए विश्व के विभिन्न प्रवासी समाजों में अस्मिता को लेकर हलचल मची हुई है, साहित्य-कला-संस्कृति, संचार माध्यम, आर्थिक-राजनयिक संबंध आदि को लेकर नए प्रवासी-विमर्श जन्म ले रहे हैं। चूँकि वैश्वीकरण ने नए जीवन मूल्यों को जन्म दिया है, इसलिए प्रवासी भारतीय समाज भी वैश्वीकृत भारत को नए संदर्भों के साथ खोजना-समझना चाहता है। इसके लिए यह आवश्यक है कि हम अपने प्रवासी भारतीयों के प्रति खुली और विवेकपूर्ण दृष्टि अपनाएँ। उनके

प्रवासन की तत्कालीन परिस्थितियों और वर्तमान स्थितियों को सही परिप्रेक्ष्य में रखकर समझें।

आज डायस्पोरा या प्रवासन का प्राचीन स्वरूप लगभग पूरी तौर पर बदल चुका है। कृषियुगीन या सामंतकालीन या पूर्व औद्योगिककालीन प्रवासन मंथर गति, धर्मोन्मुखी, तीर्थाटनवादी, भौतिक मोक्षवादी, पारलौकिक आनंद और परोपकारवादी हुआ करता था। विभिन्न धर्मों के संत-मुनि, भिक्षु-परिव्राजक, श्रावक, अवधूत, योगी, साधु-संन्यासी, फ़कीर, तीर्थयात्री आदि निरंतर प्रवास पर रहा करते थे। महीनों, वर्षों, दशकों एक क्षेत्र से दूसरे क्षेत्र, एक नगर से दूसरे नगर समूहों और टोलियों में भटकते रहते थे। संपूर्ण जीवन इस प्रक्रिया में बीत जाता था। ऐसे प्रवासी अपनी प्रस्थान भूमि का कभी लौटकर दर्शन कर ही लेंगे, यह सब अनिश्चित रहता था। प्रस्थान और गंतव्य बिंदुओं में कोई संबंध नहीं रहा करता था, क्योंकि आवागमन के साधन विकसित नहीं थे। उस समय आज से नितांत भिन्न मानसिक बनावट हुआ करती थी। एक प्रकार से वे नियतिवाद से संचालित हुआ करते थे। भौतिक उपलब्धि उनकी प्राथमिकता नहीं थी। प्रवास में एक प्रकार की निस्पृहता की अंतर्धारा प्रवाहित हुआ करती थी।

यद्यपि यह सच है कि धार्मिक और आध्यात्मिक प्रवासन के समानांतर व्यापारिक-वाणिज्यिक प्रवासन भी प्रचलित थे। तत्कालीन युग में भारत के पूर्व एशिया, मध्य एशिया, पश्चिमी यूरोप जैसे क्षेत्रों के साथ सांस्कृतिक-व्यापारिक संबंध रहे हैं। कंबोडिया, थाईलैंड, जावा, सुमात्रा, बाली, मलेशिया जैसे क्षेत्रों में इस श्रेणी के प्रवासी भारतीयों को देखा जा सकता है। इन देशों में शताब्दियों से प्रवासी भारतीय रह रहे हैं। पूर्व औद्योगिक और पूर्व औपनिवेशिक कालों के इंडियन डायस्पोरा या प्रवासी भारतीय आधुनिक डायस्पोरा से नितांत भिन्न हैं। दोनों की विश्व-दृष्टियाँ अलग-अलग भौतिक विकास संरचनाओं का प्रतिनिधित्व करती हैं। आरंभिक डायस्पोरा की दृष्टि सामंती, महाजनी पूँजीवादी और गैर-उपभोक्तावादी मूल्यों से बनी थी, इसके विपरीत आधुनिक डायस्पोरा की विश्व-दृष्टि विकसित औद्योगिक पूँजीवाद और उपभोक्तावादी संस्कृति पर आधारित है। निस्संदेह विकसित और उन्नत उत्पादन साधन, संचार क्रांति के साथ उच्च और तीव्र पूँजी-गतिशीलता प्रवासियों की जीवन-दृष्टियों और जीवन-शैलियों का रूप और प्रभाव निर्धारित करते हैं। इसलिए इक्कीसवीं सदी के भारतीय डायस्पोरा को मध्ययुगीन आँखों से देखने-समझने को अवैज्ञानिकता ही कहा जाएगा। मेरा यह मत विभिन्न देशों-अमेरिका, कनाडा, ब्रिटेन, नीदरलैंड्स, सूरीनाम, गयाना, मॉरीशस, इंडोनेशिया, मलेशिया, तंजानिया, ओमान आदि में मौजूद प्रवासी भारतीयों के अवलोकन और अनुभव पर आधारित है। इस अनुभव के सामाजिक, साहित्यिक-सांस्कृतिक, भाषाई,

प्रौद्योगिकीय आर्थिक और राजनीतिक आयाम हैं। ज़ाहिर है कि इन आयामों का समकालीन राजनीतिक-आर्थिक विमर्शों से भी संबंध है, जिन पर आगे चर्चा की जाएगी।

परिभाषा

वास्तव में, हिंदी शब्द 'प्रवासन' की तुलना में 'डायस्पोरा' शब्द प्राचीन है। यह शब्द मूलतः ग्रीक भाषा का है। शब्दशास्त्र की दृष्टि से डायस्पोरा या Diaspora को ग्रीक भाषा के 'Diaspora' शब्द से लिया गया है। संधि-विच्छेद करने पर यह शब्द इस प्रकार है : 'Dia' और 'Sperien' का "बीजों को बोना, छितराना या बिखेरना, फैलाना" आदि। यह एक अनंत क्रिया है। मूलतः इस शब्द का प्रयोग ई.पू. 586 में यहूदियों के 'बेबीलोनिया से निष्कासन' के संदर्भ में किया गया था। इस निष्कासन से यहूदी या यहूदी समाज फ़िलीस्तीन से बाहर विभिन्न क्षेत्रों में बिखर गया, चारों ओर छितर गया। आधुनिक काल में यह शब्द यहूदी-निष्कासन, प्रवासन और विस्थापन तक ही सीमित नहीं रहा है। आज इस शब्द का प्रयोग विभिन्न देशों के मानव समूहों के विस्थापन, प्रवासन और पुनर्वसन के संसार को रेखांकित करने के लिए किया जाता है, क्योंकि विगत ढाई हजार वर्षों में दुनिया के विभिन्न भागों में प्रवासन, विस्थापन और पुनर्वसन की ऐतिहासिक लहरें उठती रही हैं। इसलिए विभिन्न नस्ल, प्रजाति, रंग, भाषा, धर्म, जाति, क्षेत्र आदि के लोगों के अपने गृहस्थान या मूलस्थान से पलायन या निष्कासन और बाद में नई जीवन स्थितियों के वर्णन में डायस्पोरा शब्द का व्यापक अर्थों में प्रयोग किया जाता है। संक्षेप में, इसका मानव समूह विशेष के लिए प्राचीन प्रयोग बदल चुका है। अब भारतीय डायस्पोरा, पाकिस्तानी डायस्पोरा, चीनी या जापानी डायस्पोरा, सिक्ख या पंजाबी डायस्पोरा, अफ़्रीकी या ब्लैक डायस्पोरा, तमिल-मलयाली डायस्पोरा, सिंधी-गुजराती डायस्पोरा, सूरीनामी डायस्पोरा, एशियाई डायस्पोरा, आर्मेनियाई डायस्पोरा, फ़िलीस्तीन और लेबनानी डायस्पोरा, रोमा या जिप्सी डायस्पोरा, पारसी डायस्पोरा, ईरानी-कुर्द-अफ़गानी डायस्पोरा, तिब्बती डायस्पोरा आदि का प्रयोग प्रचलित है। एक बड़े और व्यापक डायस्पोरा में कई लघु डायस्पोरा भी होते हैं। उदाहरण के लिए जब भारतीय डायस्पोरा शब्द का प्रयोग किया जाता है, तो इसमें भारत के कई उपक्षेत्रीय डायस्पोरा (पंजाबी, सिंधी, गुजराती, सिक्ख, तमिल, बंगाली, मराठी, भोजपुरी या बिहारी आदि) भी मौजूद रहते हैं। राष्ट्र विशेष में स्थानीय स्तर पर इनकी पहचान मूल भारतीय पहचान से चिह्नित और परिभाषित की जाती है और इस प्रक्रिया में इन उप-डायस्पोराओं में मौजूद 'स्वतंत्र अस्मिता बोध' की आक्रामकता भी उभरती है। इसका अहसास मुझे ब्रिटेन, अमेरिका,

कनाडा, मलेशिया, इंडोनेशिया, ओमान जैसे देशों के विभिन्न नगरों के प्रवासी भारतीयों की बस्तियों की यात्राओं के दौरान हुआ।

इक्कीसवीं सदी में डायस्पोरा या प्रवासन की परंपरागत अवधारणा और परिभाषा में समयानुकूल परिवर्तन आ चुका है, क्योंकि इस परिघटना के आधार और कारण भी बदले हैं। हमें इस तथ्य को ध्यान में रखना होगा कि प्रवासन एक प्रकार से 'प्रभाव' (इफ़ेक्ट) है, न कि कारण। कारण और प्रभाव समाज या देश विशेष की विकास अवस्था निर्धारित करते हैं। इसका संबंध 'माँग और आपूर्ति' से भी रहता है। स्थानीय दबाव, राज्य का व्यवहार, आकर्षण के केंद्रों, सुखद और समृद्ध जीवन की आकांक्षा जैसे कारक (फ़ैक्टर) प्रवासन की प्रक्रिया, स्वरूप और दिशा को निर्धारित करते हैं। कभी स्वेच्छापूर्वक खोज और आविष्कार की इच्छा, जीवन-यापन, बदलाव निष्कासन, नस्ल और रंगभेद, नस्ली जनसंहार आदि के कारण प्रवासन हुआ करता था अथवा डायस्पोरा का निर्माण होता था। आज उच्च प्रौद्योगिकीय दक्षता, शोध अनुसंधान सुविधा, श्रेष्ठ व्यावसायिकतावाद (प्रोफ़ेशनलिज़्म), नवनिर्मित श्रम, कौशल, राजनीतिक उथल-पुथल और प्रतिशोध जैसे कारक प्रवासन की पृष्ठभूमि रचते हैं।

विगत दो दशकों में मुस्लिम देशों (इराक, ईरान, मिस्र, लीबिया, सीरिया, अफ़गानिस्तान, पाकिस्तान आदि) में अप्रत्याशित राजनीतिक उथल-पुथल हुई है। हिंसक सत्ता परिवर्तन हुए हैं। आंतरिक जातीय लड़ाइयाँ (इथनिक फ़ाइट्स) हुई हैं। गृह-युद्ध की आग में राष्ट्र झुलसे हैं। इन शृंखलाबद्ध हिंसक घटनाओं ने विभिन्न देशों में नए सिरे से विशाल आबादी के पलायन और निष्कासन को जन्म दिया। गंतव्य या मेज़बान देशों में नए राजनीतिक प्रवासी या विस्थापित या शरणार्थी समूहों ने जन्म लिया। कोई बड़ा या सीमांत देश इस आरोपित प्रवासन से अप्रभावित नहीं रहा। इस दृष्टि से भारत भी अपवाद नहीं है। भारत के कतिपय शहरों में अफ़गानी डायस्पोरा को भी देखा जा सकता है। भारत में पाँचवें दशक से तिब्बती राजनीतिक डायस्पोरा पहले से ही मौजूद है।

1949 में चीन में साम्यवादी क्रांति और तिब्बत में चीनी सेनाओं के हस्तक्षेप से उत्पन्न स्थिति के कारण दलाईलामा के नेतृत्व में हजारों तिब्बतियों ने तिब्बत से पलायन कर भारत में प्रवेश किया था। विश्व के अन्य भागों में भी इस तरह की परिघटनाएँ देखने को मिलती हैं। प्रथम विश्व युद्ध और विशेष रूप से द्वितीय विश्व युद्ध के पश्चात यूरोप के कई देश (ब्रिटेन, फ़्रांस, जर्मनी, इटली, रूस आदि) भी व्यापक पलायन और प्रवासी आगमन के दौर से गुज़रे हैं।

वास्तव में, विभिन्न चरणों में डायस्पोरा या प्रवासन का दौर दक्षिण अमेरिका, उत्तरी अमेरिका, कैरेबियाई क्षेत्र, दक्षिण-पूर्वी एशिया, अफ़्रीका, मध्य यूरोप, दक्षिण

एशिया जैसे क्षेत्रों में विभिन्न कारणों से चलता रहा है। यह भी कहा जा सकता है कि बीसवीं सदी में प्रथम विश्व (विकसित समृद्ध देश) और तीसरी दुनिया (विकासशील और निर्धन देश) के देशों के बीच बहुआयामी प्रवासन की लहरें चलती रही हैं और आज भी जारी हैं। प्रवासन की लहरों ने मेज़बान राष्ट्रों की आंतरिक और बाहरी संरचनाओं को भी प्रभावित किया है। नए तनावों, अंतर्विरोधों और प्रतिस्पर्धाओं को जन्म दिया है। इसलिए प्रवासन के संबंध में और अधिक व्यापक दृष्टि अपनाए जाने की आवश्यकता है, जो कि नए डायस्पोरा के यथार्थ को वैज्ञानिक ढंग से परिभाषित कर सके।

हमें यह भी समझना होगा कि आज का डायस्पोरा उन्नीसवीं सदी की अभिशप्त, प्रताड़ित और शोषित मानवता नहीं है। आधुनिक डायस्पोरा उत्तर-औपनिवेशिक और साम्राज्यवादी काल में राष्ट्र-राज्य (नेशन-स्टेट) के निर्माण और संचालन में निर्णायक भूमिका निभा रहा है। यह उत्तर-औपनिवेशिक और वैश्वीकृत डायस्पोरा इन राष्ट्र-राज्यों में नया सामाजिक-आर्थिक-राजनीतिक नेतृत्व प्रदान कर रहा है। इस परिघटना (फ़िनोमनन) का जीवंत रूप मैंने मॉरीशस, त्रिनिदाद-टोबैगो, गयाना, सूरीनाम जैसे देशों में देखा है। भारतीय डायस्पोरा के प्रतिनिधि इन देशों में राष्ट्राध्यक्ष और शासनाध्यक्ष बनते रहते हैं। ब्रिटेन, उत्तरी अमेरिका, कनाडा, सिंगापुर जैसे देशों में प्रवासी भारतीय उच्च राजनीतिक पदों पर भी हैं और आर्थिक-औद्योगिक क्षेत्र में भी उल्लेखनीय स्थान रखते हैं। विश्व के 150 से अधिक देशों में भारतीय डायस्पोरा की आबादी करीब ढाई करोड़ मानी जाती है। प्रतिशत की दृष्टि से मॉरीशस में सबसे अधिक है। इसके पश्चात गयाना, फ़िजी, त्रिनिदाद तथा टोबैगो, सूरीनाम जैसे देशों का स्थान है। अत: इक्कीसवीं सदी के भारतीय डायस्पोरा या प्रवासी भारतीय को उसकी समग्रता में परिभाषित और व्याख्यायित करने के लिए नए अकादमीय उपकरणों की ज़रूरत होगी। यहाँ तक कि प्रवासी साहित्य को विश्लेषित करने के लिए गैर-पारंपरिक सौंदर्यशास्त्र चाहिए। प्रवासी आख्यान की अनुभूति और अभिव्यक्ति के लिए नितांत ताज़ा सौंदर्य बोध का सृजन करना होगा। इस साहित्य के अनेक आयाम हैं, यह मूलत: बहुलतावादी है, अनेकतावादी है, इसका एकरूपीकरण और साधारणीकरण गलत निष्कर्षों को जन्म दे सकता है। सारांश में, औपनिवेशिककालीन-साम्राज्यवादकालीन डायस्पोरा और आप्रवासी (एन.आर.आई.) दोनों की जीवन-दृष्टियाँ, जीवन-शैलियाँ, भावना-संवेदना और गतिशीलता सर्वथा भिन्न होती हैं। यूरोप, अमेरिका और कनाडा में बसे आप्रवासी भारतीय डायस्पोरा और कैरेबियाई देशों के भारतीय मूल के डायस्पोरा, दोनों श्रेणियों के डायस्पोराओं की अपनी मातृभूमि भारत के प्रति संबंध बोधों में भी अंतर मिलेगा और दोनों के आख्यान अलग-अलग होंगे। दोनों के भावना-संवेदना जगत परस्पर भिन्न होंगे।

इसलिए डायस्पोरा की सूक्ष्मता-व्यापकता, एकरूपता-बहुरूपता, पारंपरिकता-आधुनिकता आदि को समाहित करने वाली सार्विक सैद्धांतिकी विकसित की जानी चाहिए। फिर भी सारतत्त्व यह है कि डायस्पोरा या प्रवासन एक ऐसी घटना-प्रक्रिया है, जो कि मिथकीय भी है और निरंतर परिवर्तनशील भी, स्थानीयकृत भी है और वैश्वीकृत भी, क्षेत्रीयकृत भी और अक्षेत्रीयकृत भी, आत्मप्रेरित भी है, परप्रेरित और बलात भी है।

पहचान

पारसी डायस्पोरा की पहचान के संबंध में एक कहावत प्रचलित है। कहा जाता है कि जब मुस्लिम आक्रमणों के कारण बड़े पैमाने पर पारसी, अपने गृह देश-ईरान छोड़ने लगे, तब उनके धार्मिक गुरु ने उन्हें उपदेश दिया था कि वे जिस देश में भी बसें, वहाँ के समाज में 'दूध में शक्कर' के समान घुल-मिल जाएँ और उसकी समृद्धि में अपना योगदान दें। आज पारसी डायस्पोरा भारत, पाकिस्तान और कई देशों में कम-अधिक बसा हुआ है, लेकिन वहाँ के समाजों के विकास के साथ अपने अस्तित्व को लगभग विलीन कर दिया है। विगत डेढ़-दो सौ वर्षों में भारत के औद्योगिकीकरण और ज्ञान-विज्ञान प्रौद्योगिकीय विकास में पारसी समाज की भूमिका ऐतिहासिक रही है। टाटा औद्योगिक घराने के योगदान को कैसे भुलाया जा सकता है। प्रसिद्ध परमाणु वैज्ञानिक डॉ. होमी जे. भाभा इसी समाज के थे। टाटा परिवार ही भारत में नागरिक-व्यापारिक विमान सेवा का सूत्रधार था। पारसी समाज की चारित्रिक विशिष्टता यह रही है कि राष्ट्रीय जीवन के लगभग सभी क्षेत्रों में इसके अद्वितीय योगदान के बावजूद इसने कभी भी अपनी अस्मिता-आक्रामकता का प्रदर्शन नहीं किया। इस डायस्पोरा में दक्षिणपंथी और वामपंथी (पीलू मोदी, मीनू मसानी, होमी दाजी, कोबाद गांधी आदि) दोनों ही प्रकार के नेता हुए हैं, लेकिन इसने पहचान का संकट कभी महसूस नहीं किया और न ही किसी प्रकार की आक्रामकता दिखाई। आज भी यह डायस्पोरा 'दूध में शक्कर' के उपदेश का पालन कर रहा है। यद्यपि इसका आकार धीरे-धीरे सिकुड़ता जा रहा है, क्योंकि वैवाहिक संबंधों के मामले में यह अत्यंत रूढ़िवादी है और आसानी से अपने समुदाय से बाहर संबंध स्थापित नहीं करता है। ये देश के सीमित क्षेत्रों (मुंबई, अहमदाबाद, दिल्ली, कोलकाता, इंदौर आदि) में ही केंद्रित हैं, लेकिन इसकी सीमित उपस्थिति को भी राष्ट्रीय गौरव के रूप में देखा जाता है।

वास्तव में प्रत्येक डायस्पोरा की अपनी परंपरागत मौलिक विशिष्टता रहती है। यद्यपि समय के साथ-साथ इस विशिष्टता में बाहरी स्तर पर परिवर्तन आते रहते हैं। फिर भी इसकी अंतर्वस्तु लगभग अप्रभावित रहती है। इस संदर्भ में यहूदी, मुस्लिम,

सिक्ख जैसे डायस्पोरा को गिनाया जा सकता है। हिंदू डायस्पोरा तुलनात्मक दृष्टि से अधिक उदारवादी, समन्वयवादी, परिवर्तनशील, अनुकूलनीयवादी और प्रगतिशील होता है। इसमें देश-काल और परिस्थिति के अनुसार स्वयं को ढालने की अद्‌भुत कला और क्षमता रहती है। इस चारित्रिक विशिष्टता के कारण प्रवासी हिंदू कई क्षेत्रों में शिखर पर दिखाई देंगे। इस संदर्भ में अमर्त्य सेन, रामकृष्णन वेंकटरमण, वी.एस. नायपाल, सलमान रुश्दी, दीपा मेहता, मीरा नायर, सर मेघनाद देसाई, लॉर्ड स्वराज पाल, लक्ष्मी मित्तल, बाबी जिंदल, सुनीता विलियम, कल्पना चावला (स्व.), हरगोविंद खुराना (स्व.), संत सिंह चटवाल जैसे नाम उल्लेखनीय हैं। पर हिंदू डायस्पोरा भी भीतर से कई अर्थों में यथास्थितिवादी होता है, यह भी एक सच्चाई है। भारतीय मूल का डायस्पोरा और आप्रवासी भारतीय डायस्पोरा, दोनों का पहचान, अस्तित्व और अस्मिता को लेकर अलग-अलग नज़रिया है, क्योंकि दोनों का पलायन, प्रवासन, विस्थापन और पुनवर्सन अलग-अलग परिस्थितियों में हुए हैं। इसलिए नज़रिए में भिन्नता अपरिहार्य है।

डायस्पोरा की पहचान, अस्तित्व और अस्मिता का सवाल उसकी भौगोलिक, सामाजिक, सांस्कृतिक, धार्मिक पृष्ठभूमि और ऐतिहासिकता से जुड़ा हुआ है। वस्तुत: जो डायस्पोरा जितना अधिक प्राचीन, ऐतिहासिक अनुभवों से समृद्ध, उत्पीड़ित और दंडित होगा, वह अपनी पहचान और अस्मिता को लेकर उतना ही अधिक संवेदनशील मिलेगा। यहूदी डायस्पोरा इसकी ज्वलंत मिसाल है। इतिहास में ईसा पूर्व से लेकर बीसवीं सदी के मध्य के हिटलर काल तक यहूदी जाति सबसे अधिक पीड़ित और निष्कासित रही है। इसने विभिन्न कालों में कई जातीय संहारों, पलायनों, निष्कासनों और विस्थापनों के दौर झेले हैं। आज भी यह विश्व भर में ईर्ष्या, शत्रुता और हमलों के घेरे में है। इसलिए यहूदी समाज अपने अस्तित्व और अस्मिता को लेकर अथक संघर्षरत रहता है। यही कारण है कि पश्चिमी एशिया लगातार अशांत रहता है। इज़रायलियों (यहूदी राष्ट्र-राज्य) और मुस्लिम देशों के बीच कब युद्ध भड़क उठे, कोई नहीं जानता। विदेशों में यहूदी डायस्पोरा और फ़िलीस्तीनी सहित अन्य मुस्लिम डायस्पोराओं के बीच तनावपूर्ण स्थिति बनी रहती है।

विगत कुछ दशकों से मुस्लिम डायस्पोरा भी अपनी पहचान, अस्तित्व और अस्मिता को लेकर बेहद संवेदनशील और आक्रामक होता जा रहा है। इसके ऐतिहासिक कारण भी हैं। जूडीज़्म (यहूदी धर्म), ईसाई धर्म और इस्लाम के टकरावों की ऐतिहासिक पृष्ठभूमि है। तीनों का उद्‌गम भूभाग (बेथलम और जेरूसलम या दारुइस्लाम) लगभग समान है। तीनों धर्मावलंबियों (यहूदी, ईसाई और मुस्लिम) के बीच लगातार टकराव होते रहे हैं। इनके आकार बदलते रहे हैं। लेकिन 29 नवंबर, 1947 में राष्ट्र संघ द्वारा फ़िलीस्तीन के विभाजन की घोषणा और

15 मई, 1948 को इज़रायल (यहूदी राष्ट्र) की स्थापना के बाद से ही यहूदी तथा मुसलमानों के बीच सीधे संघर्ष उग्र से उग्रतर होते गए। आज भी इन दोनों कौमों के बीच युद्ध की स्थिति बनी हुई है। ज़ाहिर है कि विदेशों में बसे यहूदी और मुस्लिम डायस्पोरा भी इससे अप्रभावित नहीं हैं। दोनों डायस्पोराओं के बीच जब-तब झगड़े होते रहते हैं। यह एक अलग कहानी है।

तीनों कौमों के संबंध-परिदृश्य में सबसे बड़ा परिवर्तन बीती सदी के अंतिम दशक में खाड़ी युद्ध के साथ आता है। इसी दशक में अमेरिकी चिंतक हंटिंगटन ने "सभ्यताओं का टकराव" की अवधारणा प्रस्तुत कर 'ईसाइयत बनाम इस्लाम' की स्थिति पैदा कर दी। ईसाई सभ्यता और इस्लामी सभ्यता के बीच टकराव अपरिहार्य है, इस प्रकार की धारणा विश्व में प्रचारित हो गई। यह भी विडंबनापूर्ण संयोग है कि विगत दो दशकों में दो-दो खाड़ी युद्ध हुए, न्यूयार्क स्थित दो इमारतों पर अलकायदा के लोगों ने वैमानिक हमले किए, प्रतिशोध में अमेरिका ने अफ़गानिस्तान पर आक्रमण कर दिया, इराक पर हमला कर राष्ट्रपति सद्दाम हुसैन को फाँसी पर लटकाया गया और अलकायदा प्रमुख ओसामा बिन लादेन को पाकिस्तान में मार डाला गया। लीबिया के राष्ट्रपति गद्दाफी को भी सत्ता से अपदस्थ कर समाप्त किया गया। आज भी ईरान पर संभावित अमेरिकी आक्रमण की मिसाइल तनी हुई है। इस घटनाचक्र ने मुस्लिम जगत में 'उत्पीड़न, अन्याय, निरंतर सताने' जैसे भाव पैदा कर दिए हैं। अमेरिका और यूरोप में आवासित मुस्लिम डायस्पोरा स्वयं को निरंतर अस्तित्व और अस्मिता संकट से घिरा महसूस करता है। इस अहसास ने उसे पहले से अधिक असुरक्षित और आक्रामक बना दिया है। यही उसकी पहचान बनती जा रही है। अपनी धार्मिक पहचान और अस्मिता के लिए उसके आग्रह भी बढ़ते जा रहे हैं। इस संदर्भ में फ़्रांस और अन्य देशों में हुए 'बुर्का विवाद' को देखा जा सकता है। मुस्लिम डायस्पोरा की ऐसी पहचान विश्व शांति और विभिन्न प्रवासी समाजों के बीच सौहार्दपूर्ण संबंध की दृष्टि से नकारात्मक मानी जाएगी। यह सच है कि इस पहचान के लिए वे आंशिक रूप से ज़िम्मेदार ठहराए जा सकते हैं, लेकिन पूर्णरूपेण नहीं। विश्व की वर्चस्ववादी शक्तियों (यूरो-अमेरिकी) का ब्लाक या एंग्लो-सेक्सन जाति की आक्रामक नीतियों के कारण मुस्लिम डायस्पोरा के लिए अस्तित्व-अस्मिता का संघर्ष पैदा हुआ है।

वैसे किसी भी डायस्पोरा की असली पहचान उसके मूल देश, धर्म, भाषा-संस्कृति, साहित्य, पहनावा, रीति-रिवाज़, ऐतिहासिक विरासत, जीवन शैली अथवा संपूर्ण 'लोकाचार' से होती आई है। भारतीय डायस्पोरा भी इसका अपवाद नहीं है। भारतीय जहाँ भी गए हैं, अपनी आधारभूत पहचान-प्रतीकों और लक्षणों (बोली, भाषा, जीवन-पद्धति, पूजा-पद्धति, तीज-त्योहार, धार्मिक संस्कार और साहित्य,

रामचरित मानस, मातृभूमि की माटी, परस्पर अभिवादन शैली, विवाह, जाति प्रथा, लोक कथाएँ, मिथकीय आख्यान, लोक संगीत आदि) को अपने साथ अवश्य ले गए हैं। यह मैंने कैरेबियाई देशों–मॉरीशस, मलेशिया, इंडोनेशिया, नीदरलैंड्स आदि में रह रहे लाखों भारतीय मूल के लोगों से संपर्क के दौरान देखा था। आज भी इन देशों के प्रवासी भारतीय परिवारों के आँगन में तुलसी का पौधा होता है, भारत से मँगाया हुआ गंगा जल रहता है, मंदिरों में हरिकीर्तन, सत्संग और प्रसाद वितरण किया जाता है। इतना ही नहीं, मंदिर में पूजा और परिवार में विभिन्न कर्मकांडों को संपन्न कराने के लिए भारत से पंडित को बुलाया जाता है। यह पंडित ब्राह्मण पृष्ठभूमि का होता है। ऐसे भी उदाहरण मिले कि प्रवासी भारतीयों ने अपनी पुत्रियों का भारत में ही विवाह कर युवक को घर–दामाद बना कर उसी देश में रख लिया है। ब्राह्मण पंडित के रूप में भी दामाद मिले हैं।

मॉरीशस और कैरेबियाई देशों के भारतीय डायस्पोराओं के बीच भी अंतर्विरोध हैं। उदाहरण के लिए, ये प्रवासी सनातनी और आर्यसमाजी पंथों के बीच विभाजित रहते हैं। दोनों पंथों के प्रतिनिधि प्रवासियों को अपनी–अपनी तरफ आकृष्ट करने का हर संभव प्रयास करते हैं। इस उपक्रम में दोनों पंथों के अनुयायियों के बीच संघर्ष भी होता है। कई जगह तनावपूर्ण संबंध मिले। वैसे बृहत स्तर पर सौहार्दपूर्ण संबंध ही मिलेंगे।

इस डायस्पोरा में पंथों के साथ–साथ जातिगत और क्षेत्रगत अस्मिताएँ भी उभर चुकी हैं। उन्नीसवीं और बीसवीं सदी के आरंभ में जब इनके पूर्वज इन उपनिवेशित देशों में पहुँचे होंगे, तब शायद इस प्रकार के अंतर्विरोध आज जैसे पैने और स्पष्ट नहीं रहे होंगे। उस समय तो 'जीने का संघर्ष' ही गुरु चुनौती रहा होगा। लेकिन, बीसवीं सदी के उत्तरार्ध में साम्राज्यवादी देशों (ब्रिटेन, फ्रांस, डच, स्पेन आदि) से स्वतंत्र होने और एक संप्रभुता संपन्न राष्ट्र–राज्य में रूपांतरित होने के बाद से ही जाति, पंथ, भाषा, धर्म आदि को लेकर अंतर्विरोध उभरे होंगे, क्योंकि प्रतिस्पर्धात्मक राजनीति और पूँजीवादी व्यवस्था विषमतावादी स्थितियों को जन्म देती है। फलस्वरूप, व्यक्ति, समाज और राष्ट्र बृहत स्तर पर सूक्ष्म अस्मिताओं में विभाजित दिखाई देने लगते हैं। आज भारतीय डायस्पोरा भी इन घातक प्रवृतियों का शिकार दिखाई देता है।

विगत कुछ वर्षों से भारत में 2003 में प्रतिवर्ष जनवरी में 'प्रवासी दिवस' आयोजित किया जाता है। इसमें हजारों समुद्रपारीय प्रवासी भारतीय भाग लेते हैं। प्रथम 'प्रवासी दिवस' में शिरकत करने के आधार पर मैं कह सकता हूँ कि भारतीय मूल के प्रवासी डायस्पोरा और आप्रवासी भारतीय डायस्पोरा, दोनों की आकांक्षाएँ, महत्त्वाकांक्षाएँ और गृहराष्ट्र भारत से अपेक्षाएँ भिन्न थीं। दोनों की अलग–अलग पहचानें भी उनकी दैहिक मुद्राओं, परिधानों और आचार–विचारों में प्रतिबिंबित हो

रही थीं। जहाँ अमेरिका, कनाडा, ऑस्ट्रेलिया और यूरोप में आवासित आप्रवासी भारतीय डायस्पोरा के चेहरे उपभोक्तावादी शक्ति समृद्धि, आत्मविश्वास, उपलब्धियों का प्रदर्शन, नव अर्जित आक्रामकता आदि से दमक रहे थे, वहीं उन्नीसवीं सदी की श्रमिक सतह या गिरमिटिया पृष्ठभूमि से उठने वाले भारतीय मूल के डायस्पोरा के चेहरे पर खुरदरापन था। वे भारत के साथ भावनात्मक और सांस्कृतिक धरातलों पर जुड़ना चाहते थे, जबकि आप्रवासी भारतीय आर्थिक और राजनीतिक अपेक्षाओं और दोहरी नागरिकता को प्राथमिकता पर रखे हुए थे। वे भारत में पूँजी नियोजन के क्षेत्रों की तलाश में थे। पहले डायस्पोरा के लिए भारत उसके हृदय में वास करता था, दूसरे के लिए दीनार-डॉलर नियोजन में भारत था। दोनों ही भारतीय डायस्पोरा थे, लेकिन वे स्वतंत्र, भिन्न पहचान और अस्मिता के धनी थे। यह भी भारतीय डायस्पोरा का एक यथार्थ है जिसे इक्कीसवीं सदी के संदर्भों में समझने की आवश्यकता है।

वस्तुस्थिति यह है कि मानव जाति के पलायन, प्रवासन, विस्थापन, पुनर्वसन और पुनर्निर्माण की यात्रा निर्बाध रूप से शताब्दियों से चलती आ रही है। इसके रूप, आकार और दिशा में परिवर्तन न हो, यह असंभव है। इसके सहयात्री, लक्ष्य, उद्देश्य और गंतव्य स्थान वस्तुस्थिति के अनुसार बदलते रहे हैं और भविष्य में भी ऐसा ही क्रम जारी रहेगा। इस यात्रा की कोई समयबद्ध और स्थानबद्ध सीमा निर्धारित नहीं रही है। इसलिए इस महायात्रा में समय-समय पर नए-नए आयाम जुड़ते रहे हैं। इसकी नई-नई शैलियाँ विकसित होती रही हैं। चूँकि, इस यात्रा का कोई अंतिम गंतव्य स्थान (देश, नगर, महानगर, गाँव) नहीं होता है इसलिए इसके प्रकार भी अंतिम नहीं होते हैं।

जैसे-जैसे संचार, पूँजी-नियोजन, तकनीक, आजीविका और सुखद जीवन के अवसर, आर्थिक-राजनीतिक अपेक्षाओं आदि का विस्तार होता जाएगा, उसी के साथ-साथ प्रवासन और डायस्पोरा में कम-अधिक गतिशीलता भी आती जाएगी। इसके साथ ही इसके नए-नए प्रकार अस्तित्व में अपने आप आने लगेंगे। वास्तव में प्रवासन और डायस्पोरा का गतिविज्ञान वैश्विक आर्थिक-राजनीतिक संरचना से जुड़ा हुआ है। विश्व में जितनी अधिक शांति और स्थिरता रहेगी, उतने ही अधिक विकास के नए-नए द्वार खुलते रहेंगे। इसके विपरीत अशांति और युद्ध से मानव की सृजनात्मक गतिशीलता कुंद या सुस्त रहेगी। त्रासदियों का घटाटोप छाया रहेगा। ऐसी स्थिति प्रवासन और डायस्पोरा को विभिन्न रूपों में प्रभावित न करे, यह कैसे संभव है? अतः इसका गतिविज्ञान कोई स्वतंत्र कार्रवाई नहीं है, बल्कि समकालीन भौतिक स्थितियों द्वारा नियंत्रित होता है।

जैसा कि आरंभ में कहा जा चुका है कि विश्व के सागरों-महासागरों (हिंद महासागर, अरब सागर, प्रशांत महासागर, अटलांटिक महासागर, भूमध्य सागर,

कैरेबियन सागर, काला सागर आदि) में प्राचीन काल से ही मानव प्रवासन की लहरें उठती आई हैं। कभी ये लहरें मंद पड़ीं, कभी उग्र हुईं। लहरों की गति और आवृत्ति से प्रवासन और डायस्पोरा आकार लेते चले गए। आज भी यह प्रक्रिया जारी है। यदि विश्व में स्थिरता बनी रहती है, तृतीय विश्वयुद्ध या परमाणु युद्ध जैसी असाधारण घटना नहीं घटती है, तो विभिन्न डायस्पोराओं का महाद्वीपों और उपमहाद्वीपों के बीच भविष्य में भी आवागमन जारी रहेगा।

फिर भी जहाँ तक डायस्पोरा और प्रवासन के प्राचीन स्वरूप का प्रश्न है, इक्कीसवीं सदी में उसकी कल्पना के चित्र ही बनाए जा सकते हैं। इतिहास के आधार पर कहा जा सकता है कि इसके एक नहीं, अनेक प्रकार रहे हैं। फिर भी प्रवासन की लहरों और प्रभावों को निम्न श्रेणी में विभाजित किया जा सकता है :

1. मिथकीय या पूर्व ऐतिहासिक
2. ऐतिहासिक
3. सामंत कालीन
4. कृषि युगीन या पूर्व औद्योगिक
5. पूर्व औपनिवेशिक या साम्राज्यवादी
6. पूर्व औपनिवेशिक और साम्राज्यवाद कालीन
7. उत्तर महाजनी पूँजीवाद और औद्योगिक पूँजीवाद कालीन
8. उत्तर-विश्वयुद्ध कालीन
9. उत्तर औपनिवेशिक और साम्राज्यवाद कालीन
10. स्वातंत्रोत्तर कालीन
11. पूर्व-वैश्वीकरण, नव उदारीकरण और हाईटेक युगीन
12. वैश्वीकरण-उदारीकरण कालीन

उपर्युक्त बारह प्रवासन लहरें विभिन्न समय, कालखंड और समाज की विकास अवस्था एवं राज्य के चरित्र का प्रतिनिधित्व करती हैं। काल विशेष की लहरों ने डायस्पोरा के प्रकारों को गढ़ा है। दुनिया के किसी भी भाग में डायस्पोरा स्वतः अस्तित्व में नहीं आता है। डायस्पोरा के आकार-प्रकार के निर्माण में तत्कालीन समय की भौतिक शक्तियाँ (विकास स्थिति, राज्य और शासक वर्ग का चरित्र, स्थानीय स्थितियाँ, पूँजी और प्रौद्योगिकी की गतिशीलता, गृहराष्ट्र और गंतव्य राष्ट्र की महत्त्वाकांक्षाएँ, सामरिक शक्ति, औद्योगिक शक्ति, वैश्विक साख, उपभोग स्थिति आदि) महत्त्वपूर्ण भूमिका निभाती हैं। इस दृष्टि से निम्न प्रकारों को चिह्नित किया जा सकता है :

1. धार्मिक, प्रचारक और उपदेशक प्रवासी।
2. तिज़ारती प्रवासी।

3. एकलआयामी और निम्न कौशल संपन्न।
4. ग्रामीण कारीगर और निम्न तकनीकी कारीगर।
5. निम्न पूँजी वाले।
6. गुलाम और बेगार।
7. खेतिहर श्रमिक।
8. सीमांत समाजों और जातियों के लोग।
9. परित्यक्कता, विधवाएँ, नगर वधुएँ।
10. कर्मकांडी।
11. सैन्य अभियानों से मुक्त लोग।
12. घुमक्कड़, यायावर, रोमा आदि।
13. राजनीति पीड़ित प्रवासी।
14. आप्रवासी भारतीय।
15. पूँजी नियोजक और उद्योगपति।
16. उच्च प्रोफ़ेशनल (वैज्ञानिक, डॉक्टर, इंजीनियर, प्रबंधक, समाज वैज्ञानिक, कलाकार आदि)।
17. सामाजिक भगोड़े/निष्कासित।
18. अपराधी/मानव तस्कर।
19. खाड़ी देशों में भारतीय श्रमिक डायस्पोरा।
20. अस्थायी विद्यार्थी डायस्पोरा।

भारतीय परिदृश्य से बाहर निकलने पर वैश्विक स्तर पर जाति, नस्ल, रंग, धर्म, क्षेत्र के आधार पर निम्न प्रमुख डायस्पोराओं की पहचान की जा सकती है:

1. यहूदी
2. ईसाई
3. मुस्लिम
4. हिंदू
5. चीनी
6. जापानी
7. ब्लैक या अफ़्रीकी
8. कुर्द/लेबनानी
9. फ़िलीस्तीनी
10. खोजा-इस्माईली-वोहरा
11. आर्मेनियाई
12. नेटिव (रेड इंडियन या मूल निवासी)

13. तिब्बती
14. अफ़गानी
15. पाकिस्तानी और बंगलादेशी
16. तुर्की
17. रूसी
18. पारसी
19. पूर्व साम्राज्यवादी-उपनिवेशवादी राष्ट्रों (ब्रिटेन, पुर्तगाल, इटली, जर्मनी, डच, स्पेन, फ़्रांस आदि) का डायस्पोरा

यह डायस्पोरा अफ़्रीका, दक्षिण अमेरिका, उत्तरी अमेरिका, जापान, एशिया, ऑस्ट्रेलिया, न्यूज़ीलैंड, कनाडा आदि क्षेत्रों में फैला हुआ है।

ज़ाहिर है कि उन्नीसवीं सदी के प्रवासी भारतीय के रूप की इक्कीसवीं सदी में यथावत् पुनरावृत्ति नहीं हो सकती। डेढ़ सौ वर्ष पहले भारतीय विशेषतः उत्तर भारतीय, गुलाम या अनुबंधित अर्ध-दास के रूप में समुद्र पार गए थे, यद्यपि इस यथार्थ को नकारा नहीं जा सकता कि खाड़ी देशों में मौजूद भारतीय श्रमिक डायस्पोरा की जीवन-स्थितियाँ अपेक्षित रूप से सुखद नहीं हैं, फिर भी उन्नीसवीं सदी के डायस्पोराओं से बेहतर हैं। लेकिन आज इक्कीसवीं सदी में भारतीय एक स्वतंत्र भारतीय नागरिक, अनुबंधित श्रमिक, प्रोफ़ेशनल, शिक्षार्थी और विद्यार्थी के रूप में जा रहे हैं। यह परिघटना भारत की ही नहीं, बल्कि इसका आकार वैश्विक स्तर का बन चुका है। उत्तर औद्योगिक कालीन डायस्पोरा भी अस्तित्व में आ चुका है। विश्व परिदृश्य तेजी से बदल रहा है। नए प्रकार के राष्ट्र-राज्य जन्म लेने की प्रक्रिया में हैं। कार्पोरेट राज्य का विमर्श चल रहा है। यह नया उभरता घटनाचक्र डायस्पोरा के उत्तर-आधुनिक कालीन रूप का भी सृजन करता है, तो आश्चर्य नहीं होना चाहिए।

संदर्भ ग्रंथ

1. थ्योराइज़िग डायस्पोरा, संपादक : जाना इवांस ब्राजिएल एंड अनीता मनुआर।
2. ग्लोबल डायस्पोराज, लेखक : रोबिन कोहेन।
3. द इंडियन डायस्पोराः डाइनामिक्स ऑफ़ माइग्रेशन, संपादक : एन. जयराम।
4. अपनों के पास-अपनों से दूर, लेखक : रामशरण जोशी।

2

विश्व डायस्पोरा का इतिहास

राजीव रंजन राय

प्रवासी और नृजातीय अल्पसंख्यक समूहों एवं राष्ट्र-राज्य के आपसी रिश्तों से जुड़ी हुई पारंपरिक मान्यताओं पर आज प्रश्न उठ रहे हैं। राष्ट्रवाद, अंतरराष्ट्रीय प्रवासन और नृजातीय संबंधों से जुड़े विद्वान आधुनिक विश्व में उभरते हुए जटिल पारदेशीय (ट्रांसनेशनल) पहचानों को समझने के लिए नवीन अवधारणाओं और ताज़ातरीन अनुभवात्मक अध्ययनों को आवश्यक मान रहे हैं। वर्तमान वैश्विक युग की असुरक्षित, जोखिमपूर्ण और असामंजस्यकारी परिस्थितियों में अनेक सामाजिक समूह एक साथ नृजातीय (एथनिक) और पारदेशीय (ट्रांसनेशनल), स्थानीय (लोकल) और सार्वदेशिक (कास्मोपोलिटन) विशेषताओं और हितों का प्रदर्शन कर रहे हैं। अंतरराष्ट्रीय प्रवासन के उभरते स्वरूप की समझ को विकसित करने के लिए स्रोत देश 'अ' से गंतव्य देश 'ब' के लिए होने वाले एक-दिशात्मक प्रवाह संबंधी पारंपरिक वर्णन से अलग होकर चिंतन किया जाना आवश्यक है। **श्रमिक प्रवासन, पारिवारिक प्रवासन, प्रतिभा-पलायन प्रवासन** के साथ ही **अवैध प्रवासन** और **शरणार्थी प्रवासन** अब विभिन्न देशों के आंतरिक और बाहरी संबंधों के केंद्र में आ गए हैं। इसी कारण स्वतंत्र रूप से प्रयोग में लाई जा रही विविध वर्णनात्मक श्रेणियाँ 'स्वभूमि' (होम) और इससे इतर होते जटिल चक्रीय प्रवाहों को विश्लेषित कर पाने में अक्षम सिद्ध हो रही हैं।

प्रारंभ में प्रवासन से संबंधित विद्वानों द्वारा कृषि से जुड़े शब्द 'उखाड़ना' *(अपरूटिंग)*, 'बिखेरना' *(स्कैटरिंग)* और 'रोपना' *(ट्रांसप्लांटिंग)* आदि के प्रयोग के साथ ही 'सम्मिश्रता' *(हाइब्रिडिटी)* आदि का प्रयोग किया गया। 'डायस्पोरा' की पुरानी विचारधारा विभिन्न देशों के बीच निरंतर बढ़ती आवाज़ाही से उपजे अंतरराष्ट्रीय समुदायों की प्रकृति को समझने के लिए आवश्यक रूपरेखा उपलब्ध करा सकती है। सामान्यतया त्रासदीपूर्ण बिखराव से जुड़े इस मूल पद को अब

अधिक विस्तृत कर इसमें व्यापारिक, श्रमिक और सांस्कृतिक डायस्पोरा को भी स्थान दिया जाने लगा है। यह अवधारणा प्रवासी समुदायों, स्वभूमि और कार्य/बसाहट के स्थानों के बीच के सकारात्मक संबंधों की समझ को विकसित करने में उपयोगी सिद्ध हो रही है। अंतरराष्ट्रीय आवागमन, स्थायी/अस्थायी बसाहट, नवीन बहुल पहचान *(मल्टीपल आइडेंटिटी)*, जटिल परिवर्तनशील मानव प्रवाह और इनसे उत्पन्न अप्रत्याशित सामाजिक स्वरूपों को समझने के लिए डायस्पोरा की अवधारणा का निरंतर विस्तार हो रहा है। स्टुअर्ट हाल, ज़ेम्स क्लिफ़र्ड और पाल गिलरॉय आदि इस दिशा में अग्रणी विचारक हैं। डायस्पोरा की अवधारणा को नवजीवन 1991 में आर्मेनियाई विद्वान ख़चिंग टोलोयान द्वारा संपादित शोध पत्रिका ''डायस्पोरा : ए जर्नल ऑफ़ ट्रांसनेशनल स्टडीज'' के प्रकाशन से मिला। इस शोध पत्रिका के प्रथम अंक में विलियम सैफ़रन के पथ-प्रदर्शक लेख के प्रकाशन के बाद डायस्पोरा अध्ययन के क्षेत्र में गतिशीलता दिखाई पड़ने लगी। 1997 में रोबिन कोहेन की महत्त्वपूर्ण कृति ''ग्लोबल डायस्पोरा : एन इंट्रोडक्शन'' प्रकाशित हुई।

इसके पश्चात डायस्पोरा अध्ययन के क्षेत्र में अत्यंत तीव्रता से विस्तार हुआ है। मार्च, 2013 में डायस्पोरा के संबंध में गूगल सर्च से 5,11,00,000 परिणाम सामने आए, जबकि 'वैश्विक डायस्पोरा' के लिए 2,49,00,000 परिणाम आए। डायस्पोरा के संबंध में गूगल स्कॉलर में 3,98,000 परिणाम प्रदर्शित हुए, जिनमें यहूदी, ग्रीक, आर्मेनियाई और अफ़्रीकी अनुभव के साथ-साथ अन्य समूहों संबंधी लेख भी हैं। डायस्पोरा के इस तीव्र विस्तार को समझने के लिए इस अवधारणा के विकास और वैश्विक डायस्पोरा के इतिहास को जानना आवश्यक है।

डायस्पोरा की अवधारणा

मानव प्रवासन से जुड़ी महत्त्वपूर्ण परिघटना को 'डायस्पोरा' की अवधारणा के आधार पर समझा जा सकता है। शाब्दिक व्युत्पत्ति के आधार पर डायस्पोरा पद को ग्रीक शब्दों डिया (dia) और स्परिन (sperien) के संयोजन से उत्पन्न माना जाता है, जिसका शाब्दिक अर्थ है बिखरना और पुनः उत्पन्न होना। मौलिक रूप में इस पद का प्रयोग ईसा पूर्व 586 में बेबीलोनिया से बलपूर्वक यहूदी लोगों के निष्कासन और फ़िलीस्तीन के अतिरिक्त विश्व के अन्य भागों में उनके बिखरे हुए समुदाय के भावनात्मक जुड़ाव को समझाने के लिए किया गया।

डायस्पोरा शब्द का प्रयोग पिछले दशकों से निरंतर विस्तृत होता जा रहा है। इसका प्रसार सिमेंटिक (अर्थ विज्ञान), अवधारणात्मक और ज्ञान-अनुशासन के रूप में निरंतर हो रहा है। इस पद का प्रयोग विभिन्न बौद्धिक, सांस्कृतिक और राजनीतिक विमर्शों में स्थान पा रहा है। डायस्पोरा का आरंभिक प्रयोग मूल रूप से स्वभूमि की

अवधारणा से जुड़ा हुआ है। इसके लाक्षणिक उदाहरण के रूप में यहूदी डायस्पोरा को स्वीकृति प्राप्त है। आर्मेनियाई और ग्रीक डायस्पोरा को भी शास्त्रीय डायस्पोरा की श्रेणी में सम्मिलित किया जाता है। जब पहली बार इतिहासकार जार्ज शेपरसन ने अफ़्रीकी डायस्पोरा के विचार को सामने रखा तो उनके समक्ष यहूदी अनुभव ही था। फ़िलीस्तीनी डायस्पोरा को भी प्रलयंकारी अनुभव के रूप में अथवा कोहेन के शब्दों में कहें तो पीड़ित डायस्पोरा *(विक्टिम डायस्पोरा)* के रूप में ही प्रस्तुत किया गया।

व्यापारिक डायस्पोरा की अवधारणा अथवा जॉन आर्मस्ट्रांग के शब्दों में "गतिमान डायस्पोरा" *(मोब्लाइज्ड डायस्पोरा)* को पूर्व की शास्त्रीय अवधारणा के आधार पर ही निर्मित माना जा सकता है। चीनी, भारतीय, लेबनानी, बाल्टिक जर्मन तथा नाइजीरिया के हौसा आदि को व्यापारी डायस्पोरा के रूप में जाना जाता है।

डायस्पोरा का अभिप्राय ऐतिहासिक रूप से उन समुदायों से है, जो सैफ़रन (1991) द्वारा प्रस्तावित निम्नलिखित पाँच विशेषताओं में से या तो सभी या कुछ से युक्त हों :

1. स्वभूमि के मूल समुदाय से दो या अधिक देशों में बिखर गए हों।
2. पृथक भौगोलिक निवास स्थानों के बाद भी वे एक सामान्य विचारधारा, स्मृति अथवा मिथक (स्वभूमि के बारे में) से आपस में जुड़े हुए हों।
3. उनका यह विश्वास हो कि वे मेज़बान समाजों (होस्ट सोसाइटी) द्वारा कभी भी स्वीकार नहीं किए जाएँगे, अतः उन्होंने अपनी स्वायत्त सांस्कृतिक और सामाजिक आवश्यकताएँ विकसित कर रखी हों।
4. वे या उनके वंशज स्थितियों में अनुकूल परिवर्तन के बाद स्वभूमि लौटेंगे।
5. उनके द्वारा स्वभूमि के विकास के लिए निरंतर सहयोग प्रदान किया जा रहा हो और सामुदायिक चेतना एवं एकता इन गतिविधियों को बढ़ावा देने में सहायक हो रही हो।

यद्यपि उपरोक्त सूची, डायस्पोरा समूह तथा स्वभूमि से उसके संबंधों की अनेक विशेषताओं को चिह्नित करने में उपयोगी है। कोहेन (1997) ने प्रस्तावित किया कि इन लक्षणों को अधिक समायोजित किए जाने की आवश्यकता है और उन्होंने सैफ़रन की प्रस्तावित सूची में चार नई अतिरिक्त विशेषताओं को जोड़ा। इस संबंध में कोहेन द्वारा प्रस्तावित अतिरिक्त विशेषताएँ निम्नानुसार हैं :

1. डायस्पोरा की श्रेणी में स्वैच्छिक अथवा आक्रामक कारणों से बिखरे हुए समूहों को भी सम्मिलित करना चाहिए।
2. डायस्पोरा के रूप में वर्णित किए जाने के लिए इन समुदायों द्वारा पर्याप्त समयावधि बाहय स्थानों पर व्यतीत की गई हो। भूतकाल से इनका

अत्यंत गहरे जुड़ाव का भाव होना चाहिए अथवा वर्तमान और भविष्य के समावेशन (एसिमिलेशन) के संभावित प्रयासों का प्रतिरोध किया जाता हो।

3. डायस्पोरा समुदाय के अन्य सकारात्मक पक्षों को चिह्नित किया जाना चाहिए। उदाहरण के लिए नृजातीय, राष्ट्रीय और पारदेशीय पहचान के बीच के तनावों से सृजनात्मक सामाजिक संरचनाओं के गठन का प्रयास किया जा रहा हो।
4. डायस्पोरा समुदायों द्वारा न केवल निवास स्थान और स्वभूमि के साथ सामूहिक पहचान का निर्माण किया जा रहा हो, बल्कि अन्य देशों में बसे समान पहचान वाले नृजातीय समुदायों से भी साझा पहचान उभारने का सक्रिय प्रयास किया जा रहा हो।

यद्यपि कोहेन ने इस तथ्य को स्पष्टतया नहीं प्रकट किया, लेकिन यह निरंतर अनुभव किया जा रहा है कि समान पहचान का यह दृष्टिकोण डायस्पोरा के लिए संप्रेषणात्मक जगत और सांस्कृतिक नेटवर्कों की स्थापना के कारण अधिक प्रभावी हो रहा है।

वैचारिक सुविधा के लिए कोहेन ने डायस्पोरा की अवधारणा के उभार को चार चरणों में विभक्त कर देखा है :

1. पारंपरिक तौर पर डायस्पोरा शब्द का प्रथम उपयोग यहूदियों के प्रवासन के अध्ययन के लिए प्रचलन में लाया गया। बाद में इन अध्ययनों में ग्रीक डायस्पोरा को भी सम्मिलित किया गया। यदि इन आरंभिक संदर्भों को छोड़ दिया जाए तो 60 और 70 के दशक में डायस्पोरा के अध्ययनों में व्यवस्थित रूप से विस्तार होने लगा और इनमें अफ़्रीकी, आर्मेनियाई और आयरिश बिखराव के वर्णनों को भी स्थान दिया जाने लगा। यहूदियों की ही भाँति इन लोगों ने भी अपने बिखराव का मूल कारण प्रलयंकारी घटना को माना है और कुछ घटनाओं ने पूरे समूह को कटु अनुभव भी दिया है। इन समूहों की मनोदशा में क्रूर सत्ता के हाथों उत्पीड़ित किए जाने की मन:स्थिति और इनसे जुड़ा ऐतिहासिक अनुभव संरक्षित है। बाद में बिना पूर्ण सहमति के फ़िलीस्तीनी समूहों को इस वर्ग में सम्मिलित कर लिया गया।
2. 80 के दशक और उसके पश्चात डायस्पोरा शब्द का प्रयोग प्रवासियों, राजनीतिक शरणार्थियों, अनजान नागरिक समूहों, आप्रवासियों, नृजातीय और नस्लीय अल्पसंख्यक समूहों के लिए प्रतीकात्मक रूप में किया जाने लगा। आगे चलकर सैफ़रन ने माना कि यह शब्द विस्तृत रूप से

उन लोगों के विभिन्न समूहों की ओर संकेत करता है, जो या तो स्वयं इस पद का चयन अपनी पहचान को व्यक्त करने के लिए करते हैं अथवा अन्य लोगों द्वारा उन्हें इस पद से चिह्नित कर दिया जाता है। निश्चित रूप से इनकी संख्या सौ से अधिक है। ऐतिहासिक अनुभव, सामूहिक वृत्तांत, स्वभूमि और मेज़बान भूमि में विभेदकारी संबंध आदि के आधार पर प्रथम चरण की तुलना में डायस्पोरा अब अधिक विविधतापूर्ण समूह बोध को व्यक्त करने लगा।

3. 90 के दशक के मध्य में सामाजिक संरचनावादियों द्वारा द्वितीय चरण के डायस्पोरा के सिद्धांतकारों की आलोचना की गई, परंतु डायस्पोरा की अवधारणा को निरंतर समर्थन प्राप्त होता रहा। इस अवधारणा के द्वारा नए समूहों की पहचान की जाती रही और इनके अध्ययन के नए तरीके विकसित होते रहे।

   उत्तर-आधुनिक विमर्श से प्रभावित सामाजिक संरचनावादियों ने डायस्पोरा की विचारधारा को चिह्नित और सीमांकित करने वाले दो प्रमुख आधार-स्तंभों 'स्वभूमि' और 'नृजातीय और धार्मिक समुदाय' को खंडित करना चाहा। उत्तर-आधुनिक विश्व में पहचान का अधिकतम विक्षेत्रीकरण होने के साथ ही पहचानों का गठन और पुनर्गठन परिस्थितियों के अनुरूप और लचीलेपन के साथ निरंतर होता रहा। इन जटिल परिस्थितियों का प्रतिनिधित्व करने के लिए डायस्पोरा की अवधारणा भी निरंतर परिवर्तनीय रही है।

4. सदी के अंत में डायस्पोरा संबंधी अवधारणा के पुनर्गठन का वर्तमान चरण प्रारंभ हुआ। सामाजिक संरचनावादियों की आलोचना को आंशिक रूप से स्थान दिया गया। इस कारण डायस्पोरा संबंधी अवधारणा की विश्लेषणात्मक और वर्णनात्मक शक्ति में ह्रास का ख़तरा भी महसूस किया जाने लगा। यद्यपि बढ़ते विक्षेत्रीकरण और उससे उत्पन्न जटिलता के कारण नवीन पहचान का निर्माण एक सर्वमान्य तथ्य है। यह बार-बार होने वाले विस्थापनों से उत्पन्न लघु अल्पसंख्यक डायस्पोरा की मूलभूत विशेषताएँ भी हैं। इसके बावजूद, डायस्पोरा की अवधारणा में स्वभूमि (Homeland) का विचार और इसके प्रति मज़बूत झुकाव ही इसे एक शक्तिशाली विमर्श बनाता है। इस प्रकार यह चरण डायस्पोरा की वैचारिकी, इसके आधारभूत तत्त्वों, सामान्य विशेषताओं और आदर्श प्रारूप (आइडियल टाइप) के सुधरे हुए रूप के निर्माण से संबंधित है।

डायस्पोरा के प्रमुख समूहों को उनकी उत्पत्ति और ऐतिहासिकता के आधार पर निम्नवत सूचीबद्ध किया जा सकता है :

डायस्पोरा का मुख्य प्रकार	प्रमुख उदाहरण	टिप्पणी
पीड़ित Victim	यहूदी, अफ़्रीकी, आर्मेनियाई	इसमें आयरिश और फ़िलीस्तीनी लोगों को भी सम्मिलित किया जाता है। वर्तमान समय के विभिन्न शरणार्थी (रिफ़्यूजी) समूहों को भी इसमें सम्मिलित किया जा सकता है, लेकिन आने वाले समय में ही यह निश्चित किया जा सकेगा कि ये समूह स्वभूमि वापस होंगे, मेज़बान भूमि की मुख्य धारा में सम्मिलित हो जाएँगे अथवा एक डायस्पोरा समूह के रूप में गतिशील या क्रिओलीकृत रहेंगे।
श्रमिक Labour	अनुबंधित भारतीय	चीनी, जापानी, तुर्क, इतालवी, उत्तरी अफ़्रीकी समूह भी सम्मिलित किए जाते हैं। इसका एक पर्याय 'सर्वहारा डायस्पोरा' भी है।
साम्राज्यवादी Imperial	ब्रिटिश	रूस, फ्रांसीसी, डच और पुर्तगाली आदि अन्य औपनिवेशिक शक्तियाँ भी सम्मिलित।
व्यापारिक Trade	लेबनानी, चीनी	वेनेशियन, चीनी, जापानी व्यवसायी और पेशेवर भारतीय।
विक्षेत्रीकृत Deterritorialized	कैरेबियाई, सिंधी, पारसी	रोमा, मुसलमान और अन्य धार्मिक डायस्पोरा भी सम्मिलित। 'हाइब्रिड', 'सांस्कृतिक' और 'उत्तर-औपनिवेशिक' आदि भी विक्षेत्रीकरण (डीटेरिटोरियलाइज़ेशन) की वैचारिकी से जुड़े हुए हैं।

स्रोत : रोबिन कोहेन. (2010, फर्स्ट इंडियन रीप्रिंट) ग्लोबल डायस्पोराज: एन इंट्रोडक्शन: रूले, लंदन एंड न्यूयॉर्क. पेज 18

वैश्विक डायस्पोरा के प्रकार और उनके उदाहरण

डायस्पोरा के आदर्श उदाहरण के रूप में यहूदी समुदाय

प्रारंभिक चरण में पीड़ित डायस्पोरा की मुख्य विशेषता स्वभूमि से एक कष्टकारी घटना के कारण दो या उससे अधिक विदेशी स्थानों के लिए विस्थापन मानी गई। प्रवासन से संबंधी विद्वानों को यह निर्धारित करने में मुश्किल होती है कि इस प्रकार के विस्थापन अथवा पलायन के लिए प्रेरणा स्वैच्छिक है अथवा बाध्यकारी। यदि

त्रासदी एक समूह को सामूहिक रूप से कष्ट में डालती है, तब यह संभव हो सकता है कि इन घटनाओं को उनकी क्रूरता, तीव्रता और व्यापकता के आधार पर वर्गीकृत किया जाए। उदाहरण के लिए किसी तानाशाह शासक द्वारा क्रूरतापूर्वक, हथकड़ी लगाकर, हथियारों के बल पर भगा दिया जाना, जातीय सफ़ाया (एथनिक क्लींज़िंग), बड़े पैमाने पर दंगे आदि।

प्राचीन ईज़िप्ट में गुलामी की अवस्था का अनुभव यहूदियों की स्मृति में आज भी संचित है। वे अपने निष्कासन और पलायन के कारणों को एक लोक कथा के माध्यम से व्यक्त करते हैं। इस लोक कथा के अनुसार 580 ई. पू. में श्रमपूर्वक निर्मित सोलोमन मंदिर को मेसोपोटामिया साम्राज्य द्वारा तोड़ दिया गया। इसका विरोध यहूदी नेता ज़ेडेकियाह द्वारा किया गया। इस विद्रोह को बेबीलोन के राजा नेबुचडनेज़ार ने बेरहमी से कुचल दिया। यहूदी सैनिकों, नागरिकों और धार्मिक कर्मियों को ज़ंजीर से बाँधकर खींचा गया और अत्यंत बेरहमी से उन्हें भगवान द्वारा मूसा को प्रदान की गई ज़मीन छोड़ने के लिए मज़बूर किया गया। इस समय से यहूदी सदा के लिए बिखर गए। फिर भी यहूदी प्रवासन का अनुभव इस त्रासदीपूर्ण पारंपरिक स्मृतियों से कहीं बढ़कर है।

यहूदी-स्मृति में बेबीलोन के शोषण और क्रूरता का स्थान है। इस स्थल को लेकर यहूदी-स्मृति में निराशावादिता, गुलामी, निष्कासन और विस्थापन का अनुभव जुड़ा हुआ है। यहूदी डायस्पोरा के लिए बेबीलोन एक प्रतीक (मेटफॉर) की भाँति है, जो इनके अलगाव, पृथकता, विदेशी स्थानों में असुरक्षा, अपनी जड़ों से कटने, पहचान के संकट का भाव और शासक वर्ग द्वारा शोषण को व्यक्त करता है। यहूदी लोक-कथाएँ और उनसे जुड़ी मौखिक परंपराएँ इन वास्तविक अथवा मान्य ऐतिहासिक अनुभव की त्रासदी को पीढ़ियों से बताती चली आ रही हैं।

यहूदी डायस्पोरा के लिए बेबीलोन सृजन का स्थल भी है। प्रथम यहूदी प्रवासी समूह और उनके वंशजों ने विश्व के अनेक स्थानों पर बिखरे होने के बावजूद एकजुटता के साक्ष्य प्रस्तुत किए हैं। अधिकांश यहूदी समुदायों ने बेबीलोनियाई नाम और प्रथाओं के साथ-साथ बेबीलोनियाई कैलेंडर एवं अरामाइक भाषा को अपना रखा है। इसी कारण विविधतापूर्ण और समृद्धिशाली विदेशी संस्कृतियों में रहने के बावजूद उनकी पृथक समन्वित पहचान सुरक्षित है।

डायस्पोरा अवधारणा से जुड़े सभी विद्वान इस बात से सहमत हैं कि प्रभावशाली यहूदी परंपरा इस अवधारणा की सभी परिभाषाओं के मूल में है। यहूदी डायस्पोरा का अनुभव अत्यंत जटिल और व्यापक है। यहूदी समुदाय मात्र मानव समूह न होकर अपनी जड़ों से संबंधित एक जटिल, बहुमुखी और बहुस्थानिक इतिहास से युक्त समुदाय है। अन्य किसी भी नृजातीय समूह की भाँति उनका इतिहास भी सामाजिक रूप से निर्मित, चयनित और व्याख्यायित है।

अन्य पीड़ित डायस्पोरा

यह अत्यंत महत्त्वपूर्ण है कि अफ़्रीका से पहला प्रवासन दास प्रथा के कारण हुआ था। अन्य कारणों के रूप में उत्तर उपनिवेशवादी अफ़्रीकी देशों में नागरिक युद्ध, अकाल, आर्थिक विभीषिका और राजनीतिक अस्थिरता आदि रहे हैं। लगातार चलने वाले दास व्यापार का आतंक इतना भयावह था कि उसका वर्णन करने में अतिशयोक्तिपूर्ण भाषा भी असफल लगने लगती है। हिंद महासागर में एशिया और मध्य-पूर्व से दास व्यापार बहुतायत में हुआ। इनकी अनुमानित संख्या लगभग चार लाख है। इसके अतिरिक्त लगभग दस लाख अफ़्रीकियों का जबरन प्रवासन बागान श्रमिकों के रूप में ट्रांस-अटलांटिक दास व्यापार के ज़रिए नए विश्व के देशों के लिए हुआ। एंटी-स्लेवरी सोसाइटी के सक्रिय प्रयासों से इस अमानवीय प्रथा का अंत हुआ। इसी दास प्रथा के कारण अफ़्रीकी डायस्पोरा का जन्म हुआ। इसे ट्रांस-अटलांटिक डायस्पोरा के नाम से भी जाना जाता है। जार्ज शैपरसन यहूदी और अफ़्रीकी डायस्पोरा की तुलना करने में सावधानी बरतने की सलाह देते हैं, क्योंकि दोनों से संबंधित त्रासदी का स्वरूप भिन्न है। नए विश्व में अफ़्रीकी डायस्पोरा में उनके मूल और स्वभूमि के बारे में अनेक मिथक प्रचलित हैं। अफ़्रीकी डायस्पोरा की प्रचलित स्वभूमि की श्रेणी में गिनी, लाईबेरिया, फ़्रीटाउन और इथोपिया माने जाते हैं।

औपनिवेशिक दास व्यापार से संबंधित प्रवासन मानचित्र

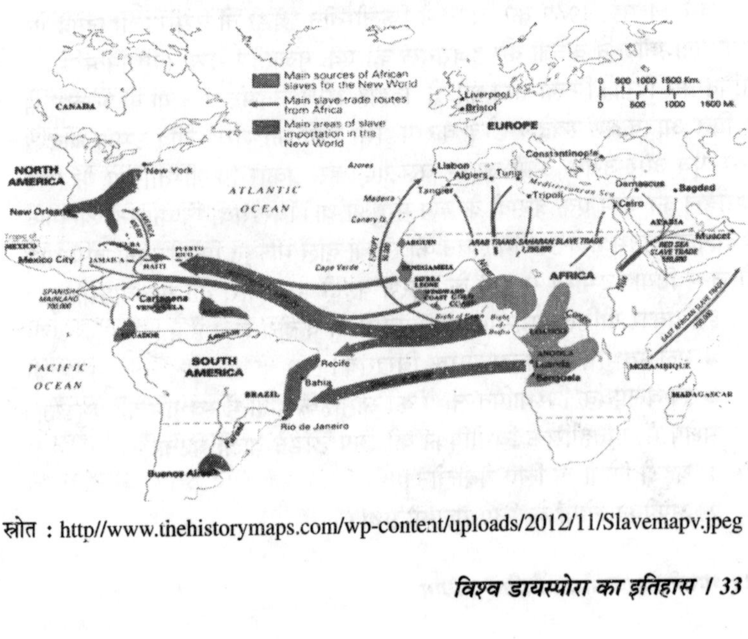

स्रोत : http//www.thehistorymaps.com/wp-content/uploads/2012/11/Slavemapv.jpeg

छठी सदी में बैज़ेंटाइन सम्राट द्वारा आर्मेनिआई लोगों को निष्कासित किया गया। कई आर्मेनियाई लोगों द्वारा व्यापार और वाणिज्य के लिए लंबी दूरियाँ तय की गईं। बहरहाल, कई महत्त्वपूर्ण ऐतिहासिक घटनाओं के आधार पर आर्मेनियाइयों को पीड़ित डायस्पोरा की श्रेणी में रखा जाता है। इनमें उन्नीसवीं सदी में हुआ नरसंहार और 1915–16 में उन्हें तुर्की सरकार द्वारा जबरन सीरिया और फ़िलीस्तीन में विस्थापित करना मुख्य है। कई आर्मेनियाइयों ने बाद में फ्रांस और अमेरिका में शरण प्राप्त की। अब इसे व्यापक रूप में स्वीकार किया जाता है कि इस विस्थापन के दौरान दस लाख आर्मेनियाई या तो मारे गए या भूख से मर गए, जिसे बीसवीं सदी के जातीय सफाये के पहले सबसे बड़े उदाहरण के तौर पर माना जाता है।

1845 से 1852 तक अकाल के कारण होने वाले आयरिश प्रवासन को बड़ी त्रासदी के रूप में माना जा सकता है। आयरिश इतिहासकारों के मध्य इस बात पर काफी मतभेद है कि उन्नीसवीं सदी में अटलांटिक के पार इस प्रवासन का मुख्य कारण अकाल था। ब्रिटिश सत्ता द्वारा 'पोटैटो ब्लाइट' नामक रोग को प्रवासन का मुख्य कारण माना गया। ब्रिटिश सत्ता के इस तर्क को बाद में अस्वीकार भी कर दिया गया। इतिहासकारों के अनुसार यह प्रवासन ब्रिटिश नीतियों की अकुशलता, जनसंख्या नियंत्रण, कृषि के आधुनिकीकरण और भूमि सुधार आदि से जुड़ा हुआ था। इस आधार पर आयरिश किसानों के पलायन की घटना यहूदी, अफ़्रीकी और आर्मेनियाई प्रवासन से समानता रखती है।

जब 14 मई, 1948 को ब्रिटेन ने फ़िलीस्तीन छोड़ा तो उस खाली जगह पर इज़रायली फ़ौज ने कब्ज़ा कर इज़रायल को एक नृजातीय राज्य (एथनिक स्टेट) घोषित कर दिया। फ़िलीस्तीन की दो–तिहाई अरब जनसंख्या ने या तो स्वेच्छा से या फिर आतंकवश स्वदेश छोड़ कर पड़ोसी देशों की शरण ली। उसके बाद वे मध्य–पूर्व और उसके आगे जाकर बस गए। इस प्रकार फ़िलीस्तीनियों के लिए इज़रायल का जन्म एक त्रासदी के रूप में हुआ था। बिखराव, निष्कासन, अलगाव के दर्दनाक अनुभवों ने 3.9 मिलियन की संख्या वाले मज़बूत फ़िलीस्तीनी डायस्पोरा को जन्म दिया। दुर्भाग्य से इसी के कारण यहूदी डायस्पोरा की गृह वापसी हुई।

इस प्रकार पीड़ित डायस्पोरा के गठन में दो केंद्रीय तत्त्व हैं :

- मूल स्वभूमि से अवसादपरक बिखराव।
- इन बलपूर्वक विस्थापित लोगों की सामूहिक यादों में स्वभूमि की प्रमुखता।

संक्षेप में, ऐतिहासिक विभीषिका की छाप छोड़ने वाली घटनाएँ–

1. यहूदी लोगों के लिए बेबीलोन।
2. अफ़्रीकी लोगों के लिए गुलामी प्रथा।

3. आर्मेनियाई लोगों के लिए नरसंहार और बलपूर्वक विस्थापन।

4. सीरिया/तुर्की/आयरिश लोगों के लिए अकाल/दुर्भिक्ष।

5. फ़िलीस्तीनी लोगों के लिए इज़राइल राज्य की स्थापना।

ये भयावह, ऐतिहासिक और दागदार घटनाएँ हैं, जिन्होंने इन पाँचों डायस्पोराओं को एक विशेष पहचान दी। ये सभी विशिष्ट ऐतिहासिक अनुभवों के कारण 'पीड़ित डायस्पोरा' की श्रेणी में आते हैं।

श्रमिक तथा औपनिवेशिक डायस्पोरा

वैश्विक स्तर पर मानव समुदायों का दूसरा महत्त्वपूर्ण फैलाव त्रासदीपूर्ण बिखराव से अलग हटकर रोज़गार के अवसर तलाशने, औपनिवेशिक महत्त्वाकांक्षाओं अथवा वाणिज्यिक अभियानों के कारण हुआ। इन परिस्थितियों के फलस्वरूप क्रमशः श्रमिक डायस्पोरा, औपनिवेशिक डायस्पोरा और व्यापारी डायस्पोरा का सृजन हुआ।

श्रमिक डायस्पोरा के मुख्य उदाहरण के रूप में भारतीय अनुबंधित श्रमिक प्रवासन (इंडियन इंडेंचर लेबर) को माना जा सकता है। इन लोगों को ब्रिटिश, डच और फ्रांसीसी बागान उपनिवेशों में 1830 से लेकर लगभग 1920 तक भेजा जाता रहा। इसके अतिरिक्त उन्नीसवीं सदी के अंत और बीसवीं सदी के प्रारंभ में अमेरिका और अर्जेंटीना के लिए इतालवी प्रवासन भी महत्त्वपूर्ण माना जाता है। डायस्पोरा की अवधारणा को फैलाने पर इसमें उन सभी समूहों को सम्मिलित किया जा सकता है, जो रोज़गार और अवसर की तलाश में अंतरराष्ट्रीय प्रवासन करते हैं। इन सभी समूहों में डायस्पोरा समूह के रूप में विकसित होने की गुंजाइश रहती है। यदि इन कार्यशील समूहों को गंतव्य देश के समाजों में जोड़ लिया जाता है, तो इनमें डायस्पोरा संबंधी जागरूकता के पनपने की संभावना नगण्य रहती है।

समुद्रपारीय श्रमिक समूहों में यदि निम्नलिखित विशेषताएँ पाई जाएँ, तो उसे श्रमिक डायस्पोरा के रूप में स्वीकार किया जा सकता है :

1. लंबे समय तक समूह को एकबद्ध करने वाली विशेषताओं (भाषा, धर्म, विवाह और सांस्कृतिक मान्यताएँ) का बना रहना।
2. स्वभूमि से जुड़ाव की भावना।
3. गंतव्य देशों में सामाजिक अलगाव का बना रहना।

वाइनर ने खाड़ी देशों (कुवैत, कतर, बहरीन, युनाइटेड अरब अमीरात और ओमान) के संबंध में एक महत्त्वपूर्ण अलगाव की ओर संकेत किया है। उनका यह मानना है कि श्रमिक डायस्पोरा उनको मानना चाहिए, जो कार्य की तलाश में एक

देश से दूसरे देश के लिए प्रवास करते हों, लेकिन उनकी नागरिकता मूल देश में बनी रहे। उदाहरण के लिए खाड़ी देशों में बड़े पैमाने पर विदेशी श्रमिकों की उपस्थिति लंबे समय से है, लेकिन उनके बच्चों को इन देशों की नागरिकता का अधिकार नहीं प्राप्त होता है।

आर्मस्ट्रांग ने इनके लिए 'सर्वहारा डायस्पोरा' शब्द का प्रयोग करना ज़्यादा प्रासंगिक समझा है। उनका मानना है कि श्रमिक डायस्पोरा समूह इसी प्रकार के कुशल पेशेवर विशेषज्ञों से अलगाव रखते हैं, जिन्हें आज अंतरराष्ट्रीय परिप्रेक्ष्य में 'गतिशील डायस्पोरा' के नाम से चिह्नित किया जाता है। सर्वहारा डायस्पोरा अपनी निम्नस्तरीय संचार प्रणाली, नेटवर्क और पेशागत सुविधाओं के कारण इन गतिशील डायस्पोरा से भिन्न हैं।

अनुबंधित भारतीय श्रमिक प्रवासन : गुलामी की एक नई व्यवस्था के रूप में

औपनिवेशिक व्यवस्था के अंतर्गत कृषि के वाणिज्यीकरण के फलस्वरूप नव उपनिवेशित क्षेत्रों में अत्यधिक श्रम की माँग की पूर्ति करने के लिए बड़े पैमाने पर अफ़्रीकी गुलामों की ख़रीदफ़रोख्त की जाती थी। इसे अमानवीय ठहराते हुए ब्रिटिश संसद के एक अधिनियम द्वारा 25 मार्च, 1807 से इसे प्रतिबंधित कर दिया गया। 1 अगस्त, 1834 से ब्रिटिश साम्राज्य के सभी गुलामों को मुक्त कर दिया गया। गुलामी उन्मूलन के संबंध में इसी प्रकार के अधिनियम को फ़्रांसीसी साम्राज्य में 1848 और डच साम्राज्य में 1863 से अपने उपनिवेशों में लागू किया। गुलाम मज़दूरों को मुक्त कर दिए जाने के कारण इन बागान उपनिवेशों में हुई श्रम की कमी को पूरा करने के लिए औपबंधिक श्रम प्रणाली (इंडेंचर लेबर सिस्टम) को अस्तित्व में लाया गया। कार्टर के अनुसार अनुबंधित प्रवासी वह व्यक्ति है, जिसने बागानों तक आवागमन पर हुए व्यय को स्वयं वहन नहीं किया है। एक बार अनुबंधित कर लिए जाने पर व्यक्ति के अनुबंध की अवधि में उसकी मज़दूरी दर, कार्य के घंटे, कार्य की प्रकृति, भोजन, आवास और चिकित्सा आदि के संबंध में निर्धारित नियमों के अनुसार व्यवस्था की जाती थी। इस व्यवस्था के अनुसार मालिकों और कामगारों के बीच का संबंध अधिनियमों के तहत संचालित होता था। मॉरीशस में इन कामगारों द्वारा सुस्ती बरते जाने पर उन्हें दंडित किए जाने का प्रावधान किया गया था। इन नियमों के अनुसार मज़दूरी ज़ब्त किया जाना, जेल की सज़ा और काम को अधिक कठिन कर दिए जाने आदि को संविदात्मक स्वरूप प्रदान किया गया था। इस प्रकार के अधिनियम कमोबेश सभी उपनिवेशों में लागू थे। अनपढ़ भारतीय अनुबंधित श्रमिकों के

लिए यह एक अबूझ पहेली की तरह था, जिसमें वे अरकाटियों के बहलावे-फुसलावे में आकर फँस जाते थे।

लार्ड रसेल ने अपने संसदीय भाषण में इस प्रणाली को 'गुलामी की एक नवीन व्यवस्था' के रूप में चिह्नित किया था। इस बात के पर्याप्त साक्ष्य हैं कि बागान मालिकों (प्लांटर) के मन में यह भावना व्याप्त थी कि अनुबंधित भारतीय श्रमिक गुलाम मज़दूरों के विकल्प के रूप में हैं और इसी कारण उनकी जीवन दशा अधिकांशतः अत्यंत दीन-हीन बनी रही।

(भारतीय अनुबंधित श्रमिक प्रवासन)

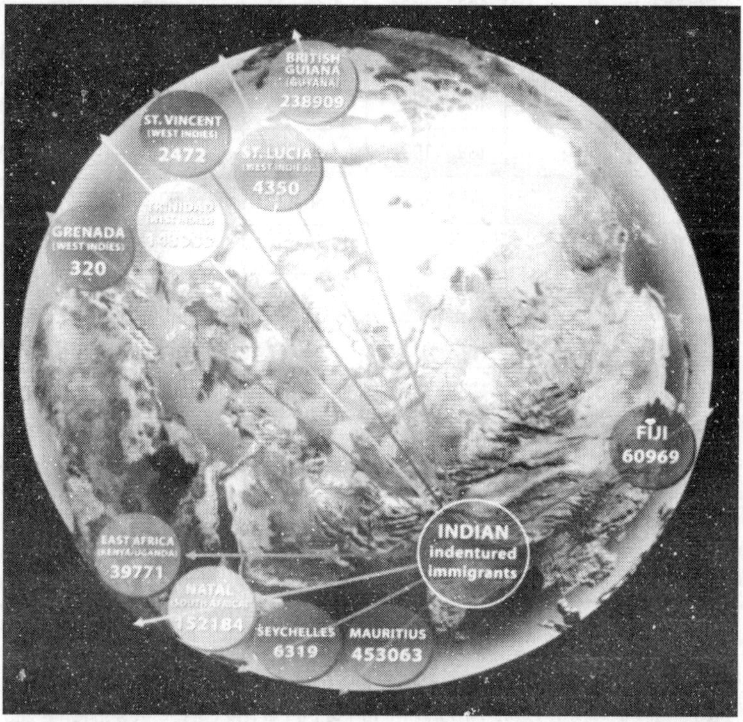

अनुबंधित श्रम व्यवस्था के अंतर्गत भारत से बड़े पैमाने पर समुद्रपारीय प्रवासन हुआ। इन्हीं प्रवासी भारतीयों की आगामी पीढ़ियों और उनके वंशजों द्वारा आधुनिक भारतीय डायस्पोरा का निर्माण हुआ। निम्नलिखित सारणी से अनुबंधित भारतीय श्रमिक प्रवासन और उससे निर्मित डायस्पोरा की स्थिति अधिक स्पष्ट होती है :

अनुबंधित भारतीय और भारतीय जनसंख्या: 1980 और नवीनतम अनुमान

उपनिवेश/देश	अवधि	अनुबंधित श्रमिक	1980 में भारतीयों की जनसंख्या	नवीनतम अनुमान 2007
मॉरीशस	1834-1912	4,53,063	6,23,000	8,50,558
ब्रिटिश गयाना/गयाना	1838-1917	2,38,909	4,24,400	3,84,547
नाताल (दक्षिण अफ़्रीका)	1860-1911	1,52,184	7,50,000	9,23,994
त्रिनिदाद	1845-1917	1,43,939	4,21,000	4,22,643
रीयूनियन	1829-1924	1,18,000	1,25,000	1,56,800
फ़िजी	1879-1916	60,969	3,00,700	3,43,584
गेदेल्यूप	1854-1885	42,326	23,165	40,000
केन्या और युगांडा	1895-1901	39,771	79,000	12,000
जमैका	1854-1885	36,420	50,300	61,500
डच गयाना/ सूरीनाम	1873-1916	34,000	1,24,900	1,74,190
मार्टिनीक्यू	1854-1889	25,509	16,450	14,000
सेशेल्स	1899-1916	6,319	उपलब्ध नहीं	5,000
सेंट ल्यूसिया	1858-1895	4,350	3,700	4,095
ग्रेनाडा	1856-1885	3,200	3,900	3,698
सेंट विंसेंट	1861-1880	2,472	5,000	7,088
अनुबंध से संबंधित देशों में कुल संख्या		13,61,431	29,52,495	34,03,697
विदेशों में कुल भारतीय				1,70,00,000

स्रोत : कॉलिन क्लार्क आदि, साउथ एशियन ओवरसीज़: माइग्रेशन एंड एथनिसिटी (कैम्ब्रिज: कैम्ब्रिज यूनिवर्सिटी प्रेस, 1990, पेज 9) 7 नवीनतम अनुमान के लिए CIA, द वर्ल्ड फ़ैक्टबुक 2007 (वाशिंगटन: सेंट्रल इंटेलीजेंस एजेंसी); <http://en.wikipedia.org/wiki/Overseas_Indian_population>; http:// www.littleindia.com/ news/132/ ARTICLE/1346/2006-0-12.html; तथा बृज वी. लाल, पीटर रीव्स एंड राजेश राय (संपा.) (2006). द एनसाइक्लोपीडिया ऑफ़ द इंडियन डायस्पोरा; सिंगापुर: एडीशन्स डीडीयर मिलेट,इन एसोसिएशन विद नेशनल यूनिवर्सिटी ऑफ़ सिंगापुर।

यद्यपि भारतीय डायस्पोरा को मुख्यतः तीन नृजातीय/धार्मिक समूहों–सिक्ख, हिंदू और मुस्लिम में पृथक किया जाता है, लेकिन इनके केंद्र में इन्हीं अनुबंधित श्रमिकों को माना जाता है। पारिख ने यह माना है कि अनुबंधित हिंदू श्रमिकों की तीन विशेषताएँ–पारिवारिक जीवन की पुनर्स्थापना, उनका सामान्य धार्मिक जीवन और रामायण का मुख्य पुस्तक के रूप में प्रचलित होना–उनमें विशिष्ट डायस्पोरीय चेतना (डायस्पोरिक कंसस्नेश) को उभारने में सहायक हुई है।

यद्यपि भारतीय श्रमिक डायस्पोरा आज धार्मिक, सांस्कृतिक और राजनीतिक संगठनों के कारण महत्त्व प्राप्त कर रहा है और अंतरराष्ट्रीय समुदाय की विशेषता के रूप में उभर रहा है।

साम्राज्यवादी डायस्पोरा

वाणिज्यिक पूँजी के युग में अनेक व्यापारिक समूहों का उदय हुआ। अनेक प्रकरणों में वाणिज्यिक संपर्क के पश्चात विश्व के अधिकांश हिस्सों में बसाहट और इन क्षेत्रों के औपनिवेशिकरण का दौर चला। कुछ देशों ने सफलतापूर्वक पूर्ण औपनिवेशिकरण का सामना किया, जिनमें चीन प्रमुख था। चीन ने यूरोपीय और जापानी व्यापारियों को चुनिंदा क्षेत्रों तक ही सीमित रखने में सफलता प्राप्त की। इसके विपरीत एशिया और अफ़्रीका के अधिकांश हिस्से इन साम्राज्यवादी मंसूबों के अधीन हो गए। यूरोपीय बसाहट के अनुरूप न होने या स्थानीय लोगों से संघर्ष के कारण कुछ उपनिवेशों में ये व्यवसायी–प्रशासक स्थायी रूप से बस नहीं सके। लेकिन अधिकांश क्षेत्रों में यूरोपीय श्वेत लोगों ने अपना घर बसा लिया। इस प्रकार औपनिवेशिक अथवा सैनिक उद्देश्यों की पूर्ति के लिए बसाए गए स्थानों पर 'साम्राज्यवादी डायस्पोरा' का जन्म हुआ। यूरोप के लगभग सभी शक्तिशाली देशों ने अपनी साम्राज्यवादी महत्त्वाकांक्षाओं को आगे बढ़ाने के लिए डायस्पोराओं का गठन किया। स्पैनिश, पुर्तगाली, डच, जर्मन, फ़्रांसीसी और ब्रिटिश उपनिवेशवादी विश्व के अधिकांश हिस्सों में फैले तथा इन प्रवासी समूहों द्वारा डायस्पोरा अथवा अर्ध–साम्राज्यवादी डायस्पोरा का निर्माण किया गया। अर्ध–साम्राज्यवादी डायस्पोरा द्वारा अनेक उदाहरणों में स्थानीय समूह से वैवाहिक संबंध स्थापित किया गया तथा इस रूप में इनके द्वारा स्थानीय परंपराएँ भी अपनाई गईं और स्थानीय लोगों में यूरोपीय जीवन पद्धति का प्रसार किया गया।

वाणिज्यिक और व्यापारी डायस्पोरा

वाणिज्यिक डायस्पोरा पद का प्रयोग सर्वप्रथम एबनेर कोहेन द्वारा किया गया। उनका मानना था कि वाणिज्यिक डायस्पोरा का संसार स्थानीय रूप से बिखरे होने

के बावजूद सामाजिक रूप से एक-दूसरे पर निर्भर था। नातेदारी संबंधों की प्रगाढ़ता ही दीर्घावधि के निवेश और लाभ की अनिश्चितता की स्थिति में आपसी विश्वसनीयता को बढ़ावा देती है। इस कारण वाणिज्यिक डायस्पोरा का सर्वाधिक महत्त्वपूर्ण संस्थागत स्वरूप परिवार और व्यापक नातेदारी प्रणाली से जुड़ी विशिष्टताओं को ही माना जा सकता है। एक समुदाय से जुड़े व्यापारी समूह अन्य नगरों और विदेशों में परदेशी जीवन व्यतीत करते हुए व्यापार में संलग्न रहते हैं। अलग-अलग स्थानों में रहने के बाद भी इनके द्वारा शक्तिशाली वाणिज्यिक नेटवर्क का गठन किया जाता है। दक्षिण पूर्व एशियाई उपनिवेशों के चीनी व्यापारी, कैरेबियाई और पश्चिमी अफ़्रीका के लेबनानी व्यापारी और पूर्वी अफ़्रीका के भारतीय व्यापारिक तंत्र इसके प्रमुख उदाहरण हैं।

चीनी डायस्पोरा

पश्चिमी विश्व में यह सामान्य धारणा है कि चीनी लोग सफल और नवोन्मेषी व्यापारी होते हैं। चीनी व्यापारियों में होकिंन व्यवसायी सर्वाधिक महत्त्वपूर्ण माने जाते हैं। इन व्यवसायियों में उच्चस्तरीय परिवारिक और गोत्रीय सघनता विद्यमान है और इसी कारण ये व्यवसायी विश्व के अनेक स्थानों में अनुकूलन प्राप्त कर सफल होते हैं। इसका सर्वाधिक महत्त्वपूर्ण उदाहरण सिंगापुर को माना जा सकता है। ब्रिटिश शासकों द्वारा इस द्वीप पर कब्ज़े के समय यह मछुआरों का एक सुप्तप्राय गाँव था, जो सर स्टेमफोर्ड रैफल्स द्वारा चीनी व्यवसायियों के आमंत्रण के पश्चात एक समृद्ध वाणिज्यिक केंद्र के रूप में उभर कर सामने आया है। सिंगापुर की समृद्धि को चीनी व्यवसायियों की सफलता के जादुई सूत्र के रूप में स्वीकार किया जाता है।

इसी प्रकार अन्य औपनिवेशिक शक्तियों द्वारा भी विश्व के अनेक हिस्सों में चीनी व्यवसायियों को बसने के लिए आमंत्रित किया गया। फ़्रांसीसियों द्वारा इंडोचाइना, मॉरीशस और रीयूनियन में तथा पुर्तगाली और डच लोगों द्वारा मकाओ एवं बटाबिया में इसी प्रकार के प्रयास किए गए। चीनी व्यवसायी औपनिवेशिक शक्तियों और प्रशासन के प्रति उदासीन रवैया रखते थे। इसके विपरीत वे अपने व्यवसाय के समृद्ध स्थलों से जुड़ी व्यवस्थाओं के प्रति ज़्यादा वफ़ादार रहते थे। ये व्यवसायी समूह इस बात की कम चिंता करते थे कि उनके कार्य-क्षेत्र का राजनीतिक आधिपत्य ब्रिटिश, फ़्रांसीसी, पुर्तगाली, मलय, डच अथवा किसी अन्य का है।

स्थानीय राजनीतिक जीवन के प्रति उदासीन रवैया इस कारण था कि चीनी प्रवासी उस स्थान पर स्थायी रूप से बसने के बदले अस्थायी बसाहट और

आवागमन (सोजर्न) को प्राथमिकता देते थे। चीनी व्यवसायी अपने घर से प्रभावी जुड़ाव बनाए रखते थे। व्यावसायिक स्थलों से तथा घर (ह्सिंग) से रहस्यात्मक जुड़ाव इन व्यवसायियों में सामूहिकता की भावना बढ़ाने और विदेशी भूमियों पर व्यवसाय से जुड़े जोखिमों को कम करने में सहायक होता था। अपने जन्म स्थान के प्रति भावनात्मक जुड़ाव में चीनी लोगों का कोई सानी नहीं है। इस प्रकार, चीनी व्यावसायिक डायस्पोरा की मुख्य विशिष्टता विश्व के विभिन्न स्थानों में व्यापार और कार्य से संबंधित विशेष रणनीति के बाद भी अपने ह्सिंग से अत्यंत नज़दीकी राजनीतिक, सामाजिक और सांस्कृतिक संबंध बनाए रखना है।

आज विश्व के अनेक हिस्सों में चीनी लोग इसी व्यावसायिक डायस्पोरा की विशेषताओं को प्रदर्शित कर रहे हैं। इनका फैलाव मलय, इंडोचायना, सुमात्रा, जावा, फ़िलीपींस, हवाई, कैरेबियन, मैक्सिको, पेरू, कैलीफोर्निया और ऑस्ट्रेलिया आदि में है। आज चीनी डायस्पोरा की संख्या लगभग 33 मिलियन (ताइवान तथा हांगकांग को छोड़कर) है। इनमें से अधिकांश अनुबंधित श्रमिक (तथाकथित कुली), शिल्पकार और व्यवसायियों के वंशज हैं। विश्व के अनेक हिस्सों में चाइना टाउनों का उदय आज एक विशिष्ट संस्थागत गतिविधि है। विश्व का सबसे बड़ा चाइना टाउन न्यूयार्क में है, जिसमें लगभग तीन लाख व्यक्ति, 450 रेस्टोरेंट और कपड़े की 500 से अधिक फैक्ट्रियाँ कार्यरत हैं। आज चीन के व्यावसायिक महाशक्ति के रूप में उभरने के पीछे उसके व्यावसायिक डायस्पोरा के महत्त्व को स्वीकार किया जाता है।

लेबनानी डायस्पोरा

व्यावसायिक डायस्पोरा के दूसरे प्रमुख प्रकार के रूप में लेबनानी डायस्पोरा को माना जाता है। यह मुख्य रूप से व्यवसायियों और श्रमिकों के रूप में विभक्त माने जाते हैं। सत्रहवीं से लेकर उन्नीसवीं शताब्दी तक समृद्ध स्वतंत्र लेबनानी व्यवसायियों ने मध्य पूर्व और यूरोप के मध्य विकसित होते व्यापारिक तंत्र का जाल फैलाया। बेरूत के आस-पास का क्षेत्र आज विश्व अर्थव्यवस्था का महत्त्वपूर्ण केंद्र माना जाता है, जो वाणिज्य, यातायात, संचार और वित्त के क्षेत्र की धुरी के रूप में कार्य करता है। व्यावसायिक गतिविधियों के चलते सन् 1950 के पश्चात लगभग 1 लाख 20 हजार लेबनानियों ने अपना घर त्याग कर प्रवासन किया। लेबनानी प्रवासन के मूल में अप्रशिक्षित औद्योगिक रोज़गार की तलाश और इससे भी ज़्यादा महत्त्वपूर्ण व्यवसायी बिचौलिए का कार्य था। आज लेबनानी व्यवसायी ब्राजील, जमैका, संयुक्त राज्य अमेरिका और कनाडा के

अनेक क्षेत्र में फैले हुए हैं। पश्चिमी अफ्रीका में लेबनानी व्यवसायियों की प्रमुखता देखी जा सकती है। अफ्रीका और यूरोपीय क्षेत्रों के बीच होने वाले अधिकांश व्यापार इन्हीं लेबनानी मध्यस्थों द्वारा नियंत्रित हैं। अल्बर्ट होरानी ने लिखा है कि दुकानदारी और बिचौलिए की भूमिका निभाने वाले इन लेबनानी व्यापारियों के वंशज आज कोलंबिया के राष्ट्रपति, जमैका के प्रधानमंत्री, चिकित्सा में नोबल पुरस्कार विजेता, विश्व प्रसिद्ध हृदय रोग विशेषज्ञ आदि के रूप में चर्चित हैं।

लेबनानी डायस्पोरा के उभार में महत्त्वपूर्ण तथ्य यह है कि लेबनानी अपने मूल गाँव को छोड़कर विदेशों में जाते हैं, लेकिन इनमें पुनर्वापसी की दर अत्यंत अधिक है। उदाहरण के लिए 1926 तथा 1933 के बीच कुल प्रवासियों का 41% बेरूत और उसके आस-पास के गाँव में वापस आया।

इस प्रकार व्यावसायिक डायस्पोरा के इन दोनों उदाहरणों से स्पष्ट है कि डायस्पोरा के रूप में इनकी उपस्थिति इनकी स्वभूमि और इनके मेज़बान देशों के बीच एक लाभदायक संपर्क को बनाए रखता है और सामाजिक संगठन के एक नवीन प्रकार के मॉडल की ओर संकेत करता है। इसी प्रकार की भूमिकाएँ यहूदी, भारतीय और ग्रीक व्यापारिक तंत्रों द्वारा भी निभाई जाती थीं। इस प्रकार के आप्रवासी समूह नृजातीय उद्यमिता की संस्कृति और उस पर आधारित व्यावसायिक डायस्पोरा तंत्र की ओर ध्यान आकृष्ट करते हैं।

विक्षेत्रीकृत डायस्पोरा और गतिशील डायस्पोरा

डायस्पोरा के मूल में किसी स्थान विशेष से जुड़ाव को महत्त्वपूर्ण विशिष्टता के रूप में लिया जाता है। लेकिन, वास्तविकता में आज भी ऐसे समूह मौजूद हैं, जिन्हें किसी स्थान विशेष से जुड़ा नहीं माना जा सकता है। इस प्रकार के डायस्पोरा को विक्षेत्रीकृत डायस्पोरा के रूप मे स्वीकार किया जाता है। उदाहरण के लिए कैरेबियाई डायस्पोरा, सिंधी और पारसी डायस्पोरा आदि।

वर्तमान युग वैश्वीकृत अर्थव्यवस्था का युग है, जिसमें उद्यमियों, पेशेवर विशेषज्ञों और प्रबंधकों का समूह निरंतर अपना स्थान बदलता रहता है और सूचना प्रौद्योगिकी के माध्यम से एक-दूसरे से जुड़ा रहता है। इस प्रकार के अंतरराष्ट्रीय प्रवासन के स्वरूपों के कारण पारिवारिक भ्रमण, सामाजिक संबंधों और अल्पावधि के लिए निरंतर विदेशी प्रवास के कारण आज किसी एक देश की नागरिकता मात्र काग़ज़ पर ही रह गई है। विश्व के अनेक देश विश्व-शहर के रूप में बसते जा रहे हैं। विश्व के सभी प्रमुख नृजातीय समूहों के लोग पारस्परिक आदान-प्रदान और अंतरक्रिया में संलग्न हैं, जिसके कारण बहुरूपीय

वैश्विक, धार्मिक और सांस्कृतिक स्वरूप विकसित हो रहे हैं। इसी कारण डायस्पोरा समुदायों के उभरने, पुनः जुड़ने और विकसित होने के अवसर खुले हैं। उदाहरण के लिए, 1990 में यूनाईटेड किंगडम में जापानी कालोनी के अंतर्गत जापानी कंपनियाँ, बैंक, कार्पोरेट कार्यालय और बीमा कंपनियाँ कार्य कर रही थीं, जिनमें कुल निवेश लगभग 16 बिलियन यू.एस. डॉलर का था। इन कंपनियों में लगभग 45,000 जापानी नागरिक कार्य कर रहे थे। इसी प्रकार वियतनामी, क्यूबावासी और चीनी लोग विश्व के अनेक देशों में रह कर अपने गृह राष्ट्र से आर्थिक संबंध बनाए हुए हैं। चीनी डायस्पोरा के कारण 1979 से चीन ने लगभग 60 बिलियन डॉलर की विदेशी पूँजी का निवेश प्राप्त किया। समुद्रपारीय चीनी अपने गाँव और वंशानुगत घरों से गुआंक्सी (नातेदारों, मित्रों और सहयोगियों के व्यापक तंत्र) द्वारा जुड़े रहते हैं।

आज विश्व नगरों में दो विपरीत ध्रुवीय प्रवृत्तियाँ विकसित हो रही हैं– सार्वत्रिकता (कास्मोपॉलिटन) और स्थानीयता (लोकल)। ये दोनों प्रवृत्तियाँ डायस्पोरा में झुकाव की प्रवृत्ति को चुनौती दे रही हैं। वर्टोवेक और कोहेन के अनुसार विश्व जनसंख्या के बहुसंख्यक लोगों के पास अपने राष्ट्र, नृजातीयता और सार्वत्रिक सांस्कृतिक परिधि के अंतर्गत जीवनयापन एक विकल्प के रूप में नहीं रह गया है। वर्तमान विश्व में सांस्कृतिक और भाषागत विविधता सर्वव्यापी है। एक-दूसरे से संपर्क स्थापित करना और एक-दूसरे की संस्कृति को समझना आज आवश्यक बन गया है। यातायात और प्रवासन के कारण विभिन्न व्यक्तियों का आपसी संपर्क कार्यस्थलों, बाज़ार स्थलों, पड़ोस, स्कूल और मनोरंजन स्थलों पर निरंतर बढ़ता जा रहा है। इसी कारण नित्य प्रति की सार्वत्रिकता (कास्मोपॉलिटन) व्यावहारिकता के स्वीकृत स्वरूप में उभर रही है। इस प्रवृत्ति में आज राष्ट्रीयता, नृजातीय विशिष्टता, धार्मिक कट्टरता, नस्लवाद और सामाजिक अलगाव के अन्य स्वरूप भी कार्यरत हैं, जिसे स्थानीयता की चरम प्रवृत्ति के रूप में रेखांकित किया जा सकता है। इन स्थितियों में डायस्पोरा की भूमिका दोहरी होती है। ये अपने मूल देशों की सभ्यतागत विशिष्टताओं को वैश्विक स्तर पर फैलाते हैं। इसके साथ ही विश्व की अन्य सांस्कृतिक विशिष्टताओं को आत्मसात करने के प्रति ज़्यादा लचीलापन प्रदर्शित करते हैं। इस प्रकार की भूमिका को डायस्पोरा की सभ्यताओं के आपसी पुल निर्माण के रूप में माना जाता है।

संक्षेप में, उपरोक्त विवेचित सामग्री के आधार पर डायस्पोरा की आधारभूत विशेषताओं को निम्नानुसार सारणीबद्ध किया जा सकता है :

सारणी-1 : डायस्पोरा की सामान्य विशेषताएँ

1. दो या अधिक विदेशी क्षेत्रों के लिए अधिकांशत: अवसादग्रस्तता की स्थिति में स्वभूमि (होमलैंड) से विस्मरण।
2. वैकल्पिक अथवा अतिरिक्त तौर पर काम की तलाश, वाणिज्य और औपनिवेशिक महत्त्वाकांक्षा के कारण स्वभूमि से विस्तार।
3. स्वभूमि की भौगोलिक स्थिति, इतिहास, शोषण और उपलब्धियों के बारे में सामूहिक मिथक तथा स्मृतियाँ।
4. वास्तविक अथवा काल्पनिक पूर्वजभूमि (पुरखों की भूमि) के प्रति आदर का भाव और उसकी देखभाल, पुनरुत्थान, सुरक्षा और समृद्धि, पुनर्सृजन के बारे में सामूहिक प्रतिबद्धता की भावना।
5. स्वभूमि वापसी के लिए बार-बार उभरने वाले आंदोलनकारी प्रयासों को सामूहिक अनुमोदन प्राप्त होना, जबकि समूह के अधिकतर लोग स्वभूमि से मात्र औपचारिक संबंध अथवा कभी-कभार के भ्रमण से ही संतुष्ट रहते हैं।
6. समान इतिहास और विशिष्टता का भाव, समान किस्मत पर विश्वास, समान सांस्कृतिक और धार्मिक धरोहर की निरंतरता और पीढ़ी-दर-पीढ़ी हस्तांतरण पर आधारित एक मज़बूत सामूहिक नृजातीय चेतना का लंबे समय तक बने रहना।
7. मेज़बान समुदायों से कष्टमय संबंध, स्वीकार्यता में कमी और समूह पर कभी भी संकटपूर्ण स्थिति आ जाने का मनोभाव।
8. 'स्वभूमि' की लुप्तप्राय स्थिति के बावजूद अन्य देशों में बसे सम-नृजातीय सदस्यों के प्रति समानुभूति और जिम्मेदारी का भाव।
9. बहुलवाद (प्लुरलिज़्म) के प्रति सहिष्णुता रखने वाले मेज़बान देशों में विशिष्ट सृजनात्मक और समृद्ध जीवन की संभावना।

डायस्पोरा आज विभिन्न बौद्धिक, सांस्कृतिक और राजनीतिक कारणों से निरंतर विकसित होती अवधारणा के रूप में आगे बढ़ रहा है। इसकी शास्त्रीय अर्थवत्ता आज विस्तृत होकर लंबी दूरी के राष्ट्रवाद के रूप में भी प्रकट होने लगी है। इन समूहों में अलबानियाई, आयरिश, कुर्द, फ़िलीस्तीनी आदि समूह सम्मिलित हो रहे हैं। इसी प्रकार डायस्पोरा का विस्तार सीमापार तथा नृजातीय सीमा से परे भाषाई श्रेणियों-फ्रैंकोफ़ोन, एंग्लोफ़ोन और ल्यूसोफ़ोन समुदायों को अस्तित्वमान बना रहा है। इसी प्रकार, यदि धर्म को आधार बनाया जाए, तो वैश्विक धार्मिक समुदायों में हिंदू, बौद्ध, कन्फ़्यूशियस, मुस्लिम और कैथोलिक डायस्पोरा को माना जा सकता है। इस प्रकार, आज अकादमिक विमर्श में इथोपियाई, जिप्सी, हवाई, इराकी, जापानी, लिथूआनियाई, रोमानियाई और यूक्रेनी डायस्पोरा का उल्लेख

मिलने लगा है। इस विवेचना से स्पष्ट है कि डायस्पोरा शब्द का अत्यधिक विस्तार हो जाने के कारण आज लगभग सभी नृजातीय अल्पसंख्यक समुदायों को डायस्पोरा की संज्ञा दी जाने लगी है। इसी कारण, शोध-पत्रिका 'डायस्पोराः ए जर्नल ऑफ़ ट्रांसनेशल स्टडीज' के संपादक तोलयान ने इस पत्रिका के छठे वर्ष के अंक में लिखा है कि यह शब्द उन्मुक्त और व्यापक व्यवहृत श्रेणी के रूप में बिखरता जा रहा है, इसलिए इसकी परिभाषा में कड़ाई की आवश्यकता है। रोजर्स ब्रूबेकर ने अपने प्रसिद्ध लेख "द 'डायस्पोरा' डायस्पोरा" में यह प्रस्तावित किया है कि डायस्पोरा की परिघटना को समझने के लिए निम्नलिखित तीन कसौटियाँ अनिवार्य होनी चाहिए :

(क) बिखराव (Dispersion)

(ख) स्वभूमि की ओर झुकाव (Homeland Orientation)

(ग) सीमा अनुरक्षण (Boundary-Maintenance)

वर्तमान समय में डायस्पोरा शब्द/अवधारणा का उपयोग ऐसी जनसंख्या को वर्णित करने के लिए किया जा रहा है, जिसे विक्षेत्रीकृत अथवा पारदेशीय माना गया है अर्थात ऐसी जनसंख्या, जिसका उद्‌भव उस स्थान पर न हुआ हो, जहाँ वह वर्तमान में रह रही है और इनका सामाजिक, आर्थिक-राजनीतिक नेटवर्क (संजाल) राष्ट्र-राज्य से परे हो या विश्वव्यापी हो। यह वास्तविकता है कि इस प्रकार की जनसंख्या विस्तार, संख्या और जागरूकता की दृष्टि से निरंतर बढ़ती जा रही है। इनमें से ज़्यादातर राष्ट्रीय वृत्तांतों, क्षेत्रीय सहयोगों अथवा अंतरराष्ट्रीय राजनीतिक अर्थव्यवस्था में महत्त्वपूर्ण भूमिका निभा रहे हैं।

संदर्भ ग्रंथ

1. एंथियास, फ्लोया. 1998 'इवैलुएटिंग डायस्पोरा : बियांड एथनिसिटी', सोशियोलॉजी, वॉल्यूम. 32, नंबर 3, पृष्ठ 557-80.
2. अप्पदोरई, अर्जुन. 1996 माडर्निटी एट लार्जः कल्चरल डाइमेंशंस ऑफ़ ग्लोबलाइज़ेशन, मिनियापोलिस, एम एनः यूनिवर्सिटी ऑफ़ मिनासोटा प्रेस।
3. आर्मस्ट्रांग, जॉन ए. 1976 'मोबलाइज्ड एंड प्रोलिटेरियन डायस्पोराज', अमेरिकन पॉलिटिकल साइंस रिव्यू, वॉल्यूम 70, नं. 2, पृष्ठ 393-408.
4. बार्थ, फ्रेडरिक. 1969 'इंट्रोडक्शन', इन फ्रेडरिक बार्थ (संपा.) एथनिक ग्रुप्स एंड बाउंड्रीज : द सोशल आर्गनाइज़ेशन ऑफ़ कल्चरल डिफरेंस, जार्ज ऐलेन एंड अनवीन, पृष्ठ 9-38.
5. ब्रुबेकर, रोजर्स. (2005). "द 'डायस्पोरा' डायस्पोरा", एथनिक एंड रेसियल स्टडीज, अंक 28 नं. जनवरी, 2005. पृष्ट 1-19.

6. कस्टेल, स्टीफेन एंड मिलर, मार्क जे. 1998. द एज ऑफ़ माइग्रेशन : इंटरनेशनल पापुलेशन मूवमेंट इन द मार्डन वर्ल्ड, न्यूयार्क : द गल्फोंड प्रेस।
7. क्लिफोर्ड, जेम्स 1994 'डायस्पोरा', कल्चरल एंथ्रोपॉलोजी, वॉल्यूम 9, नं. 3, पृष्ठ 302-38.
8. कोहेन अब्नेर. 1971 'कल्चरल स्ट्रेटेजीज इन द आर्गनाइजेशन ऑफ़ ट्रेडिंग डायस्पोरा', इन क्लाड मेलासोक्स (संपा.), द डेवलपमेंट ऑफ़ इंडीजेनस ट्रेड एंड मार्केट्स, लंदन : ऑक्सफोर्ड यूनिवर्सिटी प्रेस।
9. कोहेन, राबिन. 1997 ग्लोबल डायस्पोरा : एन इंट्रोडक्शन, सेटल, 2a : यूनिर्विसिटी ऑफ़ वाशिंग्टन प्रेस।
10. गिलरॉय पाल. 1997 'डायस्पोरा एंड द डीटूर्स ऑफ़ आइडेंटिटी', इन कैथरीन वुडवर्ड (संपा.) आइडेंटिटी एंड डिफरेंस, लंदन एंड थाउजेंड ओक्स, सेज पब्लिकेशंस इन एसोसिएशन विथ द ओपन यूनिवर्सिटी, पृष्ठ. 299-343.
11. ग्लेजर, नाथन एंड मोयनिहन, डेनियल पैट्रीक 1963 बियांड द मेल्टिंग पॉट : द नीग्रोज, प्युटारिकंस, फ्यूज, इटैलियंस एंड आयरिश ऑफ़ न्यूयार्क सिटी, कैम्ब्रिज, एम.ए. : एमआईटी प्रेस।
12. हाल, स्टुअर्ट 1990 'कल्चरल आइडेंटिटी एंड डायस्पोरा', इन जोनाथन रदरफोर्ड (संपा.) आइडेंटिटी, कम्युनिटी एंड कल्चरल डिफरेंस, लंदन : लारेंस एंड विसर्ट, पृष्ठ. 222-37.
13. आर्मस्ट्रांग, जान ए, मोब्लाइज्ड एंड प्रोलेटेरियन डायस्पोरा, द अमेरिकन पोलिटिकल साइंस रिव्यू 70 (1176), नं. 2, पृष्ठ 393-408.
14. ए ब्राह, कार्टोग्राफ़िज ऑफ़ डायस्पोरा: कंटेस्टेंटिंग आइडेंटिटीज, द चैप्टर डायस्पोरा, बार्डर एंड ट्रांसनेशनल आइडेंटिटीज (लंदन एंड न्यूयार्क : रूले, 1996), पृष्ठ. 178-211.
15. ब्रूबेकर, रोजर्स. "द 'डायस्पोरा' डायस्पोरा", एथनिक एंड रेसियल स्टडीज 28 (2005), जनवरी नं. 1, पृष्ठ 1-19.
16. गिलराय, पाल. द ब्लैक अटलांटिक : माडर्निटी एंड डबल कांसशनेस (कैम्ब्रिज : हावर्ड यूनिर्विसिटी प्रेस, 1993), पृष्ठ. 1-41.
17. सैफ़रन, विलियम. डायस्पोरा इन माडर्न सोसाइटी : मिथ ऑफ़ होमलैंड एंड रिटर्न, डायस्पोरा 1 (1991), नं. 1, पृष्ठ 84-99.
18. ग्लेजर एन., एंड डी. मोहनियान (1963) बियांड द मेल्टिंग पॉट : द नीग्रोज, प्युटारिकंस, फ्यूज, इटैलियन्स एंड आयरिश ऑफ़ न्यूयार्क सिटी, बोस्टन : एमआइटी प्रेस।
19. टोलोयान, के. (2010)' बियांड द होमलैंड : फ्राम एक्सीलीक नेशनलिज़्म टू डायस्पोरिक ट्रांसनेशनलिज़्म', इन ए.एस. ल्युसी, ए. जेल एंड ए.डी. स्मिथ

(संपा.) द काल ऑफ़ द होमलैंड: डायस्पोरा नेशनलिज़्म, पास्ट एंड प्रजेंट, एम्सटर्डम : ब्रील।

20. टोलोयान, के. (1996) 'रीथिंकिंग डायस्पोरा (एस): स्टेटलेस पावर इन द ट्रांसनेशनल मूवमेंट', डायस्पोरा : जर्नल ऑफ़ ट्रांसनेशनल स्टडी, 5 (1) : 3-36.
21. टोलोयान, के. (2007) 'द कंटेपररी डिस्कोर्स ऑफ़ डायस्पोरा स्टडीज', कंपैरेटिव स्टडीज ऑफ़ साउथ एशिया, अफ़्रीका एंड द मिडिल ईस्ट 27 (3) : 647-55.

3

भारतीय डायस्पोरा के विभिन्न आयाम

डॉ. नीरजा अरुण

जब भी डायस्पोरा का ज़िक्र होता है तो सबसे पहले यहूदियों के संदर्भ में बात शुरू होती है। यहूदी अपने देश से दूर विभिन्न देशों में इस उम्मीद के साथ बिखर गए थे कि एक दिन उन्हें अपनी धरती वापस मिल जाएगी। डायस्पोरा शब्द की जो भी तकनीकी परिभाषा हो, परंतु उसका मुख्य अर्थ अपने देश की धरती से दूर विदेशों में बसने से ही है। डायस्पोरा का मुख्य लक्षण है, विदेश में रहते हुए भी अपने देश की सांस्कृतिक परंपराओं को निभाते रहना। भारत को विश्व के दूसरे सबसे बड़े डायस्पोरा समुदायों में गिना जाता है। आज विश्व के लगभग हर देश में भारत के 25 मिलियन (ढाई करोड़) लोग रहते हैं। ये भारतीय एक दिन या कुछ वर्षों में एक ही तरह से इन देशों में नहीं पहुँचे हैं। भारतीयों के प्रवासन के कई आयाम हैं और यह विभिन्न तरीकों से हुए हैं। प्रवासन के मुख्य कारण रहे हैं–व्यापारीकरण, साम्राज्यवाद, वैश्वीकरण, धार्मिक यात्राएँ, सांस्कृतिक कारण आदि। बीसवीं सदी के अंतिम तीन दशकों में भारतीयों के विदेश गमन में एक मुख्य परिवर्तन आया। इस दौरान उच्च शिक्षा प्राप्त अनेक क्षेत्रों में प्रशिक्षित भारतीय पश्चिमी देशों की तरफ और अर्ध-प्रशिक्षित या अप्रशिक्षित भारतीय खाड़ी के देशों की ओर गए। सभी प्रवासी भारतीय अपने देश से विशेष लगाव महसूस करते हैं। यह लगाव इससे प्रमाणित होता है कि उनके रहन-सहन, बातचीत, संस्कार, त्योहार आदि में अभी भी भारतीयता की झलक है। भारतीयता प्रवासी भारतीयों की अभिरुचियों (फ़िल्म, नृत्य, संगीत, कला और संस्कृति) में झलकती है। भारत के प्रति लगाव देश के उत्थान के लिए धन का सहयोग और लौट कर भारत में फिर से बसने जैसे कार्यों से पता चलता है। हाल में प्रवासी भारतीयों का भारत से काफ़ी लगाव बढ़ा है।

प्रवासी भारतीयों का इतिहास

यह कहना मुश्किल है कि सर्वप्रथम भारतीय कब विदेश गए। प्रागैतिहासिक समय से ही भारतीयों के प्रवासन के चिह्न मिलते रहे हैं। रामायण और महाभारत में विदेशों से भारत के संबंधों का जहाँ विवरण मिलता है, वहीं इतिहास में भी इसके पर्याप्त उदाहरण दिखते हैं। बौद्ध काल में भी भिक्षु और भिक्षुणियों के पूर्व और मध्य एशिया में जाने के सबल प्रमाण हैं। सुदूर पूर्व में फैली महाभारत और जातक कथाएँ और मध्य एशिया में लगभग अफ़्रीका तक फैली भारतीय संस्कृति की विशेषताएँ प्रमाणित करती हैं कि दीर्घ काल से ही भारतीय प्रवास के लिए विदेशों में जाते रहे हैं और कालांतर में अनेक भारतीय वहीं पर बस गए हैं।

नेपाल और श्रीलंका में मिलने वाले अनेक प्रमाण भी दर्शाते हैं कि भारतीय अपनी संस्कृति को प्रवास द्वारा ही दूर-दूर तक फैला सके। यहाँ के राजाओं के दूसरे देशों के राजाओं (कंधार, जनकपुर, श्रीलंका आदि) से न सिर्फ़ राजनीतिक, बल्कि पारिवारिक संबंध भी थे। इसी दौरान भारतीय विदेशों में भेजे जाने लगे और कालांतर में वे वहाँ बसने भी लगे। गुजरात के सोमनाथ के तट पर लगा दिशासूचक आज भी मौजूद है, जिसका निशाना सीधे दक्षिण अफ़्रीका की ओर है। पूर्व काल में जब गुजराती व्यापारी विदेशों में व्यापार करने जाते थे, तब यही दिशासूचक उन्हें राह दिखाता था।

साम्राज्यवादी दौर से आधुनिक डायस्पोरा का काल शुरू हुआ। ब्रिटिश साम्राज्यवादी शक्तियों द्वारा भारतीयों को अनुबंधित मज़दूरों के रूप में विभिन्न देशों में काम करने ले जाया गया। इनमें से प्रमुख देश थे-सूरीनाम, मलेशिया, बर्मा (म्याँमार), फ़िजी, गयाना, त्रिनिदाद, दक्षिणी अफ़्रीका, मॉरीशस इत्यादि। अनुबंधित मज़दूरों के अतिरिक्त भारतीयों ने ब्रिटेन के लिए बड़े युद्धों में भी सैनिकों की तरह लड़ाई में भाग लिया। इनमें बोर युद्ध और दोनों विश्वयुद्ध शामिल हैं। बीसवीं शताब्दी के आरंभ में अनेक गुजराती बड़ी संख्या में व्यापार करने पूर्वी अफ़्रीका पहुँचे। द्वितीय विश्वयुद्ध के बाद भारतीय दुनिया के अनेक देशों में बिखरने लगे। युद्ध के बाद यूरोप के पुनर्निर्माण की प्रक्रिया में भारतीयों का बड़ा योगदान रहा है, जैसे आज खाड़ी के देशों के पुनर्निर्माण में भारतीयों का योगदान है। आज भारतीयों ने ऑस्ट्रेलिया, यूरोप, कनाडा और अमेरिका जैसे देशों में अपनी छाप छोड़ी है।

आधुनिक प्रवासन में साम्राज्यवाद का बड़ा योगदान है। इस तरह के प्रवासन के कारण के रूप में भारत में हथकरघा उद्योग में गिरावट, ज़मीनों के बढ़ते लगान, अकाल, औद्योगिकीकरण की प्रक्रिया और बड़े पैमाने पर अशिक्षा आदि थे। इसकी

वजह से भारतीय मज़दूर प्रवासी बनने पर मज़बूर हो गए। विश्व भारतीयों के विदेश प्रवासन की प्रमुखतया निम्न पाँच प्रक्रियाएँ होती हैं :–

1. करारबद्ध मज़दूर
2. कंगनी/मैस्त्री
3. मुक्त गमन
4. प्रतिभा पलायन
5. प्रशिक्षित/अर्ध–प्रशिक्षित कामकाजी

करारबद्ध मज़दूर

करारबद्ध मज़दूर उन्हें कहा जाता है जो एक निश्चित समय सीमा के लिए अनुबंधित किए जाते हैं। यह करार साधारणतया तीन से सात वर्षों का होता था। अनुबंध के दौरान काम के बदले में मज़दूरों को खाना, यात्रा, कपड़ा, आवास और छोटी–मोटी चीजें दी जाती थीं। करार के अंत में मज़दूर को फिर से करार करने की छूट भी होती थी। दस वर्ष के अंत में मज़दूर को कामचलाऊ रकम के साथ घर आने दिया जाता था। 18 जनवरी, 1826 को फ्रेंच कालोनी ने सबसे पहले भारतीय मज़दूरों के लिए करारबद्ध होने के दरवाजे खोले। हर मज़दूर को मजिस्ट्रेट के सामने यह कबूल करना होता था कि वह अपनी इच्छा से जा रहा है। पाँच वर्षों के अनुबंध में आठ रुपए माहवार निश्चित किया गया, जिसमें खाना अलग से शामिल था। 1830 तक करैकल और पांडिचेरी से 1,012 मज़दूर निर्वासित किए गए थे। सबसे पहले मज़दूरों को मलेशिया भेजने का असफल प्रयास किया गया। बाद में 1829 से मज़दूर भेजने का दौर चला जो 1920 तक चलता रहा। इन्हें अधिकतर वेस्ट इंडियन कालोनी, फ़िजी, दक्षिणी अफ़्रीका, मॉरीशस, मलेशिया और सीलोन भेजा गया। करारबद्ध मज़दूर उत्तर भारत के छोटा नागपुर सहित बिहार, पूर्वी उत्तर प्रदेश, बंगाल और दक्षिण भारत में त्रिचनापल्ली, मदुरै, सालेम, तंजौर, वईजाक और गंजाम जैसे तेलुगु भाषी जिलों से भेजे जाते थे। बाम्बे प्रेसीडेंसी के अहमदनगर में इसका प्रमुख केंद्र था। अपनी शर्तों की समाप्ति पर बहुत से भारतीय उन्हीं देशों में बस गए। साम्राज्यों ने भी उन्हें खेती की ज़मीनें दे दीं। इस प्रकार धीरे–धीरे इनकी सामुदायिक पहचान बन गई।

कंगनी / मैस्त्री

मलेशिया और श्रीलंका में भेजे जाने वाले कामगारों और मज़दूरों को इस प्रथा से संबोधित किया गया। कंकन या कंकनी तमिल शब्द है, जिसका अंग्रेज़ी अपभ्रंश कंगनी हो गया। इसका अर्थ है 'फ़ोरमैन'। इस प्रथा के अंतर्गत मज़दूरों को जाने से

पहले ही भत्ता दे दिया जाता था। मैस्त्री प्रथा किसी तय सीमा के लिए नहीं थी और न ही कोई बिचौलिया इसमें होता था। मज़दूर कानूनी रूप से मुक्त होता था। उन्नीसवीं शताब्दी के प्रथम दशक से मैस्त्री प्रथा और तीसरे दशक से कंगनी प्रथा शुरू हुई।

मुक्त गमन

भारतीयों के प्रवासन की तीसरी प्रथा मुक्त गमन की थी। इसमें अधिकतर व्यापारी और दुकानदार विदेश जाते थे। सबसे ज़्यादा गुजराती और पंजाबी व्यापारी समुदायों ने दक्षिण और पूर्व अफ़्रीका में प्रवासन किया। ये प्रमुखतया कीनिया, युगांडा और तंजानिया गए। इन लोगों ने जल्दी ही अपने क्षेत्र में प्रभुत्व स्थापित कर लिया और व्यापार में भी वर्चस्व कायम कर लिया।

प्रतिभा पलायन

प्रतिभा पलायन 1950–60 के दशकों से अभी तक बड़ी समस्या के रूप में मानी जाती रही है। प्रशिक्षित और उच्च शिक्षा प्राप्त भारतीयों का दूसरे देशों में पलायन दुखद स्थिति को दर्शाता है। यह भी सत्य है कि विकसित देशों में इन भारतीयों की सक्रियता, भारत के प्रति सम्मानजनक छाप छोड़ती है। आज दुनिया में भारत के साथ व्यापारिक संबंध मज़बूत करने की इच्छा का मुख्य कारण इन भारतीयों की सक्रियता ही है। अंततः प्रतिभा पलायन का भी लाभ भारत को मिलने लगा है। चिकित्सा, इंजीनियरिंग, विज्ञान, तकनीक, अंतरिक्ष विज्ञान, सामाजिक विज्ञान आदि के क्षेत्रों से उच्च शिक्षित प्रतिभावान भारतीय पश्चिमी देशों और ऑस्ट्रेलिया, जापान, हांगकांग, सिंगापुर और खाड़ी के देशों में गए। अन्य प्रकार के प्रवासन की तुलना में प्रतिभा का विदेश प्रवासन स्वतः हुआ है।

प्रशिक्षित और अप्रशिक्षित कामगार

जहाँ प्रतिभा पलायन ज़्यादातर विकसित देशों की तरफ हुआ, वहीं प्रशिक्षित और अप्रशिक्षित मज़दूरों का गमन खाड़ी के देशों, ब्रिटेन, कनाडा और अमेरिका में अधिक हुआ। इनमें से अधिकतर लोग करार पर जाते हैं और उन्हें उन देशों में बसने की इज़ाज़त नहीं होती है।

भारतीय डायस्पोरा के प्रमुख तीन चरण देखने को मिलते हैं :

1. प्रागैतिहासिक या पुरातन
2. साम्राज्यकालीन
3. उत्तर उपनिवेशवादी

प्रागैतिहासिक

भारतीय ऐतिहासिक रूप से प्राचीन काल से ही विदेश में जा रहे हैं। इस पाठ के आरंभ में इस विषय की चर्चा की गई थी। उसके अलावा यह कहना उचित होगा कि बंगाल के राजा आरंभ से ही इंडोनेशिया के राजाओं के संपर्क में थे। ग्यारहवीं शताब्दी में चोल राजा भी इंडोनेशिया के राजाओं पर प्रभुत्व जमाने में सफल रहे। प्रजातीय गमन की प्रक्रिया के कारण भी विभिन्न भारतीय समुदाय अनेक देशों में जाकर बस गए। इसके अलावा भारतीयों के व्यापार संबंध अनेक देशों से थे। इस कारण इस्माइल, होरा, चेट्टियार और अन्य भारतीय समुदायों ने परदेश गमन किया।

साम्राज्य कालीन

यह सर्वविदित है कि साम्राज्यवादी दौर में सबसे ज़्यादा प्रवासन हुआ है। यह प्रवासन साम्राज्यवाद और उपनिवेशवाद के अलावा शिक्षा, व्यापार और राजनीतिक कारणों से भी होता रहा है। मज़दूरों का विदेश गमन अधिकतर मज़बूरी में हुआ है। गरीबी, ज़मींदारी प्रथा, अकाल, बाढ़, बेरोज़गारी, अशिक्षा, आर्थिक पिछड़ापन आदि भी प्रमुख कारण हैं। दास प्रथा के बाद स्थिति सँभालने के लिए अंग्रेज़ों ने सबसे ज़्यादा भारतीयों का ही सहारा लिया। निश्चय ही इसमें उनका शोषण हुआ है। ब्रिटिश साम्राज्यवाद को एक संगठित रूप प्रदान करने में भी इन मज़दूरों का अध्यधिक योगदान है।

उत्तर उपनिवेशवादी

भारत से साम्राज्यवादी शक्तियों के चले जाने के बाद देश स्वतंत्र हो गया, इसके साथ वे सब कारक भी समाप्त हो गए, जिनके कारण देश से मज़दूरों को उनकी इच्छा के विरुद्ध दबाव में विदेश जाकर श्रम करना पड़ता था। अब लोग अपनी इच्छा से विदेश जाने लगे। पहले तो लोग उच्च शिक्षा और व्यापार करने जाते थे। क्रमशः उच्च शिक्षा प्राप्त लोग अच्छी चुनौतियों की खोज में और सुविधाजनक आर्थिक उपलब्धियों के लिए विदेश जाने लगे। ये भारतीय मध्य वर्ग से संबंधित थे। इस स्थिति में उच्च शिक्षित बेरोज़गार युवक विशेष रूप से जा रहे थे। इस गमन को मुख्यतः प्रतिभा पलायन के नाम से जाना गया। इस समय सबसे ज़्यादा भारतीय यूरोप, अमेरिका, कनाडा और ऑस्ट्रेलिया में जाकर बसे।

नेहरू काल और डायस्पोरा

स्वाधीनता पूर्व विदेशों में रहने वाले भारतीयों से देश की आज़ादी के बारे में बोलने की अपेक्षा की जाती थी। बाद में 1950 में नेहरू काल में भारतीयों को चुप रहने की सलाह दी गई। जिन देशों में भारतीय बसे थे, उन्हें वहाँ के कानून और नियमों का

पालन करने की सलाह दी गई। 1960 तक भारत में इतनी हिम्मत नहीं आ पाई थी कि वह अंतरराष्ट्रीय स्तर पर अपनी आवाज़ उठा सके। इस स्थिति में अफ्रीका से भारतीयों के विस्थापन तक पर भारत चुप रहा। परिणामस्वरूप भारतीय भारत आने के बजाय यूरोप चले गए। उधर विदेशों में बसे भारतीयों की भी सरकार में विश्वास की भावना नहीं थी। इससे प्रवासी भारतीय अलग-थलग पड़ गए और भारत ने भी विदेशों में बसे भारतीयों से आत्मीयता नहीं रखी। इस काल को जड़ काल की संज्ञा दी गई है। जहाँ दोनों ही समुदायों (भारतवासी तथा भारतीय डायस्पोरा) को एक-दूसरे की स्थिति से बहुत फ़र्क़ नहीं पड़ता था।

राष्ट्रीयता देशकाल नहीं, वरन् संवेदना आधारित

आज राष्ट्रीयता की परिभाषा बदल गई है। यूरोपीय संघ के उदय के बाद राष्ट्रीयता फिर से परिभाषित हुई है। इसी काल से मूल पहचान अथवा नृजातीय पहचान के मुद्दे भी बदल गए। अब भारतीय कहलाने के लिए भारत में रहना ज़रूरी नहीं था। संस्कृति और अस्मिता के आधार पर भारतीय परस्पर जुड़ने लगे। इस समय सांस्कृतिक कार्यक्रमों, भारत उत्सव, मीडिया, समाचार-पत्र, इंटरनेट, टेलीफ़ोन ने एक-दूसरे से जुड़ने में सहयोग प्रदान किया। इस नए परिदृश्य में देश में हों या विदेश में, भारतीय एक-दूसरे से भावनात्मक रूप से जुड़ने लगे। नेहरू-काल की अलगाववादी नीति धूमिल पड़ चुकी थी। अनेक देशों के उदाहरणों ने साबित किया है कि प्रवासी नागरिक देश के उत्थान में नवीन और महत्त्वपूर्ण भूमिका निभा सकते हैं। दूसरी तरफ वैश्विक स्तर पर देशों की गुटबंदी में प्रभुत्व वाले गुटों की भी आवश्यकता पड़ने लगी।

प्रभाव गुट बनाने में सबसे बड़ा योगदान प्रवासी नागरिकों ने ही किया। सोवियत रूस के विघटन के बाद दो महाशक्तियों के ध्रुवीकरण के सिद्धांत ने दम तोड़ दिया। इसके साथ ही संयुक्त राष्ट्र आदि संगठनों में प्रभावी गुट की ज़रूरत पड़ने लगी। इस पूरी प्रक्रिया में सरकार ने अपने प्रवासी नागरिकों की सहायता से अनेक कूटनीतिक अभिप्रायों को पूरा किया।

इस पूरे संदर्भ से यह बात सामने आई कि प्रवासी भारतीयों के साथ ठंडी राजनीति का व्यवहार नुकसानदायक हो सकता है। देश की छवि बनाने, महत्त्वपूर्ण वैश्विक निर्णय लेने और देश के विकास में भी प्रवासी भारतीय बड़ी और महत्त्वपूर्ण भूमिका निभा सकते हैं।

अभी तक जो प्रवासी भारतीय व्यक्तिगत स्तर पर या भावनाओं के वशीभूत होकर वतन की सेवा कर रहे थे, उन्हें सरकारी तौर पर संगठित कर वैधानिक रूप से शामिल करने की प्रक्रिया का आरंभ करना अपरिहार्य हो गया था। चीन और जापान जैसे देश भी अपने प्रवासियों की मदद से देश का विकास कर रहे थे। इस पृष्ठभूमि में भारत सरकार की ओर से किसी प्रभावी कदम की प्रतीक्षा अवश्य थी।

प्रवासी भारतीय मंत्रालय

2003 में एक उच्चस्तरीय समिति गठित की गई। इसका मुख्य कार्य विदेश में रहने वाले भारतीयों का अध्ययन कर उनके हर पहलू को प्रस्तुत करना था। लक्ष्मीमल्ल सिंघवी के नेतृत्व में बनी इस समिति के अन्य सदस्यों में श्री जे. सी. शर्मा भी थे। सभी के अथक प्रयासों के बाद एक विस्तृत रिपोर्ट तैयार हुई। प्रत्येक देश में रहने वाले भारतीयों का इतिहास, स्थिति, योगदान और प्रमुख भारतीयों की इस रिपोर्ट ने पहली बार विदेशों में रहने वाले भारतीयों की अहमियत के बारे में सरकार को सोचने पर मज़बूर किया। पहली बार एक मंत्रालय बना। इसका कार्य सिर्फ़ प्रवासी भारतीयों का ख्याल रखना, उन्हें देश के विकास से जोड़ना, उनके बच्चों के लिए प्रभावी योजनाएँ बनाना, उन्हें देश में धन लगाने की सुविधाएँ देना, उनके लिए अलग कर नीति का निर्माण करना आदि था। पहली बार प्रवासी भारतीयों को देश के उत्थान में सम्मिलित किया गया और दूसरे देशों में भारतीय प्रतिभा को निर्माण के कार्य में लगाया गया। 9 जनवरी, 1915 को दक्षिण अफ़्रीका से गांधीजी भारत वापस आए थे। इस तिथि को प्रवासी भारतीय दिवस घोषित कर हर वर्ष प्रवासी भारतीय सम्मेलन करने की घोषणा की गई। तब से आज तक हर वर्ष यह सम्मेलन होता है। इस प्रक्रिया के शुरू करने से देश के पुनर्निर्माण में प्रवासी भारतीयों के सशक्त रूप से योगदान का आरंभ हुआ। इसके साथ ही दूसरे देशों में भारतीय रिश्तों को सुधारने और भारतीयों के हित में निर्णय लेने के लिए दबाव समूह बनाने का काम भी प्रवासी भारतीयों को दिया गया। आज प्रवासी भारतीय प्रत्येक क्षेत्र में भारत का साथ देते हैं।

आर्थिक से सांस्कृतिक संबंधों की यात्रा और भारतीय डायस्पोरा

विदेशों में बसे भारतीय अब अपनी पहचान बना चुके हैं। उनकी अहमियत मेज़बान देशों ने भी स्वीकार कर ली है। अनेक विकसित देशों में भारतीय संगठित शक्ति हैं। उन देशों की उन्नति में इनका विशेष योगदान है। परंतु एक दूसरा आयाम भी है। भारतीयों के प्रभावशाली वजूद ने अलग तरह का असंतुलन भी पैदा किया है। अपने साथ महज सांस्कृतिक ही नहीं, राजनीतिक और आर्थिक विचारधारा भी इन भारतीयों को अनेक देशों में बाँट चुकी है। परिणामस्वरूप; अनेक देशों में टकराव की स्थिति आ रही है। भूमि, स्वायत्तता और आर्थिक उपलब्धियों की खोज में एक बार फिर भारतीय विस्थापन की ओर जा रहे हैं। अनेक देशों में इनके प्रवेश पर कठिन शर्तें लगा दी गई हैं। कई देशों में इनकी सांस्कृतिक स्वायत्तता पर हमले भी हुए हैं। शरणार्थी भारतीयों की संख्या भी बढ़ रही है। साथ ही पुनर्वसन के अंतर्गत अनेक देशों से भारतीय फिर से भारत आ रहे हैं। ये अपने साथ विदेशों की संस्कृति और सोच ला रहे हैं, जिससे देश के भीतर वैचारिक भिन्नता उत्पन्न हो रही है।

आज भारत के हर उस राज्य को, जहाँ से अधिक संख्या में प्रवासन होता है, प्रवासी भारतीयों के लिए कार्यशील योजनाएँ बनाने की ज़रूरत पड़ रही है। आज भी देश के प्रति सामूहिक रूप से प्रवासी भारतीयों का विश्वास पैदा नहीं हुआ है। उन्हें यह भी एहसास है कि भारत सिर्फ़ उनके धन में रुचि रखता है। प्रवासी भारतीयों को अपनी संवेदनाओं को भारत के प्रति प्रदर्शित करने का वातावरण बनाना भारत सरकार का ही काम है। इस स्थिति में जो राज्य सार्थक रूप से अपने प्रवासी भारतीयों को जोड़ सकेंगे, वे निश्चित रूप से त्वरित उन्नति कर सकेंगे।

भारतीयों के साथ भेदभाव

खाड़ी के देशों में मज़दूरों की बढ़ती ज़रूरतों के कारण अनेक भारतीय इन देशों में जाकर बस गए हैं। परंतु, इन देशों में अभी भी प्रवासित भारतीयों को मानवीय अधिकारों से वंचित रखा गया है। इन पर अनेक प्रतिबंध लगाए गए हैं। वहाँ पहुँचते ही इनका पासपोर्ट ले लिया जाता है। इन्हें वहाँ किसी प्रकार की बस्ती में रहने की छूट नहीं है। काम समाप्त होते ही देश लौटने का आदेश रहता है। ये अपने परिवारों को भी नहीं रख सकते हैं। साथ ही वहाँ के मूल लोगों से इनका संपर्क भी प्रतिबंधित है। अपने धर्म को निभाने में भी इन पर अनेक बंधन हैं।

भारत सरकार को ये मुद्दे गंभीरता से लेने होंगे और अपने नागरिकों के मूल अधिकारों की चर्चा इन देशों से करनी होगी। इसी प्रकार मलेशिया, फ़िजी और अफ़्रीका के अनेक देशों में उत्पन्न गंभीर घटनाक्रमों को रोकने में भी भारत सरकार को सक्षम भूमिका निभानी होगी।

संदर्भ सूची

1. लाल, बृज वी., द एनसाइक्लोपीडिया ऑफ़ द इंडियन डायस्पोरा, सिंगापुर, कुआलालंपुर, पेरिस : एडीसंस डीडीयर, मिलेट 2006.
2. रूक्मनी, टी.एस. (संपा.) हिंदू डायस्पोरा. ग्लोबल प्रॉस्पेक्टिव, मॉट्रियल : कंकोर्डिया यूनिवर्सिटी 1999.
3. बहादुर सिंह, आई.जे. (संपा) द अदर इंडिया, द ओवरसीज़ इंडियंस एंड देअर रिलेशनशिप विथ इंडिया, प्रोसिडिंग्स ऑफ़ सेमिनार, अर्नोल्ड हनीमैन 1979.
4. क्लार्क, कॉलिन जी.पीच केरी, वर्टोवेक, स्टीवेन (संपा.) साउथ एशियन ओवरसीज़ : माइग्रेशन एंड इथनिसिटी : कैम्ब्रिज़ यूनिवर्सिटी प्रेस 1990.

4

भारतीय डायस्पोरा और प्रवासन पहचान

डॉ. नीरजा अरुण

भारत के लगभग हर प्रांत से लोग अनेक वर्षों से विदेशों में बसे हुए हैं। यह परदेश गमन अच्छे अवसरों की तलाश या कठिन परिस्थितियों से पलायन के कारण हुआ है। एक अनुमान के अनुसार विभिन्न देशों में भारतीयों की संख्या लगभग निम्न है :

क्षेत्र	संख्या (मिलियन में)
उत्तरी अमेरिका (अमेरिका और कनाडा)	2.8
दक्षिणी अमेरिका (त्रिनिदाद एवं टोबैगो, गयाना, सूरीनाम, जमैका आदि)	2.0
यूरोप (इंग्लैंड, नीदरलैंड्स, जर्मनी, ऑस्ट्रिया, स्विट्ज़रलैंड आदि)	2.5
अफ़्रीका (दक्षिणी और उत्तरी)	2.5
मध्य एशिया (यू. ए. ई., सउदी अरब, कुवैत आदि)	2.5
सुदूरोत्तर पूर्व और पूर्व एशिया (मलेशिया, सिंगापुर, जापान, म्याँमार आदि)	2.5
प्रशांत द्वीप समूह (फ़िजी, ऑस्ट्रेलिया, न्यूज़ीलैंड)	0.7
श्रीलंका और नेपाल	4.5
कुल	20.0

(http://en_wikipedia_org/wiki/Non-resident_Indian_and_Person_of_Indian_Origin)

इतने व्यापक स्तर पर बसे भारतीयों का विश्लेषण करते हुए यह सोचना अनिवार्य हो जाता है कि आख़िर वे क्या गुण हैं, जो भारतीयों को प्रवासित देशों में एक स्वतंत्र पहचान के रूप में प्रामाणिकता के साथ स्थापित करते हैं। भारतीय अपने

सरल व्यवहार और अनुकूलनशीलता के कारण मेज़बान देशों के अनुकूल स्वयं को ढालने में सक्षम रहते हैं। साथ ही भारतीयता के मूल सांस्कृतिक गुणों को भी पीढ़ी-दर-पीढ़ी निभाते हैं। दोनों संस्कृतियों को स्वीकार करने से जहाँ एक तरफ भारतीयों में भारतीयता लुप्त नहीं होती है, वहीं उनमें मेज़बान देश की संस्कृति में जज़्ब हो जाने की भी विलक्षण योग्यता दिखाई देती है।

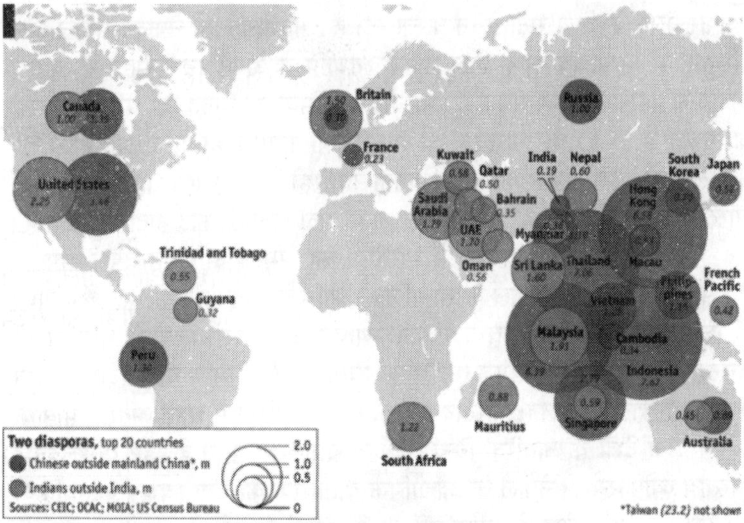

(http://www_economist_com/blogs/dailychart/2011/11/diasporas)

नेपाल में भारतीय

भारत से सबसे करीब देश नेपाल है। प्राचीन काल से ही भारतीय नेपाल में जाकर बसे हैं। यह कहना मुश्किल है कि नेपाल के कौन से रिवाज़ों में भारतीय तत्त्व हैं और किनमें नेपाली हैं। भारतीय और नेपाली इतने घुल-मिल गए हैं कि उनमें भेद मुश्किल हो गया है। प्राचीन काल में जब लोग नेपाल में आ कर बसते थे तो उन्हें विवाह के लिए दूसरे प्रदेशों से कन्याओं को लाना पड़ता था। इसी प्रक्रिया में भारतीय परिवार भी नेपाल जा कर बसे। धीरे-धीरे इन सभी जातियों का मिलन और सम्मिश्रण होता गया। भारत और नेपाल के बीच किसी भौगोलिक सीमा का न होना भी इस गमन का कारण बना।

नेपाल में धर्म एक बड़ा कारण था जिसकी वजह से भारतीय वहाँ परदेशी होकर नहीं वरन नेपाल का एक भाग हो कर रह गए। नेपाल में हिंदू धर्म का फैलाव भारत से ही हुआ। यह कहना मुश्किल है कि हिंदू धर्म कब नेपाल में पहुँचा। बौद्ध

धर्म भी नेपाल के अस्तित्व का एक अहम हिस्सा रहा है। इन धर्मों के कारण भी भारतीयों के लिए नेपाल जाकर बसना सरल हो गया। नेपाल में सदा ही कट्टर हिंदू राजा का शासन रहा।

अनेक वर्षों में नेपाल जाकर बसने वालों में सभी तरह के लोग थे; भारतीय व्यापारी, कामकाजी, प्रशिक्षित–अप्रशिक्षित मज़दूर, सेवक आदि नेपाल की तराइयों और दूसरे प्रांतों में बसते रहे हैं। नेपाल का मुक्त व्यापार भारतीयों को वहाँ जाकर व्यापार करने के लिए सदा प्रेरित करता रहा है। भारतीय लोग नेपाली समाज और संस्कृति में अत्यधिक घुल–मिल गए हैं, तथापि वे अपने रहन–सहन के कारण अलग से पहचाने भी जा सकते हैं। भारतीय प्रवासियों को मूलतः दो श्रेणियों में रखा जा सकता है : (1) ऐसे भारतीय, जो अब नेपाली नागरिक हो गए हैं और उनमें एवं नेपालियों में किसी प्रकार की कोई भिन्नता नहीं रही है, (2) ऐसे भारतीय, जो वहाँ भारतीय होकर ही रहते हैं, परंतु उनका अपने मूल क्षेत्रों से कोई नाता नहीं रहा है।

नेपाल के सर्वांगीण विकास में भारतीयों का अमूल्य और महत्त्वपूर्ण योगदान है। सदियों से भारतीय नेपाल के सामाजिक–आर्थिक जीवन का केंद्र रहे हैं। नेपाल में शिक्षा और स्वास्थ्य सुविधाओं की स्थापना और सुसंचालन में भारतीय ही उत्तरदायी माने जाते हैं। समाज की अनेक विकास और निर्माण योजनाओं में भारत का ही योगदान है। मूलतः भारतीय और नेपाली नागरिकों में बहुत अंतर न होने के कारण दोनों देशों के नागरिक बिना बैरभाव, प्रतिस्पर्धा या कड़वाहट के रहते हैं। भारतीय व्यापारियों ने नेपाल के औद्योगिक वातावरण को नया स्वरूप प्रदान किया है। मारवाड़ी और नेपाली व्यापारियों के अभूतपूर्व मिश्रण के कारण नेपाल का व्यापारिक माहौल काफी उन्नतिशील है।

भारत और चीन के बीच स्थित होने के कारण नेपाल का भारत से अनेक कारणों से अलग प्रकार का संबंध रहा है। भगवान शिव से संबंधित अनेक तीर्थस्थल यहाँ हैं, इसलिए भारतीय यहाँ तीर्थयात्री या पर्यटक बनकर भी आते–जाते रहते हैं।

श्रीलंका में भारतीय

भारत का सबसे करीब का देश श्रीलंका दक्षिण में स्थित है। भारत और श्रीलंका के बीच के सांस्कृतिक संबंध अनेक क्षेत्रों में हैं। श्रीलंका में बसे भारतीयों का अध्ययन अनेक परिणामों को जन्म देता है। तमिल और सिंहली दोनों प्रजातियाँ भारत से इस द्वीप पर सैकड़ों वर्ष पहले गई थीं। आज तक दोनों प्रजातियों में यहाँ की मूल जाति होने का दावा करने की होड़ लगी हुई है। श्रीलंका भारत की स्वतंत्रता के एक वर्ष बाद 1948 में स्वतंत्र हुआ। सिंहली मूल के लोग ओड़िशा के तटों से लगभग 2500 वर्ष पूर्व यहाँ आकर बस गए। ये लोग अधिकतर बौद्ध धर्म के अनुयायी थे और

सिंहली भाषा बोलते थे। तमिलनाडु से आकर बसे तमिल द्रविड़ सभ्यता के थे और तमिल भाषा बोलते थे। कालांतर में ईसाई धर्म से प्रभावित लोग भी श्रीलंका में आकर बसते गए। अधिकतर सिंहली धर्म मानने वाले हैं, जबकि तमिल हिंदू धर्म। तमिल उत्तरी श्रीलंका के जाफना क्षेत्र में आकर बसे और सिंहली दक्षिण के क्षेत्रों में।

साम्राज्यवादी शासकों के आगमन से पूर्व कभी तमिल और सिंहली में कोई टकराव नहीं हुआ। मलय द्वीपों में भी इस्लाम का अधिक असर होने के बावजूद कभी हिंदुओं और ईसाइयों में कोई विवाद नहीं देखा गया। श्रीलंका में भारतीय अब प्रवासी नहीं माने जाते। भौगोलिक साम्य, जलवायु, संस्कृति, धर्म, खान-पान, वेशभूषा, सामाजिक मूल्यों, और दूसरी परंपराओं आदि में अत्यधिक समानताएँ होने के कारण दोनों प्रजातियों में कोई भेद नहीं देखने को मिलता है। भारतीयों ने खुद को व्यापार और उद्योग के लगभग हर क्षेत्र में स्थापित कर लिया है। अनेक भारतीय अच्छे पदों पर नियुक्त भी हैं। यहाँ तक कि सेना, स्वास्थ्य, राजनीति, शिक्षा, धार्मिक स्थलों, प्रशिक्षित अथवा अप्रशिक्षित संस्थानों आदि में भारतीय व्यापक रूप से काम करते देखे जा सकते हैं।

ब्रिटेन में भारतीय

पश्चिमी देशों में भारतीयों के प्रवासन के विषय में यह एक सत्य है कि सबसे अधिक संख्या और सर्वाधिक लंबे समय से ब्रिटेन में ही भारतीयों का प्रवासन हुआ है। इसके बहुत से ऐतिहासिक और राजनीतिक कारण रहे हैं। सामाजिक रूप से प्रतिष्ठित भारतीयों में सर्वप्रथम गुजराती और फिर पंजाबी समुदायों के लोग ब्रिटेन में बसने गए। भारतीय मूलत: सीधे ब्रिटेन में नहीं बसे। उनका ब्रिटेन में आगमन अलग-अलग कारणों से हुआ। भारतीयों का ब्रिटेन में जाना, ब्रिटेन के साम्राज्यवादी विस्तार, प्रभाव और स्वभाव की कहानी कहता है। भारतीय उपमहाद्वीप और पूर्व एशिया के देशों, जैसे मलेशिया, सिंगापुर, बर्मा(म्याँमार), हांगकांग, फ़िजी, सुदूर पूर्वोत्तर के देशों, अफ़्रीका के अनेक देशों, मॉरीशस, एडन, मध्य एशिया, गयाना, त्रिनिदाद एवं टोबैगो इत्यादि से अनेक कारणों से ब्रिटेन में जाकर बसे हैं। कभी ये भारतीय अंग्रेज़ों द्वारा मज़दूर बनाकर ले जाए गए, कभी ये ब्रिटेन की सेना में सैनिक बन कर गए, कभी ये बंधक मज़दूरों की हैसियत से अनेक देशों में ले जाए गए; संधि समाप्त हो जाने के बाद या कार्य समाप्त हो जाने के बाद इन्हें वहीं पर छोड़ दिया गया। वापसी के रास्ते में भी भारतीय जगह-जगह ठहरते गए। इस प्रकार भारतीय ब्रिटेन में भी बसने पहुँच गए।

भारतीय मूल के नागरिक ब्रिटेन में कई कारणों से गए। यह प्रक्रिया अंग्रेज़ों के राज और भारत के बीच के संबंधों की दास्तान है। गुजरात के पारसी और बंगाली

डॉक्टर, वकील और दूसरे प्रशिक्षित कामकाजी व्यवसायों से जुड़े भारतीय ब्रिटेन में अठारहवीं और उन्नीसवीं शताब्दी में पहुँचे। प्राचीन काल से बसने वालों में पारसी मूल के भारतीयों ने अलग जगह बनाई। प्रथम और द्वितीय विश्वयुद्ध में भाग लेने वाले अनेक सैनिक भी ब्रिटेन में बस गए।

भारतीयों का सर्वाधिक प्रवासन 1947 में और उसके थोड़ा पहले और बाद में हुआ। स्वाधीनता के पश्चात, भारतीयों का अधिकतर प्रवासन 1950–1960 के बीच हुआ। द्वितीय विश्वयुद्ध के बाद जब विश्व में पुनर्निर्माण की प्रक्रिया ने जन्म लिया, तब बड़ी संख्या में भारतीय विशेषकर पंजाबी ब्रिटेन की ओर गए।

द्वितीय लहर 1960 से 1970 के बीच देखी गई, जब भारतीय मूल के लोग, विशेषकर गुजराती पूर्व अफ्रीका के देशों से खदेड़े गए। ये देश पहले ब्रिटिश साम्राज्य के अधीन थे, जिसके कारण भारतीयों की बड़ी संख्या यहाँ बस गई थी। परंतु साम्राज्यवादी शासन का अंत होने के साथ ही यहाँ से भारतीयों को निकाल दिया गया। इस स्थिति में भारतीय वापस भारत आने के बजाय ब्रिटेन चले गए। भारतीय मूल के ऐसे लोग बड़ी संख्या में ब्रिटेन में जाकर बसे जो ईदी अमीन के शासनकाल में निकाले गए थे। थोड़े समय बाद लगभग 1970 के दशक में पुनर्निर्माण की दूसरी लहर में भारतीय मूल के अनेक लोग ब्रिटेन से अमेरिका में जाकर बस गए। इस लहर से प्रभावित लोग ज़्यादातर अपने व्यवसाय और क्षेत्र में निपुण और प्रशिक्षित थे।

इसी दशक से भारतीय ब्रिटेन में एक समृद्ध समुदाय के रूप में अपनी जगह बनाने में सफल रहे हैं। दुकानदारों के देश में दुकानदार की तरह ही भारतीय सफल होते गए। ब्रिटेन के बहुआयामी सांस्कृतिक पटल पर भारतीय सफल सामाजिक–आर्थिक समुदाय के रूप में उभरे हैं। यह भी ध्यान देने योग्य है कि प्रारंभ में सिर्फ़ सिक्ख ही ब्रिटेन आए थे। परिणामतः उनमें अनेक सामाजिक भेद उत्पन्न हुए। धीरे–धीरे परिवारों के आगमन से समाज में भारत की तरह ही सामाजिक संतुलन स्थापित होने लगा। ब्रिटेन में होने के बावजूद भारतीयों ने अपनी परंपराएँ, रीति–रिवाज़, धार्मिक और सांस्कृतिक परंपराओं को सँजो रखा है। बाद में दूसरी और तीसरी पीढ़ियों के भारतीयों में भारतीय मूल्यों के प्रति यह समर्पण उतना सहज नहीं रहा और उनमें अनेक बदलाव आने लगे। लघु समुदायों में दूसरे प्रभाव भी इस संघर्ष के कारण बने। भारत में हो रहे सभी परिवर्तन प्रवासी भारतीय समुदायों पर प्रभाव डालते रहे हैं। अलगाव की राजनीति और भेदभाव की निगाह के कारण भी भारतीयों को अपने रहन–सहन में अनेक बदलाव करने पड़े।

इन सबसे एक नई संस्कृति का उदय होता भी नज़र आया। पॉप, भाँगड़ा, चटनी संगीत इत्यादि का प्रचलन हुआ। एशियाई और पश्चिमी संस्कृतियों के मिलन

से नई परंपराएँ जन्मीं, जिन्हें नई पीढ़ी ने भारतीय मूल्यों के रूप में अपनाया। साथ ही बुज़ुर्ग भी खुश थे कि बदल कर ही सही पर भारतीय नई पीढ़ी कम से कम भारतीय मूल्यों की पहचान रखती है। इन सम्मिश्रणों से एक नई संस्कृति का उदय हुआ, जो आज के वैश्वीकरण के युग में देशों के बीच सहजता लाने में काफी हद तक सहायक रही है। पिछले कुछ दशकों से ब्रिटिश मूल की आबादी में ज़्यादा वृद्धि नहीं हुई है। जनसांख्यिकी के आधार पर यह भी दृष्टव्य हुआ कि मौजूदा आबादी वृद्ध हो रही है। यह भी एक कारण है कि आज ब्रिटेन को पूर्वी और मध्य देशों के कामगारों और पेशेवरों पर अधिक निर्भर रहना पड़ रहा है। इसमें भी वे क्षेत्र शामिल हैं, जो आई.टी., मेडिकल, शिक्षा और इंजीनियरिंग जैसे व्यवसायों से संबद्ध हैं।

भारत पर अधिकतम समय तक हुकूमत करने वाले देश ब्रिटेन में अधिक भारतीयों का होना कोई आश्चर्य नहीं है। भारत के लगभग सभी क्षेत्रों से आए भारतीयों ने ब्रिटेन में भी विभिन्नताओं का संसार स्थापित कर दिया है। ब्रिटेन अपने आप में रूढ़िवादी देश है। अनेक परंपराओं को निभाने में ब्रिटेन गर्व महसूस करता है। साथ ही ब्रिटिश समाज में ऊँच-नीच के परिमाण भारतीय सामाजिक व्यवस्था से भिन्न हैं। ये सब कारण ही हैं कि ब्रिटेन में बसे भारतीय अमेरिका में बसे भारतीयों से कहीं भिन्न हैं।

ब्रिटेन में भारतीयों की छवि नियमों का पालन करने वाले लोगों के रूप में विख्यात है। भारतीय इस प्रकार से ब्रिटिश समाज में घुल-मिल गए हैं कि दोनों देशों की संस्कृति के मिश्रण से एक नवीन संस्कृति की उपज नज़र आती है। सैंडविच-ढोकला, पॉप संगीत और डिस्को-डांडिया जैसे फ्यूज़न का फैलाव इसी मिश्रण से हुआ है। नवरात्रि और दीपावली जैसे त्योहार भारतीय और ब्रिटिश दोनों समाज मिल कर मनाते हैं। ये परंपराएँ ही भारतीयों को आज भी भारतीय होने का दर्जा देती हैं।

अमेरिका में भारतीय

अन्य देशों की अपेक्षा अमेरिका में रहने वाले भारतीयों ने अपनी संस्कृति ज़्यादा स्वतंत्र रूप से संरक्षित रखी हुई है। अमेरिकी भारतीय उच्च शिक्षा के क्षेत्र में अन्य देशों के प्रवासियों की तुलना में अधिक पाए जाते हैं। साधारणतया भारतीय अमेरिका के लगभग हर क्षेत्र में हैं। बड़े शहरों जैसे न्यूयार्क, शिकागो, लॉस एंजिल्स, ह्यूस्टन, फ़िलाडेल्फिया और सेनफ्रांसिस्को में भारतीय अधिक संख्या में बसे हुए हैं। अमेरिका में भारतीयों के अनेक संगठन हैं। इन सभी संगठनों की एक प्राथमिकता भारतीयता को अगली पीढ़ी को हस्तांतरित कर ज़िंदा रखने की है ताकि अमेरिकी संस्कृति की चकाचौंध में भारतीयता गुम न हो जाए। भारतीय समुदाय अमेरिका

के विभिन्न शहरों में अनेक भारतीय त्योहार को मनाते हैं। स्वतंत्रता दिवस पर परेड का आयोजन करते हैं। इस तरह के आयोजन भारतीयों को एक कड़ी में बाँधने का काम करते हैं।

आम तौर से अमेरिकी माहौल में अधिकतर भारतीय प्रायः मानसिक अवसाद का शिकार हो जाते हैं। विभिन्न दबावों और मानसिक तनाव से शांति पाने के लिए भारतीयों ने अनेक पूजास्थल बनवाए हैं। ये धार्मिक स्थल भारतीयता को जीवित रखने का एक अभूतपूर्व ज़रिया बन गए हैं। इतने वर्षों से अमेरिका में रहने पर भी भारतीय अमेरिका की मुख्य धारा में अभी तक समायोजित नहीं हो पाए हैं। इसीलिए, अमेरिकी भारतीय अपनी संस्कृति की खुलकर आलोचना करते रहे हैं। इसके पीछे उनका अभिप्राय भारतीयता में से कुरीतियों को दूर करना है।

अमेरिकी भारतीय समृद्ध रूप और खुले दिल से भारत के हर पहलू से जुड़े हैं। भारत के उत्थान के अलावा हर विपत्ति में अमेरिकी भारतीय भारत के साथ खड़े नज़र आते हैं। प्राकृतिक आपदाएँ जैसे भूकंप, बाढ़, चक्रवात आदि में अमेरिकी भारतीयों की ओर से दिल खोल कर सहायता मिलती है। लेकिन यही बात उनके व्यापार में पूँजी लगाने के संबंध में नहीं कही जा सकती है। व्यापार करने में अमेरिकी भारतीय दिल से नहीं, दिमाग से काम लेते हैं और बहुत सुरक्षित क्षेत्रों में ही पैसा लगाते हैं। अधिकतर अमेरिकी भारतीयों का पैसा उन विश्वविद्यालयों, जहाँ वे पढ़े हों या उन कस्बों और शहरों के विकास में लगता है, जहाँ उनके रिश्तेदार रहते हों या उनके मूल हों। बड़ी औद्योगिक परियोजनाओं में अमेरिकी भारतीयों का योगदान बहुत कम देखने को मिलता है।

प्रथम पीढ़ी के भारतीयों की तुलना में द्वितीय पीढ़ी के भारतीय अपनी संस्कृति से कम जुड़ाव महसूस करते नज़र आते हैं। जहाँ प्रथम पीढ़ी के भारतीय भारत आते-जाते रहते हैं, भावनात्मक रूप से जुड़े रहते हैं या भारतीय रिवाज़ों को मानते है और निभाते हैं, वहीं दूसरी पीढ़ी के भारतीय इन सब बातों को भावना से कम और व्यावहारिकता से अधिक लेते हैं। प्रथम पीढ़ी के भारतीयों का अपनी संस्कृति के प्रति झुकाव होने के कारण ही आज अमेरिका के हर बड़े विश्वविद्यालय में भारतीय संस्कृति संबंधी या भाषा सिखाने वाले पाठ्यक्रम शुरू हो चुके हैं।

अमेरिका के हर क्षेत्र में आज भारतीय सफल दिखाई देते हैं। उनकी इसी कामयाबी के कारण भारतीय समाज प्रभाव वाले स्थानों में नज़र आता है। भारतीय समुदाय अपनी मेहनत, सच्चाई और लगन के कारण ही अमेरिकी राजनीति में एक मुकाम बना पाया है। 1984 से आज तक हुए अमेरिकी राष्ट्रपति के चुनावों में भारतीयों ने एक अहम भूमिका निभाई है। अनेक राजनीतिक पार्टियों के लिए भारतीय, विचार का हिस्सा बन गए हैं। धन और योग्यता के आधार पर भारतीयों

का अमेरिकी समाज में उच्च स्थान है। अमेरिकी भारतीय; अमेरिका में सेना, विज्ञान, नासा, राजनीति, शिक्षा, स्वास्थ्य, व्यापार, पत्रकारिता और मोटेल आदि जैसे हर क्षेत्र में सफल हैं। अमेरिकी सभ्यता को भी भारतीयों ने सहज रूप से अपनाया है। यही कारण है कि निरंजन नील बन जाते हैं, और हरिश्चंद्र हैरी कहलाते हैं।

अपने-अपने क्षेत्रों में बहुत उन्नत होते हुए भी भारतीयों में देश छोड़ने की कसक बाकी है, जो भारतीय संस्कृति को ज़िंदा रखने में सहायक होती है।

यू.ए.ई. में भारतीय

यू.ए.ई. (यूनाइटेड अरब अमीरात) से भारत का संबंध उन्नीसवीं शताब्दी से है। जब दोनों देशों के बीच व्यापार शुरू हुआ। यू.ए.ई. से खजूर एवं मोती और भारत से मसाले, कपड़ा और किराने जैसे क्षेत्रों में व्यापार शुरू हुआ। शुरुआत में शारज़ाह, दुबई और फुजरिया जैसे शहरों में भारतीय बसने लगे। परंतु असली प्रस्थापन प्रथम विश्वयुद्ध के बाद ही देखने को मिला।

यू.ए.ई. का कानून दूसरे देशों के नागरिकों को हमेशा के लिए बसने की इज़ाज़त नहीं देता। इसके बावजूद, 1971 में यू.ए.ई. के गठन के बाद कुछ भारतीयों को वहाँ बसने की अनुमति मिली है। ऐसे भारतीयों को मात्र आर्थिक छूट ही मिली है। उन्हें वहाँ की राजनीति में किसी प्रकार की भागीदारी की अनुमति नहीं है। सिर्फ़ विदेशी पत्नियाँ ही विवाह के पश्चात नागरिकता की अधिकारी होती हैं। पति की मृत्यु या तलाक की स्थिति में उनका यह अधिकार भी छीन लिया जाता है। इसके साथ ही यदि वे भारतीय मूल के नागरिक होते हैं तो उन्हें बिना नागरिकता का भी घोषित कर दिया जाता है। इस तरह भारतीयों को नागरिकता का कोई अधिकार नहीं है।

1970 के बाद से यू.ए.ई. में इन्फ्रास्ट्रक्चर के अत्यंत महत्त्वाकांक्षी प्रोजेक्ट्स शुरू किए गए, जिनसे यू.ए.ई की चतुर्मुखी उन्नति शुरू हो गई। इससे जुड़े लोगों को टैक्स आदि में छूट मिलने लगी। इसे ड्यूटी फ्री जोन भी घोषित कर दिया गया। सारे विश्व से लोग यू.ए.ई. की तरफ आकर्षित हुए। भारत से भी प्रशिक्षित और अप्रशिक्षित लोग बड़ी संख्या में यू.ए.ई. पहुँचे और देश के निर्माण में हिस्सेदार बने।

शिक्षित और ऊँचे पदों पर काम करने वालों के लिए यू.ए.ई. में वातावरण बहुत अच्छा भले न हो पर दैनिक भत्ते और कांट्रेक्ट पर काम करने वालों के लिए यहाँ काफी अवसर हैं। यू.ए.ई. में बाहर से आए पढ़े-लिखे और पेशेवर लोगों के बीच ज़्यादा जुड़ाव नहीं देखा जाता। यू.ए.ई. में भारतीय भी वहाँ के समाज का हिस्सा नहीं बन पाते हैं। फिर भी वहाँ से होने वाली आय वहाँ जाने में आकर्षित करने के लिए काफ़ी है।

मलेशिया में भारतीय

भारत और मलेशिया के संबंध ईसा के जन्म के पूर्व से देखे जा सकते हैं। मलेशिया के सांस्कृतिक वातावरण का निर्माण करने में भारत का विशेष योगदान है, लेकिन भारतीय मूल के लोग मलेशिया में ब्रिटिश राज के दौरान ही जा कर बसना शुरू हुए। भारतीयों का सबसे बड़ा दस्ता ब्रिटिश काल में प्लांटेशन मज़दूरों के रूप में आया था। आज मलेशिया में 1.6 मिलियन भारतीय हैं। यहाँ यह जान लेना उचित होगा कि अठारहवीं सदी में प्रवासित और उन्नीसवीं सदी में आए भारतीयों में भेद है। उनके आचरण, रहन-सहन और सामाजिक प्रतिष्ठा में भी भेद पाए जाते हैं। अठारहवीं सदी में आए भारतीय मूलतः व्यापारी और कामकाजी थे। इन भारतीयों में हिंदू और मुस्लिम दोनों ही संप्रदायों के लोग थे।

जैसे-जैसे ब्रिटिश और दूसरी साम्राज्यवादी ताकतों का प्रभाव बढ़ता गया वैसे-वैसे रबड़ और कॉफ़ी प्लांटेशन के लिए अधिकाधिक भारतीय यहाँ लाए जाने लगे। 1911 से 1930 के बीच लगभग 90,000 भारतीय एक वर्ष में मलेशिया लाए गए। इनमें सर्वाधिक तमिलनाडु, आंध्रप्रदेश, केरल, बंगाल, पंजाब, गुजरात और सिंध क्षेत्र के लोग थे। ज़्यादातर लोग उत्तरी मलेशिया के पेनांग, मध्य एशिया के पेराक और कुआलालंपुर एवं सेलांगोर प्रांत में बसने लगे। मलेशिया के आर्थिक उत्थान में भारतीयों का 2% योगदान है। आज भी भारतीय रबड़ की खेती में लगे हैं। बाकी भारतीय पुलिस, रेल, और खाद्य वस्तुओं के व्यापार, कानून और स्वास्थ्य सेवाओं में भी हैं। पहले आए भारतीय लगभग अनपढ़ या कम पढ़े-लिखे थे। आज की पीढ़ी उच्च शिक्षा से लैस और अच्छे पदों पर काम करने वाली है। हाल के वर्षों में आई.टी. के क्षेत्रों में काम करने वाले भारतीयों का यहाँ बड़ी संख्या में आगमन हुआ है।

मलेशिया में मलय और चीनी मूल के लोगों के बाद भारतीय तीसरे स्थान पर हैं। भारतीय यहाँ भी क्षेत्र, भाषा, प्रांत, धर्म के आधार पर समुदायों में विभाजित हैं। ज़्यादातर भारतीय हिंदू हैं और ग्रामीण इलाकों में बसकर रबड़ की खेती करते हैं। व्यापारी, कारोबारी और नौकरीपेशा भारतीय शहरों में बसे हैं। यहाँ शैव और वैष्णव दोनों ही धर्मावलंबी रहते हैं। भारतीय अपनी धार्मिक और सांस्कृतिक परंपराएँ अभी भी निभा रहे हैं। यहाँ मरियम्मा, मुरुगन, गणेश और शिव की पूजा होती है। मलेशिया-हिंदू संगम एक बृहत धार्मिक संगठन है, जो अधिकतर अनुष्ठानों में अपनी सेवाएँ देता है। हिंदू धार्मिक पंडित जेलों में जाकर कैदियों के लिए भी अपनी सेवाएँ देते हैं।

यहाँ बारहवीं कक्षा तक शिक्षा मुफ़्त है, फिर भी भारतीय समुदाय उसका उचित लाभ नहीं उठा रहा है। तमिल माध्यम के स्कूल 1963 में लगभग 720 थे, जो

2000 में घट कर 526 रह गए हैं। इसका मुख्य कारण आमदनी की चिंता रही है। आज भी ज़्यादातर भारतीय खेती के काम में ही लगे हैं। यही कारण है कि आज भी भारतीयों की आमदनी मलेशिया के मूल निवासियों से अपेक्षाकृत कम है।

आज भी हिंदू मंदिर धार्मिक कार्यविधियों के केंद्र हैं। हजारों हिंदू मंदिरों के अलावा बहुत सारे हिंदू संगठन भी यहाँ मिलते हैं। सभी भारतीय समुदाय के लोगों के उत्थान में लगे हैं। मलेशिया में भारतीय अपनी सभी परंपराओं का पालन करते हैं और सभी हिंदू त्योहार मानते हैं। सर्वाधिक मनाए जाने वाले त्योहारों में दीपावली, थाईपुसम, हिंदू नववर्ष आदि हैं। दीपावली के दिन यहाँ राष्ट्रीय छुट्टी होती है। इसके साथ जन्माष्टमी, ओणम, शिवरात्रि, नवरात्रि, रामनवमी आदि त्योहार भी मनाए जाते हैं।

ऑस्ट्रेलिया में भारतीय

भारतीयों का ऑस्ट्रेलिया में प्रवासन उन्नीसवीं शताब्दी में शुरू हुआ। जब 1850 में, ऑस्ट्रेलिया अंग्रेज़ों के शासनाधीन था, तब यह ज़रूरत पड़ी कि ऊँटों का आयात किया जाए। उसी समय ऊँटों के लिए चालकों की भी आवश्यकता महसूस हुई। इन चालकों को भारत के उत्तर-पश्चिम क्षेत्र से लाए जाने का निर्णय किया गया। इनमें बलूचिस्तान जैसे क्षेत्र भी आते थे, जो अब पाकिस्तान का हिस्सा हैं। सबसे पहले जून 1860 में चालकों के ऑस्ट्रेलिया जाने का प्रमाण मिलता है, जब तीन घान (अफघान की तरह) 124 ऊँटों के साथ ऑस्ट्रेलिया पहुँचे। 1860 से 1930 के मध्य अंग्रेज़ शासकों ने 3000 चालकों को ऑस्ट्रेलिया बुलाया। ये चालक अमूमन तीन वर्षों के अनुबंध पर ऑस्ट्रेलिया आए थे और ज़्यादातर अनुबंध समाप्त होने के बाद भारत लौट आए। कुछ लोग वहाँ रह कर मज़दूरी करने लगे। इन अफ़गानी मज़दूरों का ऑस्ट्रेलिया के उत्थान में बहुत बड़ा योगदान है। आज भी ऑस्ट्रेलिया का एक मुख्य रेल मार्ग 'घान एक्सप्रेस' के नाम से प्रसिद्ध है, जो इन्हीं भारतीय अफ़गानी मज़दूरों ने बनाया था।

उन्नीसवीं शताब्दी के अंतिम चार दशकों में अनेक भारतीय ऑस्ट्रेलिया गए, जिनमें प्रमुखत: पंजाबी सिक्ख और पंजाबी मुस्लिम थे। वे वहाँ खेती के इरादे से गए थे। कुछ फेरीवाले और व्यापारी भी थे। सबसे ज़्यादा भारतीय ऑस्ट्रेलिया के उत्तरी तट पर न्यू साऊथ वेल्स पर बसे थे। प्रवासन नियमों के कठोर होने के साथ ही 1901 में भारतीयों की संख्या में कमी आने लगी और द्वितीय विश्वयुद्ध तक लगभग 6,500 से 7,000 तक रह गई।

भारतीयों की सबसे बड़ी खेप 1930 में जालंधर से ऑस्ट्रेलिया पहुँची। इनमें अधिकतर शकरकंद की खेती के लिए आए मज़दूर थे। वे सभी वूल्गूगला जाने के

लिए आए थे। आज भी लगभग 400 भारतीय परिवार यहाँ बसे हैं, जो केले की खेती करते हैं। भारतीयों की दूसरी बड़ी खेप तब ऑस्ट्रेलिया पहुँची, जब भारत की आज़ादी के बाद अनेक एंग्लो-इंडियन परिवारों ने ऑस्ट्रेलिया का रुख किया। इनका पुनर्वसन 'श्वेत ऑस्ट्रेलियन पॉलिसी' समाप्त होने के पहले ही स्वीकार लिया गया था। इस समुदाय के सबसे प्रतिष्ठित सदस्य लेफ़्टिनेंट जनरल एंडरसन ब्रूक्स थे। 1966 में जब ऑस्ट्रेलिया सरकार ने प्रवासन नीति में ढील दी, तब अचानक भारतीयों की संख्या बढ़ने लगी। जो भारतीय 1947 में 6,500 के करीब थे, वे 1961 में लगभग 14,167 और 1971 में 29,212 हो गए। इन दिनों भारतीयों के स्वरूप और प्रकृति में बदलाव भी देखने को मिलता है। पूर्व प्रवासित मज़दूर एंग्लो-इंडियन थे। वे राइ बनाने के काम में लगे थे। कालांतर में अधिकतर शिक्षित और प्रशिक्षित कामकाजी लोगों का प्रवासन हुआ।

ऑस्ट्रेलिया में बहुत से भारतीय फ़िजी से आए हैं। फ़िजी में राजनीतिक अस्थिरता से प्रभावित भारतीयों ने ऑस्ट्रेलिया में ही शरण ली है। 1987 और 2000 में यह प्रवासन अत्यधिक संख्या में हुआ। इस समय 30,000 से 40,000 भारतीय ऑस्ट्रेलिया आए। साथ ही युगांडा, कीनिया, तंजानिया, दक्षिणी अफ़्रीका, ब्रिटेन और मलेशिया आदि देशों से भी लगभग 10,000 भारतीय ऑस्ट्रेलिया आ कर बस गए।

1990 में एक बार फिर भारतीय अधिक संख्या में ऑस्ट्रेलिया आने लगे। इनमें ज़्यादातर कंप्यूटर प्रवीण, प्रोफ़ेशनल, सॉफ़्टवेयर विशेषज्ञ, इंजीनियर, डॉक्टर, एकाउंटेंट आदि थे। 30,000 भारतीयों में से लगभग 10,000 छात्र हैं (ऑस्ट्रेलियन ब्यूरो ऑफ़ स्टेटिस्टिक्स)। गत पाँच वर्षों में छात्रों की संख्या छह गुनी हो चुकी है, जो प्रबंधन या आई.टी. की पढ़ाई करने ऑस्ट्रेलिया आ रहे हैं। पढ़ाई पूरी कर चुके अनेक छात्र ऑस्ट्रेलिया में ही बस रहे हैं। भारतीयों की सबसे बड़ी तादाद पश्चिमी ऑस्ट्रेलिया के विक्टोरिया और न्यू साऊथ वेल्स, उत्तरी क्षेत्र, दक्षिणी ऑस्ट्रेलिया, पश्चिमी ऑस्ट्रेलिया और तस्मानिया में है। आज ऑस्ट्रेलिया की नीति के तहत सिर्फ़ पेशेवर और उच्च शिक्षित ही ऑस्ट्रेलिया में प्रवास कर सकते हैं। इसलिए ज़्यादातर भारतीय पेशेवर हैं। ऑस्ट्रेलिया में भारतीय डॉक्टर भी बहुत हैं। बहुत से भारतीय होटल और रेस्टोरेंट भी चलाते हैं। भारतीय ख़ाना ऑस्ट्रेलिया में बहुत प्रचलित है। कुछ भारतीय कपड़ों के व्यापार में हैं, कुछ टैक्सी चलाते हैं और यातायात के क्षेत्र से जुड़े हुए हैं। सिडनी में एक टैक्सी स्टैंड का नाम तो 'द पंजाब एग्रीकल्चरल यूनिवर्सिटी टैक्सी स्टैंड' है।

ऑस्ट्रेलिया के लगभग सभी बड़े शहरों में भारतीय समुदायों के संगठन हैं। वहाँ सभी प्रमुख भारतीय त्योहार मनाए जाते हैं। इन उत्सवों में ऑस्ट्रेलिया के प्रमुख

राजनीतिक लीडर और प्रमुख नागरिक भी भाग लेते हैं। काफी संख्या में भारतीय ऑस्ट्रेलिया की मुख्य धारा में मिल चुके हैं। यहाँ कई अंतरराष्ट्रीय और अंतरजातीय विवाह भी होते हैं।

मॉरीशस में भारतीय

लगभग सत्रहवीं शताब्दी में डच शासकों ने मॉरीशस में बसने का प्रयत्न किया था, किंतु कहा जाता है कि चूहों की वजह से उन्हें भागना पड़ा। प्रथम गवर्नर ने सर्वप्रथम दासों और सज़ा भुगत रहे लोगों का नियंत्रण लिया। अनेक कारणों से डच शासक विफल हो गए। इनमें मुख्य कारण हैं–ख़राब प्रशासन, कठिन हालात, बहुतायत में चूहों का होना और उजड़े हुए जंगल। यहाँ से जाते-जाते डच इस द्वीप को एक योगदान देकर गए। एक ऐसी फसल, जो आगे आने वाले समय में इसकी जीवनरेखा बनने वाली थी-गन्ना।

उसके बाद वहाँ फ़्रांस के निवासी आए और बहुत उन्नति की। उन्नीसवीं शताब्दी के आरंभ में ब्रिटिश विजय के साथ ही दृश्य बदला। वे ईख की खेती करने के लिए मेडागास्कर से बंधुआ मज़दूर लेकर आए। बाद में भारत से अनुबंधित मज़दूर लाए जाने लगे। मॉरीशस पहली ऐसी जगह थी, जहाँ अन्य जगहों से मज़दूरों को लाकर काम कराया जाता था। मॉरीशस नामक इस छोटे से द्वीप का पता सबसे पहले अरब नाविकों को सोलहवीं शताब्दी में यात्राओं के दौरान लगा था। पुर्तगाली नाविक इस बिना बसे द्वीप को भारत और मेडागास्कर के रास्ते में रुकने के स्थान की तरह उपयोग में लाते थे। डच और उनके गुलामों ने 1658 से 1710 तक मॉरीशस पर आधिपत्य जमाया।

1716 में फ़्रांस की शक्तियों ने मॉरीशस को अपने कब्ज़े में कर लिया और इसका नाम आइल-ऑफ़-फ़्रांस कर दिया। ब्रिटिश शासकों की रॉयल नेवी ने इस टापू पर फ़्रांस के आधिपत्य से होने वाली परेशानियों को महसूस किया, क्योंकि उनके व्यापारिक मार्ग फ़्रांस की मौजूदगी के कारण बंद होने लगे। ब्रिटेन ने 1810 में इस टापू पर अधिकार कर लिया और इसका नाम मॉरीशस रखा। ब्रिटेन के अधीन आने के पहले मॉरीशस में भारत से व्यापारी, मज़दूर, नौकर, जौहरी और मोची आदि लगभग सभी व्यवसायों के लोग पहले ही आ चुके थे।

उल्लेखनीय है कि दास प्रथा के अंत के बाद साम्राज्यवादी शक्तियों के सामने मज़दूरों की कमी की बड़ी समस्या थी। दास प्रथा समाप्त होने के समय एक प्रशिक्षण काल शुरू किया गया। इसके अनुसार नए नियुक्त किए गए मज़दूरों को व्यवसाय की सभी जानकारी देने के बाद ही गुलाम पूर्णतया मुक्त हो सकते थे। यह व्यवस्था काम नहीं आई, क्योंकि दास प्रथा से स्वतंत्र होने के बाद सभी तुरंत मुक्त

होने की इच्छा रखते थे। गुलामों ने अपनी स्वतंत्रता ख़रीद ली थी। इस रिक्तता के कारण नए आए मज़दूर तुरंत अपने काम में प्रवीण नहीं हो सके।

अनुबंधित मज़दूरों की प्रथा इसी समस्या के परिणामस्वरूप जन्मी। इन सभी मज़दूरों के अँगूठों के निशान मजिस्ट्रेट के सामने आने से पहले ही काग़ज़ पर ले लिए जाते थे और यह समझा जाता था कि उन्होंने सभी शर्तें पहले ही मान ली हैं। खेतिहर मालिकों को जहाँ पहले गुलाम मज़दूरों से काम कराना पड़ता था, वहाँ अब अनुबंधित मज़दूर आने लगे। अनुबंधित होते हुए भी उनकी मूल दशा लगभग दासों के समान ही थी।

1834 से 1839 के बीच 25,458 अनुबंधित मज़दूर मॉरीशस लाए गए। इनमें मात्र 500 महिलाएँ थीं। गवर्नर निकोले इस व्यवस्था के मुख्य उत्तरदायी थे। इस प्रकार की स्थितियों में भारतीय मॉरीशस में आकर बसने लगे। आज भारतीय मॉरीशस के हर व्यवसाय के केंद्र में हैं। शिक्षा, व्यवसाय, होटल उद्योग, राजनीति, स्वास्थ्य, बैंकिंग के अलावा हर प्रमुख जगह पर भारतीय देखे जा सकते हैं। मॉरीशस सबसे पहला ऐसा देश है जहाँ भारतीय मूल के राष्ट्रपति बने। आज भी मॉरीशस का भारत के साथ एक बहुत गहरा रिश्ता है।

फ़िजी में भारतीय

फ़िजी में 1874 के ब्रिटिश कानून 'डीड ऑफ़ सेशन' के कारण भारतीयों का अनुबंधित मज़दूर के रूप में आगमन शुरू हुआ। फ़िजी किसी राष्ट्र के अधीन नहीं था। उसके साथ डीड के अनुसार उसे अपने संसाधनों से ही अपना राज्य चलाना था। इस प्रक्रिया के तहत सर आर्थर हमिल्टन गोर्डन ने एक ऐसी व्यवस्था बनाई जिससे धन अर्जित कर देश का शासन चलाया जा सके। गोर्डन का यह आग्रह था कि फ़िजी की अपनी पहचान और प्रभुता बनी रहनी चाहिए। इसके अंतर्गत उसने फ़िजी के मूल नागरिकों को खेती और प्लांटेशन में काम करने को कभी नहीं कहा। उसके अनुसार यदि वे मज़दूरों की तरह काम करते तो गाँवों की व्यवस्था चरमरा जाती और शक्ति में असंतुलन पैदा हो जाता। उसने यह भी महसूस किया कि बाहर से लाए मज़दूरों की अपेक्षा मूल नागरिकों पर शासन करना ज़्यादा मुश्किल है। साथ ही उसे अहसास हो गया था कि प्लांटेशन फ़िजी के आत्मनिर्भर होने के लिए बहुत ही ज़रूरी था।

1876 में ब्रिटिश शासकों ने भारतीयों को फ़िजी ले जाने के लिए अलग से बजट का प्रावधान किया। इसके बावजूद 1879 तक भारतीय यहाँ नहीं आए। इसका मुख्य कारण यहाँ के मालिकों का विरोध था। गिल्लियन के अनुसार अधिकांश मालिक 200 से 1,000 एकड़ खेतों के ही मालिक थे और उन पर काफ़ी कर्ज़ था।

उनके पास न तो मज़दूरों के लिए पैसे थे और न ही उनकी स्वास्थ्य सुविधाओं के लिए प्रावधान था, जो एक अनिवार्य शर्त थी।

खेत मालिकों के विरोध के बावजूद 1879 में लिओनिदास 464 मज़दूरों को लेकर फ़िजी आया। गोर्डन ने भी 1880 में ऑस्ट्रेलिया के कांट्रेक्टरों को इस प्लांटेशन का ठेका दे दिया। इस निजीकरण से प्लांटेशन का कामकाज ठीक तरह से चलने लगा। आर्थिक उन्नति के साथ-साथ ही फ़िजी की प्रकृति और परंपराओं की भी रक्षा का प्रबंध हो गया था। भविष्य में भारतीयों का फ़िजी की संस्कृति और पर्यावरण के संरक्षण में यह एक बड़ा योगदान साबित हुआ। फ़िजी में भारतीयों ने अब तक अनेक राजनीतिक उतार-चढ़ाव देखे हैं। बार-बार विद्रोह के कारण उन्हें विस्थापित भी होना पड़ता है। भारतीयों का फ़िजी के पुनर्निर्माण में अभूतपूर्व योगदान है। प्रथम विश्वविद्यालय से लेकर अनेक संस्थानों की स्थापना तक भारतीयों की मेहनत का ही फल है।

बेल्जियम में भारतीय

बेल्जियम में लगभग 14,000 भारतीय रहते हैं। लगभग 3,000 भारतीय मूल के हैं और आप्रवासी हैं। नेपाल, मॉरीशस और श्रीलंका से 300 भारतीय आए हैं। वे अपनी नागरिकता के आधिकारिक होने की प्रतीक्षा में हैं। लगभग 2,500 भारतीय यहाँ के नागरिक बन चुके हैं।

ज़्यादातर भारतीय ब्रूसेल्स और एंटवर्प में रहते हैं। कुछ वर्ष पहले हीरों के दस बड़े व्यापारियों में बेल्जियम मूल के निवासी थे, परंतु आज हीरों के सबसे बड़े छह व्यापारी भारतीय हैं। इन भारतीयों की वजह से ही भारत और बेल्जियम के बीच हीरों का व्यापार होता है। अनेक कारीगरों के लिए बेल्जियम में अवसरों की जगह बनी है।

आज इंडो-बेल्जियम व्यापार 5 बिलियन से भी ज़्यादा हैं। भारत के सबसे बड़े तीसरे व्यापार भागीदारों में बेल्जियम है। ऊर्जा, बंदरगाह, सॉफ़्टवेयर और बायोटेक्नोलॉजी के क्षेत्रों में बेल्जियम मुख्य भागीदार है। बेल्जियम और भारत के बीच अनेक क्षेत्रों में संधि होने के कारण आज भारत की सभी मुख्य कंपनियाँ टी.सी.एस., ए.सी.एल. और इन्फ़ोसिस ब्रूसेल्स में अपने दफ़्तरों से काम करती हैं। बेल्जियम की कंपनियाँ भी अधिकाधिक भारतीयों को आई.टी. में नियुक्त करना चाहती हैं।

इतना होने के बावजूद भारतीयों के प्रति नस्लवादी भावना भी काफ़ी प्रबल है। इसीलिए भारतीयों को वहाँ की नागरिकता सहजता से नहीं मिलती है। जितने बेल्जियन नागरिक भारत में हैं, उससे कहीं ज़्यादा भारतीय बेल्जियम में काम करते हैं।

इतिहास गवाह है कि एक गुलाम देश के करारबद्ध मज़दूरों से लेकर स्वतंत्र देश के निर्भीक सफल व्यक्तित्व की पहचान बनाने में प्रवासी भारतीयों की महत्त्वपूर्ण भूमिका रही है। अनेक विपरीत परिस्थितियों का सामना करते हुए लगभग हर पीढ़ी के प्रवासी भारतीय ने अपनी पहचान बनाई है।

संदर्भ सूची

1. भट्ट, सी.एस. : मेथोडॉलॉजिकल एप्रोचेज इन द स्टडी ऑफ़ इंडियन डायस्पोरा, (ए मिमेयो), प्रजेंटेड इन द वर्कशाप ऑन द स्टडी ऑफ़ इंडियन डायस्पोरा : कंसेप्चुअल एंड मेथोडॉलॉजिकल इस्यूज़, 12 × 13 सेप्टेंबर एट यूनिर्वसिटी ऑफ़ हैदराबाद। 1997.
2. जैन, प्रकाश सी. (1989) इमिग्रेशन एंड सेटलमेंट ऑफ़ इंडियंस एब्रॉड, सोशियोलॉजिकल बुलेटिन, वॉल्यूम। 38, नं. 1.
3. जयराम, एन. : द इंडियन डायस्पोरा : डायनामिक्स ऑफ़ माइग्रेशन/एडिटेड। नई दिल्ली, सेज, 2004.
4. http://www.indiandiaspora.nic.in/
5. http://www.hindustantimes.com/Punjab/PunjabAbroadUSA/0-9-of-the-population-are-Asian-Indians-US-Census-Bureau-report/SP-Article1-8138001aspx.

5

समुद्रपारीय भारतीय डायस्पोरा समुदाय का वर्तमान परिदृश्य

निवेदिता सिंह

प्रवासन सदियों पुरानी प्रक्रिया रही है। मानव समुदाय समूह के रूप में अच्छे भविष्य और जीविका के लिए एक स्थान से दूसरे स्थान पर प्रवासित होते रहे हैं। प्रवासित मानव समूह कभी-कभी तो गंतव्य देश से अपने मूल स्थान पर लौट पाते हैं और कभी-कभी परदेश में ही बस जाते हैं। मानव समूह के एक स्थान से दूसरे स्थान पर विस्थापन की इस प्रक्रिया को 'डायस्पोरा' शब्द से समझा जा सकता है।

डायस्पोरा शब्द ग्रीक भाषा के दो शब्दों से मिलकर बना है। डायस् (दूर) और स्पियर (बिखरे हुए)। जिसका शाब्दिक अर्थ प्रसरण या बिखरना है। डायस्पोरा शब्द से तात्पर्य मानव समूह के बलात या स्वेच्छा से अपने मूल स्थान से दूर देश में गमन से है। प्रारंभ में इस शब्द का प्रयोग यहूदियों के ऐतिहासिक गमन को प्रस्तुत करने के लिए हुआ, जो अपनी धार्मिक और सांस्कृतिक धरोहर को लेकर इज़राइल से प्रवासित समुदाय था। कालांतर में डायस्पोरा शब्द का प्रयोग ऐसे सभी वर्गों के लिए होने लगा, जो कि समान सांस्कृतिक और धार्मिक अस्मिता को समेटे हुए अपने मूल स्थान से अलग हुए हैं।

ऑक्सफ़ोर्ड डिक्शनरी के अनुसार डायस्पोरा शब्द का अर्थ उन लोगों के समूह से है जो अपने देश से दूसरे देशों में चले जाते हैं। डायस्पोरा शब्द संस्कृतियों के परिगमन और अवस्थापन का प्रतिनिधित्व करता है। डायस्पोरा विभिन्न तत्त्वों के सम्मिश्रण के रूप में उभरता है, यथा-बहुसंस्कृतिवाद, सर्वदेशीयता और सांस्कृतिक बहिर्गमन इत्यादि।

मार्टिन बाउमैन (Martin Baumann) के अनुसार-डायस्पोरा के पारंपरिक अर्थ (यहूदियों का ऐतिहासिक गमन) के अतिरिक्त कुछ अन्य महत्त्वपूर्ण संदर्भ बिंदु भी अंतर्निहित हैं, यथा :

1. मानव समूह के प्रसरण की प्रक्रिया।
2. सुदूर देश में मानव समूह का गमन और उन देशों में बसना।
3. वह स्थान या भौगोलिक क्षेत्र, जहाँ यह प्रवासित समूह रहता है।

उपर्युक्त बिंदुओं में अत्यंत सूक्ष्म भेद होने के कारण डायस्पोरा के संबंध में यहूदियों के अनुभव ही विशेष रूप से उल्लेखित किए गए।

विश्व में डायस्पोरा का प्रसार, इतिहास के विभिन्न चरणों में संस्कृति की विभिन्न अवस्थाओं के साथ-साथ हुआ है। डायस्पोरा के विस्तृत इतिहास को व्यापक तौर पर तीन चरणों में बाँटा जा सकता है।

1. प्राचीन डायस्पोरा
2. मध्यकालीन डायस्पोरा
3. आधुनिक डायस्पोरा

प्राचीन डायस्पोरा से तात्पर्य यहूदियों के इज़राइल से बहिर्गमन की प्रकिया से है। यह प्रकिया छठी और सातवीं शताब्दी में प्रारंभ हुई। कालांतर में यहूदी प्रवासन येरूशलम के लिए हुआ। मध्यकाल में मानव समूह का बड़े स्तर पर प्रवासन ऐतिहासिक घटना थी। विभिन्न देशों के बीच व्यापारिक संबंधों और मार्गों के निर्माण के फलस्वरूप, अच्छे जीवन की कामना लोगों के सामूहिक विस्थापन का कारण बनी। आधुनिक काल का प्रवासन ब्रिटिश साम्राज्यवादियों के आर्थिक, व्यापारिक और दासता के फलस्वरूप उत्पन्न प्रक्रिया थी।

भारतीय संदर्भ में डायस्पोरा को मुख्यत: दो बृहत श्रेणियों में रखा जा सकता है।

1. बलपूर्वक अवस्थापन
2. ऐच्छिक अवस्थापन

पहले प्रकार का प्रवासन अर्थात बलपूर्वक अवस्थापन अठारहवीं और उन्नीसवीं सदी में हुआ, जिसमें भारतीयों को दासों और अनुबंधित श्रमिकों के रूप में अफ़्रीका, फ़िजी और अन्य कैरेबियाई देशों और कालोनियों में बलात ले जाया गया। यह डायस्पोरा उन उपेक्षित लोगों का वर्ग था, जो जबरन ले जाए गए और साधनों के अभाव में उनके लौटने की कोई उम्मीद नहीं थी। उनके लिए उनका मूल निवास केवल एक धार्मिक प्रतीक और स्वप्न बनकर रह गया।

दूसरे प्रकार का प्रवासन अपनी इच्छा से आर्थिक, भौतिक, व्यावसायिक और व्यापारिक लाभ के लिए होता है। यह प्रवासन मुख्यत: अमेरिका, ब्रिटेन, जर्मनी, फ़्रांस और अन्य यूरोपीय देशों में शिक्षा और व्यावसायिक उद्‌देश्य से होता आ रहा है। यह प्रवासन आधुनिक तकनीक और संचार माध्यमों के कारण उपलब्ध हुई सुविधाओं से भी प्रभावित होता है।

भारतीयों के विश्व में हुए डायस्पोरा के ऐतिहासिक तत्त्वों के अवलोकन करने पर उन्हें विभिन्न स्वरूपों में वर्गीकृत किया जा सकता है–

1. दास (विक्टिम) डायस्पोरा
2. श्रमिक (लेबर) डायस्पोरा

3. साम्राज्यवादी (इंपीरियल) डायस्पोरा
4. व्यापारिक (ट्रेड) डायस्पोरा
5. स्वदेश (होमलैंड) डायस्पोरा
6. सांस्कृतिक (कल्चरल) डायस्पोरा

उपर्युक्त प्रत्येक श्रेणी के डायस्पोरा मानव समूह के आप्रवासन के विभिन्न कारणों को प्रदर्शित करता है। वर्तमान समय में तकनीकी विकास के फलस्वरूप अनेक प्रकार की सुविधाएँ उपलब्ध हुई हैं। यातायात और संचार के साधनों द्वारा यात्राएँ सुगम और दूरियाँ लघु होती गईं। अत: वर्तमान परिप्रेक्ष्य में डायस्पोरा के वास्तविक अर्थ में बदलाव आए हैं। आज के समय में इस प्रक्रिया को स्वस्थ और उन्नति की धारणा से देखा जाने लगा है।

भारतीय प्रवासन : एक वृत्तांत

भारतीय प्रवासन में विभिन्न प्रतिदर्श प्रतिलक्षित होते हैं, जो कि मूलत: उपनिवेशवाद और साम्राज्यवाद की देन थे। वर्ष 1833-34 में दास प्रथा समाप्त हो जाने के बाद उष्ण कटिबंधीय देशों में खेतों पर काम करने के लिए सस्ते मज़दूरों का मिलना कठिन हो गया था। डच और ब्रिटिश उपनिवेशों में कुशल श्रमिकों के अभाव में कृषि-केंद्रों (प्लांटेशनों) की संख्या घटने लगी। पराधीन भारत में शर्तबंदी का कानून वर्ष 1834 में राजसम्मत (सरकारी स्तर पर मान्य) हो गया। यह एक अर्धगुलामी की प्रथा थी, इसके आधार पर भारतीय मज़दूर विश्व के कोने-कोने में भेजे गए। वर्ष 1838 से लेकर वर्ष 1916 तक लाखों भारतीय पुरुषों, महिलाओं को शर्तबंदी मज़दूर बनाकर मॉरीशस, फ़िजी, त्रिनिदाद, जमैका, ब्रिटिश गयाना, डच गयाना, फ्रेंच गयाना इत्यादि उपनिवेशों में भेजा गया। इन उपनिवेशों में गन्ना, कॉफ़ी, कपास, कोको, चावल के कुछ सम्मिलित कृषि केंद्र (प्लांटेशन) बचे थे,

जिन्हें बचाने के लिए कुशल कृषि श्रमिकों की आवश्यकता थी। अपनी इस आवश्यकता की पूर्ति के लिए ब्रिटिश साम्राज्यवादी गरीब भारतीय कृषि श्रमिकों को अच्छी जीविका और बेहतर रोज़गार के अवसर का लोभ देकर अपने उपनिवेशों में 'गिरमिटिया' (अनुबंधित श्रमिक) बनाकर भेजने लगे।

किंग्स्ले डेविस (Kingsley Davis) के अनुसार वर्ष 1834 से 1937 के बीच लाखों भारतीयों को उनके देश से वंचित किया गया। इस काल में मानव-श्रमिकों का कच्चे माल की तरह व्यवसाय किया गया। उस समय कलकत्ता, मद्रास, और बंबई ब्रिटिश साम्राज्यवादियों के प्रमुख व्यापार केंद्र थे। उन दिनों जितनी बड़ी संख्या में श्रमिकों को भारत से विदेश भेजा जाता था, उतना किसी अन्य देश से नहीं।

फ्रांस के इतिहासकार द्रु तेते का मानना है कि भारतीय गुलाम मज़दूरों से दिन-रात मेहनत करवाई जाती थी। उनके सोने और आराम करने का कोई निश्चित समय नहीं था। भोजन-पानी की व्यवस्था जानवर से बदतर थी। उन्हें हब्शी गुलामों के साथ काम करने को मज़बूर किया जाता। अंग्रेज़ मनोवैज्ञानिक रूप से प्रवासी-भारतवंशियों को श्रेष्ठता की दृष्टि से कम महत्त्व देते थे।

भारतीय श्रमिकों के निर्यात के लिए डच एजेंटों ने कलकत्ता में अपना मुख्य केंद्र खोला। श्रमिकों की भरती के लिए अंग्रेज़ों ने गोरखपुर, इलाहाबाद, वाराणसी, बस्ती और मथुरा में उपकेंद्र खोले। विश्व की अलग-अलग कालोनियों के लिए अलग-अलग भरती केंद्र थे। दूर-दूर से मज़दूरों को खोजकर लाने के लिए 'सब एजेंट' बनाए गए। इन सब एजेंट के अंतर्गत अरकाटी (दलाल) काम करते थे। अरकाटी सीधे-सादे ग्रामीण लोगों को समझा-बुझाकर, छल-बल, धोखाधड़ी, डरा-धमका और फुसलाकर भरती करने लगे। इन दलालों को एक आदमी के लिए पाँच रुपए और एक महिला के लिए इससे भी अधिक कमीशन मिलता था। ऐसे श्रमिकों को विश्व की कई कालोनियों में भेजा गया। पाँच वर्ष के शर्तनामे के साथ अनंत त्रासदियों के लिए श्रमिकों को 'जल जहाज़ों' पर भर दिया जाता था। गंतव्य तक पहुँचने पर जल जहाज़ों द्वारा लाई गई श्रमिकों की खेप को छोटे-छोटे बैरकों (जिन्हें 'डिपो' कहते थे) में रखा जाता था। यहाँ से ही इन श्रमिकों के काम का बँटवारा होता था। महीनों की त्रासदीपूर्ण यात्रा के बीच अपने परिवार और रिश्तेदारों से दूर इन श्रमिकों ने जहाज़ में ही बने नए रिश्ते और संबंधों में पारिवारिक सुख का अनुभव करना शुरू कर दिया। ये आपस में एक-दूसरे को 'जहाज़ी भाई' के नाम से संबोधित करते। जहाज़ियों के बीच यात्रा के दौरान जाति और धर्म जैसी विभाजक रेखा भी धूमिल पड़ गई थी। स्वदेश में जहाँ ये मानव समुदाय हिंदू-मुसलमान, ब्राह्मण-शूद्र जैसी संकीर्ण व्यवस्था में विभक्त था, वहीं जहाज़ में वे इन सब से परे सिर्फ़ हिंदुस्तानी भाई थे। इस स्थिति में तीन से पाँच वर्ष के लिए विशेष दरों पर काम

करने का अनुबंध एक अनिवार्य शर्त थी। इस अनुबंध की समाप्ति पर ये अनुबंधित श्रमिक वापस अपने देश लौटने को स्वतंत्र थे। दस वर्ष बाद उन्हें वापसी यात्रा के लिए विशेष भत्ता भी देय था। प्रवासन की यह प्रकिया वर्ष 1834 से वर्ष 1920 तक चली। औपनिवेशिक काल में हुआ यह प्रवासन मुख्यत: मॉरीशस, फ़िजी, त्रिनिदाद, जमैका, उत्तरी अफ़्रीका, मलेशिया, ब्रिटिश गयाना, डच गयाना, फ्रेंच गयाना, वेस्ट इंडीज़ इत्यादि उपनिवेशों में हुआ था।

ये प्रवासी श्रमिक भारत के विभिन्न हिस्सों (बिहार, पूर्वी उत्तर प्रदेश, कलकत्ता, दक्षिण भारत इत्यादि) से ले जाए जाते थे। उत्तर भारत के गोरखपुर, बस्ती,

(अनुबंधित श्रमिक प्रवासन से संबंधित औपनिवेशिक भारतीय क्षेत्र)

जौनपुर, दरभंगा, शाहाबाद, गया, सारन, भोजपुर, इलाहाबाद, बलिया, सुल्तानपुर, रीवा, फ़ैजाबाद इत्यादि प्रमुख क्षेत्र थे, जहाँ से बड़ी संख्या में श्रमिकों का प्रवासन विभिन्न उपनिवेशों के लिए होता था। दक्षिण भारत के प्रमुख भरती केंद्रों में तमिलभाषी क्षेत्र (त्रिचनापल्ली, मदुरै, सालम और तंजौर इत्यादि) मुख्य थे। इसके साथ ही तेलुगुभाषी क्षेत्र (विज़ाग और वंजरन) भी उल्लेखनीय थे। बॉम्बे प्रेसीडेंसी में अहमदनगर दक्षिण भारत का मुख्य भरती केंद्र था। उत्तर भारत के 'गिरमिटिया व्यवस्था' की तरह ही दक्षिण भारत में श्रमिकों के विस्थापन की इस प्रक्रिया को 'कंगनी व्यवस्था' के रूप में जाना जाता था। 'कंगनी व्यवस्था' के तहत ये श्रमिक मुख्यतः मलेशिया, श्रीलंका, सिंगापुर, बर्मा इत्यादि देशों में भेजे गए।

अंग्रेज़ी का 'कंगनी' शब्द मुख्यतः तमिल शब्द 'कनक्नी' का अपभ्रंश रूप है, जिसका वास्तविक अर्थ प्रबंधक या नियंत्रक होता है। इस व्यवस्था के तहत भरती करने वाले अधिकारी श्रमिकों को यात्रा और दैनिक खर्च के लिए कुछ अग्रिम राशि प्रदान करते थे। यह व्यवस्था मैस्त्री व्यवस्था के लगभग समान थी। मैस्त्री व्यवस्था में अनुबंध किसी निश्चित अवधि तक निर्धारित नहीं होता था। साथ ही इन श्रमिकों की भरती में दलालों की भूमिका नगण्य होती थी। श्रमिक कानूनी तौर पर स्वतंत्र होते थे। अनुबंध समाप्ति पर औपनिवेशिक सत्ताधारियों द्वारा इन श्रमिकों के स्थायी निवास के लिए इनको कृषि योग्य भूमि प्रदान करने का प्रावधान था।

अवस्थापन की इस प्रक्रिया से जहाँ एक ओर भारतीय कुशल कृषक और कारीगर ब्रिटिश और अन्य कैरेबियाई उपनिवेशों की समृद्धि का कारण बन रहे थे, वहीं दूसरी ओर उनके प्रवासन से देश के हथकरघा उद्योग, कृषि और अनेक आधारभूत कार्यों की क्षति होने लगी थी। इधर प्राकृतिक आपदाओं और अन्य विषम परिस्थितियों (सूखा, अशिक्षा, मंथर गति का विऔद्योगिकीकरण आदि) से बचने का इन निर्धन श्रमिकों के पास प्रवासन के अलावा अन्य कोई उपाय नहीं रह गया था। अपने मूल देश से जिन संघर्षों और निर्धनता से निवृत्ति के साथ सुंदर और सार्थक जीवन का स्वप्न संजोए ये श्रमिक समुदाय अन्य देशों में प्रवासित हुए, वहाँ भी इनका जीवन संघर्षपूर्ण ही रहा।

भारतीय डायस्पोरा और सांस्कृतिक परिवर्तन

अपने मूल देश से प्रवासित श्रमिकों का समुदाय गंतव्य देशों के नए सांस्कृतिक परिवेश में अपने को अत्यंत विषम परिस्थिति में पाता था। दूर देशों के बहुसंख्यक मूल निवासियों और उनकी संस्कृति से निरंतर संघर्ष ही इनकी नियति बन चुकी थी। गंतव्य स्थानों की सांस्कृतिक, धार्मिक, साहित्यिक, भाषिक विविधताएँ इस श्रमिक

समुदाय के लिए विषम परिस्थितियाँ बनाती थीं। इन श्रमिकों के देशज ज्ञान को गंतव्य देशों के मूल निवासियों द्वारा नकारे जाने पर यह समुदाय एक विशेष प्रकार के मनोवैज्ञानिक दबाव से गुज़रता था। प्रवासन की त्रासद यात्रा,परिजनों का विछोह और कार्यस्थल की अत्यंत विपरीत परिस्थितियाँ इन श्रमिकों के अंदर अनेक मनोवैज्ञानिक भय और असुरक्षा को जन्म देती थीं। प्रवासी उपनिवेशों के सत्ताधारी डच शासकों और वहाँ के मूल निवासियों के लिए ये भारतीय श्रमिक सस्ते सेवकों और बंधुआ मज़दूरों से अधिक कुछ नहीं थे। इन श्रमिकों को कुली, कलकतिया और पुरबिया जैसे अपमान-सूचक संबोधनों से अपमानित और लांछित किया जाता। यह मात्र भारतीय संस्कृति के सकारात्मक सोच का प्रभाव और विषम परिस्थितियों से सामना करने की जुझारू प्रवृत्ति ही थी, जो इन कर्मठ श्रमिकों को नए सामाजिक परिवेश में जीने की संजीवनी प्रदान करती थी।

गंतव्य की अत्यंत विषम परिस्थितियाँ और प्रवासन के फलस्वरूप परिजनों से बिछोह का दर्द तथा भावनात्मक पीड़ा की अभिव्यक्ति के लिए लोकगीत, संगीत, पौराणिक गाथाएँ (रामायण की चौपाइयाँ, नल-दमयंती की कहानियाँ) इत्यादि इन प्रवासी श्रमिकों का सशक्त माध्यम बनीं। प्रवासन के दौरान ये विस्थापित समूह अपने आवश्यक दैनिक सामान के साथ ही लोकगीत, विरहगीत, बिदेशिया गीत, लोककथाओं और अन्य सांस्कृतिक धरोहर को अपने हृदय में संजोए गए थे। ये सांस्कृतिक धरोहर ही इन श्रमिकों को परदेश की विषम परिस्थितियों से सामना करने की शक्ति प्रदान करती थी। औपनिवेशिक काल में हुई विस्थापन की यह प्रकिया दूरदेश गए प्रवासियों और उनके पीछे छूट गए परिजनों, दोनों के लिए ही अत्यंत पीड़ादायी घटना थी। परिवार और अपनों से बिछोह की पीड़ा और नए स्थान की दूभर और विषम परिस्थितियों में स्वयं को स्थापित करने का संकट इन विस्थापितों के कष्ट को असहनीय और दुखद बना रहा था। ऐसी विषम परिस्थितियों में बिदेशिया संस्कृति की सामूहिक स्मृति और सांस्कृतिक धरोहर की पूँजी ही विस्थापित भारतवंशियों के बिखरे हुए संसार को जोड़ने में मददगार सिद्ध हुई।

नए परिवेश और शासकों की दमनात्मक प्रवृत्ति के समक्ष अपनी संस्कृति को बचाए रखना भारतीय श्रमिकों के लिए अत्यंत दुष्कर था। सात समुंदर पार के विभिन्न देशों में विस्थापित इन भारतवंशियों के लिए अपने पुराने संसार की पूर्ण रचना संभव नहीं थी, परंतु ये अपनी संस्कृति, धर्म, संगीत, त्योहार (जो उनकी अस्मिता का अहम भाग थे) को बचाए और संजोए रखने के लिए निरंतर प्रयत्नशील थे। इस प्रक्रिया में उन्हें स्थानीय कैरेबियाई संस्कृति के भी कुछ तत्त्वों को अपनाना पड़ा। यह घटना बहुजातीय संस्कृति का एक उत्कृष्ट उदाहरण थी।

पुर्तगालियों से पहले ब्रिटिश और डच कालोनी सूरीनाम आई; जहाँ मूल निवासी आर्मेनियाई पहले से बसे थे। औपनिवेशिक काल में अफ़्रीका से कृषि के लिए दास यहाँ लाए गए। दास प्रथा के अंत के बाद चीनी, हिंदुस्तानी और जावा के प्रवासी अनुबंधित श्रमिकों के रूप में कैरेबियाई उपनिवेशों में ले जाए गए। विभिन्न परिवेशों और सांस्कृतिक भिन्नता वाले समुदायों के मध्य भी भारतीयों ने अपनी संस्कृति को संजोए रखने में कोई कसर नहीं छोड़ी। परंतु भारतीय संस्कृति में मूल रूप में कुछ परिवर्तन आए और 'इंडो कैरेबियन' संस्कृति अपनी विशिष्ट गहराई और समृद्धि के साथ-साथ विकसित हुई। आरंभिक दौर में नए गंतव्य की विषम परिस्थितियों और कार्य की अधिकता के कारण भारतवंशियों का सांस्कृतिक जीवन बहुत विकसित नहीं हो सका था। अथक परिश्रम से क्लांत मन को यह अपने साथ लाए धर्म और संस्कृति से जीवंतता प्रदान करते थे। तुलसी के रामचरित मानस की चौपाइयाँ, कबीर के निर्गुण आदि इन भारतवंशियों के आनंद का माध्यम थीं।

गंतव्य उपनिवेशों में भारतीयों को ऐसे निकृष्ट कुल के रूप में देखा जाता था, जो अत्यधिक शराब पीते थे; अपनी पत्नियों को गाली देते थे और असभ्यों की तरह जीवनयापन करते थे। इस नकारात्मक परिवेश में हिंदुस्तानी श्रमिकों के लिए अपनी सांस्कृतिक अस्मिता का निर्माण दुष्कर था। अनुबंध की समाप्ति और दीर्घकालीन संघर्ष के बाद, इन भारतीय प्रवासियों को अपनी सांस्कृतिक अभिव्यक्ति को व्यक्त करने का अवसर प्राप्त हुआ। अनुबंध की समय सीमा ख़त्म होने पर ज़्यादातर भारतीय श्रमिक गंतव्य स्थानों और उपनिवेशों में बस गए। औपनिवेशिक सत्ताधारियों द्वारा इन श्रमिक समुदायों के स्थायी निवास के लिए कृषि योग्य भूमि प्रदान की गई। शीघ्र ही यह श्रमिक वर्ग वहाँ विशिष्ट समुदाय के रूप में विकसित होने लगा। साथ ही उन्होंने पुरानी कलाओं की पुनर्रचना और नई कलाओं का समावेशन किया। भिन्न-भिन्न देशों के परिवेश ने प्रवासी भारतवंशियों की मूल भाषा और संस्कृति को व्यापक रूप से प्रभावित किया।

कैरेबियाई देशों में प्रवासित भारतवंशियों ने पिछले सौ वर्षों में अपनी अभिव्यक्ति के लिए जो भाषा रची, उसमें स्थानीय शब्दों का भी समावेशन किया। फ़िजी की स्थानीय भाषा और हिंदी की अवधी, मगही, ब्रज बोली के प्रभाव से निर्मित भाषा को 'फ़िजी हिंदी' कहते हैं। सूरीनाम में 'सरनामी भाषा' के रूप में भोजपुरी भाषा की विशिष्ट उपस्थिति अवलोकन योग्य है। 'सरनामी भाषा' का विकास सूरीनाम की आधिकारिक भाषा डच और प्रवासी भारतीयों द्वारा संवहित भोजपुरी भाषा के मिश्रण से हुआ है। इसी प्रकार दक्षिण अफ़्रीका की स्थानीय भाषा और हिंदी के सम्मिश्रण से 'नैताली भाषा' विकसित हुई। इन भाषाओं का उपयोग

प्रवासी भारतीय अधिकांशतः अपने दैनिक व्यवहार में और औपचारिक बातचीत में करते हैं। औपनिवेशिक शासकों की भाषा डच और अंग्रेज़ी के विरुद्ध अस्तित्व और अस्मिता के संघर्ष के लिए इस समुदाय ने अपनी तरह की हिंदुस्तानी हिंदी भाषा की रचना की।

विभिन्न उपनिवेशों के परिवर्तित परिवेश और वातावरण के फलस्वरूप इन प्रवासी भारतवंशियों की भाषा, पहनावे, ख़ानपान, सांस्कृतिक प्रस्तुतियों, संगीत और वाद्य-यंत्रों के पारंपरिक रूपों में व्यापक परिवर्तन होते गए। कैरेबियाई देशों में कुछ प्रमुख देश ऐसे हैं, जहाँ बड़ी संख्या में भारतीयों को श्रमिकों के रूप में ले जाया गया। सूरीनाम, मॉरीशस, फ़िजी इत्यादि उल्लेखनीय उपनिवेश हैं, जहाँ वर्तमान समय में भी हिंदुस्तानी अपनी भोजपुरी भाषी संस्कृति के साथ अच्छी संख्या में निवास कर रहे हैं। डायस्पोरिक संस्कृति के विशिष्ट रूपों में आए परिवर्तनों को सूरीनाम के विशेष संदर्भ में देखना अत्यंत महत्त्वपूर्ण और रोचक है। यह इसलिए भी रोचक उदाहरण है क्योंकि अनुबंध की अवधि पूरी होने पर ज़्यादातर भारतीय श्रमिक सूरीनाम से प्रवासित होकर नीदरलैंड में बस गए। दोहरे प्रवास की इस प्रक्रिया में आए परिवर्तनों को सूरीनाम के प्रवासी श्रमिकों के संदर्भ में विशेष अध्ययन द्वारा समझा जा सकता है। दैनिक जीवनचर्या से संबंधित विभिन्न आयामों (भाषा, संगीत, धर्म, वेशभूषा, खानपान इत्यादि) में आए बदलावों को कुछ आवश्यक तथ्यों द्वारा समझा जा सकता है।

भाषा

आप्रवासी भारतवंशियों की जीवनशैली, आचार-व्यवहार में भारतीय संस्कृति ही रचती बसती है। गंतव्य उपनिवेशों में आप्रवासी भारतवंशियों की मातृभाषा को नकारने के साथ ही स्थानीय भाषा को इन श्रमिकों पर थोपा गया। शासकों द्वारा भाषा संबंधी विशेष नीतियों का निर्माण किया गया। कैरेबियाई उपनिवेशों में तत्कालीन सत्ताधारियों द्वारा ऐसे प्रयास किए गए कि भविष्य में इन शासकों के शासन की समाप्ति पर भी इनकी भाषा की सत्ता बनी रहे। एक बहुसांस्कृतिक समाज के रूप में सूरीनाम में लगभग 22 भाषाएँ हैं। वहाँ की राजकीय भाषा डच है और लगभग सभी समुदायों द्वारा बोली और समझी जाने वाली भाषा Sranang टोगों (नीग्रो इंग्लिश) है। भारतीय समुदाय की भाषा सरनामी है, जो कि स्वदेश के विभिन्न क्षेत्रों से आए अनुबंधित मज़दूरों की भाषाओं (भोजपुरी, अवधी, मगही, ब्रज) के सम्मिश्रण से बनी है। सरनामी में डच भाषा के तत्त्व भी शामिल हैं। शुरुआत में यह केवल बोलचाल की भाषा थी। अधिकतर अनुबंधित मज़दूर अशिक्षित थे। कुछ शिक्षित भी थे, जिन्हें कैथी लिपि का ज्ञान था, बाद में उनमें से

कई ने देवनागरी भी सीखी। बाद में प्रवासित श्रमिकों में कई देवनागरी लिपि में दक्ष हो गए थे। साहित्य के विकास के लिए इन्होंने रोमन लिपि का सहारा लिया। आज भी सूरीनाम में 'सरनामी' रोमन लिपि में लिखी जाती है। अब यह मान्यता प्राप्त भाषा हो गई है, जिसमें अपनी संस्कृति और साहित्य है। यद्यपि सरनामी को वह पहचान और सम्मान नहीं मिल पाया है, जो हिंदी, उर्दू और डच जैसी मान्यताप्राप्त भाषाओं को मिला है। वर्ष 1970 के आस-पास इसे मान्यता दिलाने के लिए सूरीनाम में कई छोटे आंदोलन भी हुए। वर्तमान परिप्रेक्ष्य में राजकीय समर्थन के अभाव में यह भाषा लुप्त हो रही है। हिंदी डच हिंदुस्तानियों के बीच एक सम्मानित भाषा के रूप में उभरकर आ रही है। अनेक गैर सरकारी विद्यालयों और मंदिरों में हिंदी के विशेष पाठ पढ़ाए जाते हैं।

संगीत और वाद्ययंत्र

सूरीनाम में भारतीय प्रवासियों की सांस्कृतिक और भावनात्मक पीड़ा की अभिव्यक्ति में संगीत की सशक्त भूमिका रही। भोजपुरी क्षेत्र के सोहर और बिरहा जैसे पारंपरिक गीत सांस्कृतिक धरोहर के रूप में इस श्रमिक समुदाय की मानसिक उद्विग्नता को कम करने का माध्यम बने। भोजपुरी संगीत को आधार बनाकर कई नई विधाओं (बैठक गाना, चटनी संगीत इत्यादि) का उद्‌भव हुआ। वाद्य यंत्रों में भी आधुनिक और पारंपरिक वाद्यों के सम्मिश्रण से संगीत को एक नया आयाम प्राप्त हुआ।

बैठक गाना की संस्कृति में गायक, संगीतकार और अन्य कलाकार भूमि पर अंग्रेज़ी के 'यू' आकार में बैठकर सांस्कृतिक प्रस्तुतियाँ देते थे। इन प्रस्तुतियों में उत्तर भारतीय और कैरेबियाई तत्त्व मिश्रित रूप में शामिल होते थे। इस प्रस्तुति में तीन मुख्य प्रदर्शक होते थे-गायक, ढोलकिया और संगतकार। साथ ही तबला और मंजीरे की भी संगत होती थी। कालांतर में बैठक गाना के परिवर्तित रूप में ड्रम, बोंगों, मैंड्रोलिन जैसे आधुनिक वाद्ययंत्र भी शामिल होते गए। बैठक गाना के कुछ उल्लेखनीय रूप प्रचलित थे यथा :

1. श्रम गीत या कार्य के दौरान गाए जाने वाले लोकगीत, इनमें मुख्यतः धोबिया गीत, चमरौधा गीत, जतिसार या पिसौनी गीत, निरौपनी या निराई गीत इत्यादि शामिल थे। ये गीत जाति विशेष और कार्य विशेष से संबंधित होते थे।
2. संपूर्ण जीवनक्रम से जुड़े गीत, इनमें विशेषकर शादी-विवाह से संबंधित गीत लचरी, जन्म के समय गाए जाने वाले गीत सोहर और मृत्यु के समय गाए जाने वाले निर्गुण भजन और विरह गीत शामिल होते थे।

3. तीसरे प्रकार के गीत मौसम से जुड़े होते थे। त्योहार, उत्सवों पर गाए जाने वाले गीत (फगुआ या होली, कजरी, मल्हार, चैती इत्यादि)। मौसम के सुस्पष्ट विभाजन न होने के कारण ये सभी गीत कैरेबियाई देशों में हर मौसम में गाए जाते थे। इसके साथ ही रामलीला के दौरान रामायण की चौपाइयाँ और दोहों की भी गीतों के रूप में प्रस्तुति होती थी।
4. अन्य गीतों में विभिन्न धर्मों के धार्मिक गीत भी शामिल होते थे। इन गीतों में हिंदू भक्ति गीत, भजन, कीर्तन का गायन होता था, साथ ही मुस्लिम पर्वो में कसीदा, मलौत और मर्सिया भी गाए जाते थे। ये धार्मिक गीत इस समुदाय को तटस्थता के भाव के साथ ही नैतिक बल भी प्रदान करते थे।

सूरीनाम में उन्नीसवीं सदी में पहला ऐतिहासिक नाट्य मंचन हुआ जो कि भारतीय मूल का होते हुए भी प्रवासी सूरीनामियों द्वारा वहाँ की स्थानीय परिस्थितियों और भाषा को समावेशित किए हुए था। शादियों के समय पुरुषों द्वारा नौटंकी का मंचन होता था, जिसमें 'अन्याय का नतीजा' नामक नौटंकी बहुप्रचलित थी। भारत के महाकाव्यों की कथाएँ लोकनाट्यों में अत्यधिक लोकप्रिय हुआ करती थीं। रामायण के विभिन्न अध्यायों पर आधारित लोकनाट्य, महाभारत पर आधारित 'पांचाली' आदि नाट्यों के ज़रिए प्रवासी अपनी संस्कृति को सहेजे हुए थे। वे इसे वहाँ के निवासियों के बीच साझा भी करते थे। शुरुआत में ये नाट्य प्रदर्शन मैदानों और सादे कपड़ों में होते थे। कालांतर में हिंदुस्तानी लोकनाट्य, थिएटर, सिनेमा हाल, ड्रामा हॉल इत्यादि में प्रदर्शित किए जाने लगे। इन नाट्यों की भाषा 'सरनामी' होती थी।

सूरीनाम की तरह गयाना जैसे विभिन्न कैरेबियाई देशों में भी प्रवासियों ने अपनी सांस्कृतिक विरासत को भावनात्मक पीड़ा से जूझने का आधार बनाया। कबीर और दादू के निर्गुण कविता के भाव को आधार बनाकर प्रवासी लाल बिहारी ने एक प्रतिभाषिक जगत का स्वरूप रचा। लाल बिहारी शर्मा भोजपुरी और अवधी भाषा मिश्रित 'डमरा फाग बहार' (देवनागरी में लिपिबद्ध) शीर्षक गीत में प्रदर्शित करते हैं कि किस तरह प्रवासी दूर देश में अपनी सांस्कृतिक विरासत को अपनी स्मृतियों में सहेजे हुए थे।

दूर देश में विस्थापित हिंदुस्तानी समुदाय अपने साथ अनेक त्योहार, रीति-रिवाज़ और परंपराओं को सांस्कृतिक धरोहर के रूप में अपने साथ ले गए थे। प्रवासी श्रमिकों की सांस्कृतिक विरासत होली और मुहर्रम जैसे महोत्सवों का उल्लेख विभिन्न अंग्रेज़ अधिकारियों की डायरियों, कैरेबियाई देशों की उपनिवेशिक

रिपोर्टों और सरकारी अभिलेखों में भी मिलता है। मुहर्रम के दौरान निकाले जाने वाले ताज़िए गयाना, त्रिनिदाद जैसे देशों के लिए एक क्रांतिकारी शुरुआत थी। हालाँकि, राजनीतिक और स्थानीय भेदभाव के कारण कई स्थानों पर इनके प्रदर्शन पर प्रतिबंध लगा दिया गया। ताज़िया पर प्रतिबंध यूरोपीय देशों में ईसाई मिशनरियों की सशक्त उपस्थिति का भी प्रतीक था।

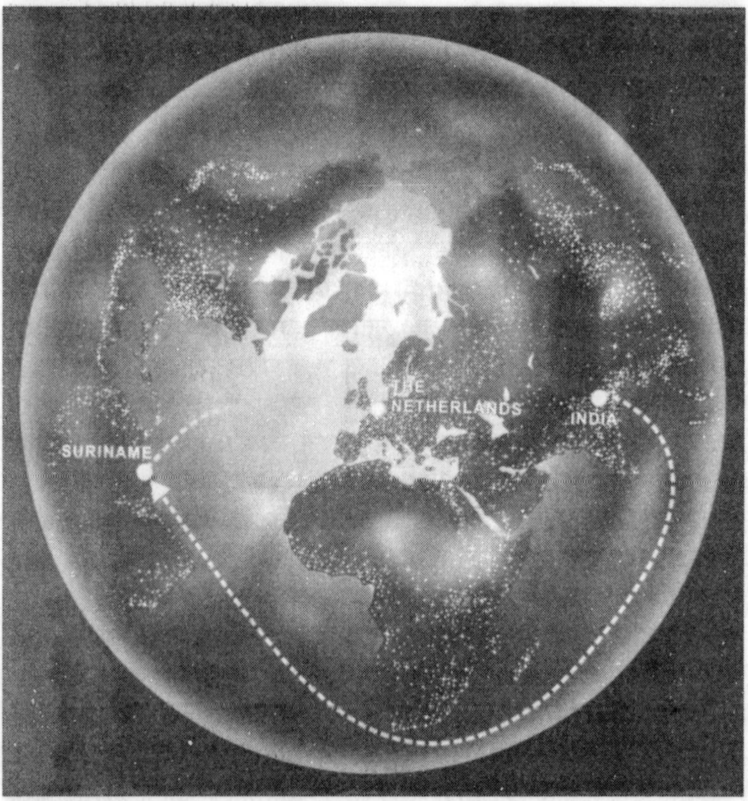

(भारत से सूरीनाम और नीदरलैंड्स के लिए प्रवासन)

इन देशों में प्रदर्शनों पर प्रतिबंधों से प्रवासियों को गहरा आघात लगा। इस पीड़ा से उबरने में उन्हें अन्य सांस्कृतिक रूपों ने ही मदद की। आल्हा, पचरा, पर्सिया, बिरहा, कजरी, भजन, कीर्तन, सोहर इत्यादि सांगीतिक प्रस्तुतियाँ इनकी आक्रोशित अभिव्यक्ति का माध्यम बनीं। जतिसार, कोल्हू, धोबिया, अहिरवा,

चमरौधा, बिरहा जैसे पारंपरिक गीत वर्षों पहले जहाँ प्रवासियों के नए सांस्कृतिक जीवन के निर्माण में सहायक होते थे, वहीं वर्तमान समय में भी ये परंपराएँ वहाँ के हिंदुस्तानी समाज में जीवित हैं। सूरीनाम में इन सांस्कृतिक प्रदर्शनों को सकारात्मक दृष्टिकोण से लिया गया और इन्हें राजनीतिक मुद्दों से नहीं जोड़ा गया। आज भी वहाँ होली, दीपावली, बसंतपंचमी, नागपंचमी, दशहरा, तीज, छठ जैसे पारंपरिक त्योहार बड़े ही धूमधाम और उल्लास से मनाए जाते हैं। इसके अतिरिक्त रामलीला, धार्मिक ग्रंथों पर आधारित नौटंकी और अन्य सांस्कृतिक प्रस्तुतियों और प्रतीकों द्वारा ये अपनी हिंदुस्तानी अस्मिता को जीवंत रखे हुए हैं।

धर्म

वर्ष 1917 में जब सूरीनाम में भारतीयों का अनुबंध खत्म हुआ तो लगभग 34,000 श्रमिक नीदरलैंड आए। इनमें 85 प्रतिशत हिंदू और 15 प्रतिशत इस्लाम धर्म को मानने वाले थे। वर्ष 1931 की जनगणना के अनुसार हिंदू ब्राह्मण 5 प्रतिशत, दलित 27 प्रतिशत और अन्य हिंदू जातियाँ 68 प्रतिशत थीं, क्षत्रिय वर्ग हिंदू समुदाय का 15 प्रतिशत था। ब्राह्मणों की संख्या सीमित थी। प्रवासन की प्रक्रिया में ब्राह्मणों के अल्पसंख्यक होने का प्रमुख कारण उनकी आर्थिक समृद्धि और सामाजिक प्रतिष्ठा थी। श्रमिक के रूप में कार्य करना उनके स्वभाव और सम्मान के विपरीत था। यद्यपि ब्राह्मणों की कम संख्या के कारण परदेश के समाज में भारतीय धार्मिक रीति-रिवाज़ मज़बूती से अपना स्थान बनाने में विफल रहे, कालांतर में वहाँ गए गिने-चुने ब्राह्मणों ने महत्त्वपूर्ण पद प्राप्त कर लिए। सूरीनाम में हिंदुओं में दो धाराएँ दिखती हैं, रूढ़िवादी 'सनातन धर्म' और 'आर्यसमाज'।

बहुतायत में हिंदू सनातनधर्मी हैं। वर्ष 1929 में सूरीनाम में 'श्री सनातन धर्म महासभा' का गठन हुआ। यह सभा हिंदुस्तानी परंपरा को भारतीयों के घर-घर तक पहुँचाने में सफल हुई। वर्तमान में भी वहाँ घरों में राम, हनुमान और दुर्गा आदि हिंदू देवी-देवताओं की पूजा होती है और झंडियाँ लगाई जाती हैं। नीदरलैंड में भी सनातन धर्मियों का बाहुल्य है। प्रवासियों की पुरानी पीढ़ी सनातन धर्म और आर्य समाज में बहुत अंतर पाती है, वहीं नई आधुनिक पीढ़ी को धार्मिक ज्ञान बहुत कम है। सूरीनाम में आर्यसमाज ने भी प्रवासी हिंदुस्तानियों के धार्मिक जीवन में महत्त्वपूर्ण भूमिका निभाई। वहाँ अनेक आर्यसमाजी मंदिरों का निर्माण हुआ। आर्यसमाजी संस्कारों द्वारा इन समुदायों ने हिंदू रीति-नीति से जीवनयापन की शिक्षा प्राप्त की। आर्यसमाजी गीतों की प्रस्तुतियों के लिए हिंदुस्तानी संगीत का भी प्रसार किया। डायस्पोरा में हिंदू प्रवासी समुदाय को सुनियोजित

और सुगठित करने में कबीरपंथ और रविदासपंथ की भी महत्त्वपूर्ण भूमिका रही। दो पीढ़ियों में धार्मिक समझ में भेद होने के बावजूद सूरीनाम और नीदरलैंड में भारतीय त्योहार को बहुत ही उत्साह से मनाया जाता है। मुसलमानों के बीच ताज़िया एक लोकप्रिय उत्सव हुआ करता था। सूरीनाम में बहुप्रचलित ताज़िया पाश्चात्य संस्कृति के प्रभाव से धीरे-धीरे सूरीनाम और हॉलैंड के लोकजीवन से लुप्त होता जा रहा है। सूरीनाम में अंतिम बार ताज़िया वर्ष 1987 में निकाला गया था।

वेशभूषा

सदियों पूर्व विस्थापन की प्रक्रिया में हिंदुस्तानी अनुबंधित श्रमिक अपने सादगीपूर्ण रहन-सहन, तहज़ीब, संस्कार, सम्मान और गरीबी (निर्धनता) को अपने साथ ले गए, जो कि उन्हें सूरीनाम के अन्य सांस्कृतिक समुदायों से अलग करती थी। पहनावे में पुरुष मुख्यतः धोती, पगड़ी और कुरते का उपयोग करते थे और महिलाएँ साड़ी, लहँगा-चोली और ओढ़नी पहनती थीं। धीरे-धीरे सूरीनाम के मौसम और रोज़मर्रा के कार्यों के अनुसार इनके वस्त्रों में बदलाव आते गए। वर्ष 1950 के बाद इस समुदाय पर यूरोपीय परिधानों का स्पष्ट प्रभाव दिखने लगा। वर्ष 1970 और 1980 के दशक में पारंपरिक महिला पोशाकों की जगह स्कर्ट, मिनी फ़्राक जैसे वस्त्रों ने ले लद्ध। पारंपरिक लंबे बालों की जगह कटे बालों का प्रचलन लोकप्रिय हो गया। पुरुषों के कढ़ाईदार और डिज़ाइनर कुरते और महिलाओं के लहँगा-चोली जैसे पारंपरिक वस्त्र अब मात्र भारतीय सांस्कृतिक अवसरों पर उपयोग में लाए जाने लगे। प्रवासी हिंदुस्तानी की युवा पीढ़ी पर बालीवुड के रहन-सहन और वस्त्रों का भी काफी प्रभाव है। पूर्व में जहाँ महिलाओं के बीच भारी पारंपरिक गहनों का प्रचलन था, वहीं वर्तमान समय में दैनिक जीवन में आरामदायक और फ़ैशनेबल पाश्चात्य गहने और परिधान ही पसंद किए जाते हैं।

खानपान

भारतीय समुदाय के लिए भोजन इनकी सांस्कृतिक, सामाजिक और धार्मिक अस्मिता का अहम हिस्सा है। भोजन का संबंध स्वाद, स्मृति और आदतों से है। विषम परिस्थितियों में गए अनुबंधित मज़दूरों की सांस्कृतिक स्मृति और गठरी में भारतीय भोजन की उपस्थिति सदा ही रही है। दालपूड़ी, घी की पूड़ी, कोहड़े की सब्जी इत्यादि उनकी आदतों में शुमार हुआ करती थी। इस प्रकार इनके उपयोगी सामान में मूल देश की रसोई की भी उपस्थिति सदा ही रही थी। यद्यपि नया परिवेश,

जाति-व्यवस्था विहीन समाज, हिंदू-इस्लाम धर्म के साथ ही स्थानीय धार्मिक मान्यताओं का अनुसरण और समय की कमी जैसे कारकों से पारंपरिक भारतीय भोजन में कई परिवर्तन आए। सूरीनाम के सभी जाति समूहों में भोजन कई तरह के सामाजिक संदेशों का संवाहक है। किसी को भोजन पर आमंत्रित करने पर आमंत्रण स्वीकार कर लेना एक-दूसरे के बीच समानता और विश्वास की भावना को दर्शाता है, वहीं आमंत्रण का अस्वीकार अपमानजनक माना जाता है। हिंदुस्तानी भोजन का दाल-भात, विभिन्न तरह की रोटियाँ (दालपूड़ी, आलूपूड़ी) आज भी सूरीनाम में भारतीय खानपान का हिस्सा हैं। सूरीनाम के बाज़ार में भारतीय अचार, चटनी, मसाले हिंदुस्तानी समुदाय की खानपान की विशिष्टता को दर्शाते हैं। आज भी मिठाइयों में वहाँ पारंपरिक भारतीय मिठाइयाँ (गुझिया, जलेबी, लड्डू, खुरमा इत्यादि) लोकप्रिय हैं।

स्मृतियाँ

प्रवासन की प्रक्रिया में स्मृतियाँ ऐसा आधार होती हैं, जो प्रवासियों को सांस्कृतिक विरासत को संजोए रखने और मूल देश से जोड़े रखने में सहायता करती हैं। स्मृतियाँ पीढ़ी-दर-पीढ़ी अपनी सांस्कृतिक अस्मिता के साथ स्थानांतरित होती रहती हैं। इन स्मृतियों में प्रवासन का पूरा इतिहास संरक्षित होता है। चूँकि गंतव्य देशों में गए अधिकतर प्रवासी अशिक्षित थे, इसलिए इस ऐतिहासिक पीड़ादायी प्रक्रिया के आत्मानुभव के लिखित वर्णन बहुत ही सीमित हैं। सरकारी स्तर पर प्रवासन प्राधिकारी, औपनिवेशिक प्राधिकारी और जहाज़ कंपनियों के लिखित अभिलेखों से इस ऐतिहासिक घटना की जानकारी प्राप्त होती है। आज के सांस्कृतिक परिदृश्य में प्रवासी हिंदुस्तानियों पर पश्चिमीकरण का अत्यधिक प्रभाव है, परंतु आज भी उनके जीवन में पूर्वजों द्वारा हस्तांतरित बिदेसिया संस्कृति के तत्त्व भारत के भोजपुरी क्षेत्र की खनक को बचाए हुए हैं। लोक कहावतें, मुहावरे, नैतिक शिक्षा और अध्यात्म से जुड़े किस्से-कहानियाँ सदियों पहले आए उनके पूर्वजों की स्मृतियों का अहम हिस्सा हैं। मौखिक रूप से प्राप्त ये सभी तत्त्व धरोहर के रूप में आज भी समसामायिक सूरीनामी भारतीयों की जीवनचर्या का हिस्सा हैं।

भारतवंशी विश्व के अनेक देशों में व्याप्त हैं। इनके पूर्वज जीविकोपार्जन के लिए अलग-अलग समय पर अनेक देशों में ले जाए गए और अनेक तत्कालीन परिस्थितियों से वशीभूत होकर गंतव्य स्थानों में ही बस गए। प्रवासी पूर्वजों द्वारा संवहित जीवन मूल्य, परंपराएँ, धर्म, रीति-रिवाज़, लोकसंगीत, लोककथाएँ और संस्कृति को भारतवंशियों ने आज भी सुरक्षित रखा है।

नीदरलैंड में दोहरा अधिवास

वर्ष 1960 के अंत में विशेषकर वर्ष 1975 के लगभग सूरीनाम नीदरलैंड से स्वतंत्र हुआ। उस अवधि तक बहुत सारे भोजपुरी श्रमिकों का अनुबंध समाप्त हो गया था। इनमें से अधिकांश भारतवंशी श्रमिक नीदरलैंड जाकर बस गए। श्रमिक समुदाय का यह द्वितीय प्रवासन सूरीनाम की स्वतंत्रता के बाद उत्पन्न नई परिस्थितियों और राजनीतिक अनिश्चितता के कारण हुआ। क्रियोलो (मूल निवासी) के आधिपत्य और अस्मिता के ख़तरे में पड़ने का भय इन श्रमिकों के रातोरात हालैंड गमन का कारण बना।

दूर देश में जीवनयापन के दौरान वहाँ की संस्कृति इन श्रमिक समुदायों की जीवनचर्या का हिस्सा होने लगी। हिंदुस्तानी नवयुवकों पर डच संस्कृति का काफी प्रभाव पड़ा। बिदेसिया संस्कृति के विपरीत डच संस्कृति में व्यक्तिवादिता, स्वतंत्रता, छोटे परिवार और उपभोक्तावाद प्रभावी था। मूल देश में जहाँ प्रवासी श्रमिक एक बड़े परिवार का भाग होता था, वहीं डच परिवारों में आत्मीयता का अभाव था। इन प्रभावों के कारण इस विस्थापित वर्ग को अपनी अस्मिता नष्ट होने का भय था। परिणामतः इन्होंने अपने धर्म और रीति-रिवाज़ों को कट्टर और कठोर बनाना शुरू कर दिया। सांस्कृतिक अलगाव, जातीय विभेद जैसे कारकों ने उन्हें उपनिवेशीय बसाहट छोड़कर अन्य देशों में जाने को विवश किया। वे जहाँ भी गए, वहाँ अपनी संस्कृति और परंपराओं को प्रसारित किया। समय के साथ-साथ उनके अपने मूल देश से बंधन क्षीण होने लगे, परंतु पूरी तरह से समाप्त नहीं हुए। अपनी हिंदुस्तानी अस्मिता को बचाए रखने के लिए ये समुदाय भारतीय पुजारियों को आमंत्रित करने लगे। विस्थापित वर्ग हिंदी साहित्य और फ़िल्में भी अपने प्रवासन के दौरान साथ ले जाने लगा। इस प्रकार वे भारतीय संस्कृति और इतिहास से संबंध बनाए रखने की कोशिश कर रहे थे। वर्तमान समय में इस वर्ग में भारतीय हिंदी फ़िल्मों के नायक-नायिकाएँ अत्यधिक लोकप्रिय हैं। हिंदी फ़िल्मों के गीत उनके जीवन का अहम हिस्सा हैं। दैनिक जीवनचर्या से जुड़े विभिन्न भावों के अलावा जन्मदिन का बधाई संदेश, विवाह की शुभकामनाओं, विरह की पीड़ा आदि को अभिव्यक्त करने के लिए फ़िल्मी गीतों का सहारा लिया जाता है। वहाँ के रेडियो पर भावनात्मक संदेशों को भारतीय हिंदी फ़िल्मी गीतों से अभिव्यक्त करना सामान्य बात है।

भारतीय संस्कृति जीवंत संस्कृति रही है। यह समय और समाज की आवश्यकता के अनुसार परिवर्तनशील रही है। यह परिवर्तनशीलता उसे भविष्य और समसामयिक आवश्यकताओं के अनुकूल बनाती है। यह भारतीय संस्कृति की ही विशेषता है कि अपनी अस्मिता खोए बिना यह प्रवासी देशों की विशेषताओं को अपने भीतर

समावेशित करती रही। यही कारण है कि इन प्रवासी देशों में भारतीय संस्कृति एक नए और मिश्रित स्वरूप में आज भी कायम है।

वर्तमान में एक लाख साठ हजार हिंदुस्तानी नीदरलैंड में रह रहे हैं। रोचक तथ्य यह है कि जिस प्रकार सूरीनाम में रहने वाले भारतीय अपनी भोजपुरी अस्मिता और संस्कृति को सुरक्षित रखते हैं, ठीक उसी प्रकार डच समाज में रहकर भी नीदरलैंड के भारतीय अपनी देशज सांस्कृतिक पहचान को बनाए हुए हैं। अनेक मंदिर और दुकानों में पारंपरिक भारतीय सामान का दिखना नीदरलैंड में आम बात है। सब्जी के बाज़ारों में करेला, बोड़ा, साग बहुतायत में पाया जाता है। बहुत सारे हिंदुस्तानी डच और भारतीय संस्कृति का सम्मिश्रित जीवन जी रहे हैं। विस्थापित श्रमिकों की दूसरी और तीसरी पीढ़ी के सदस्यों के बीच 'सरनामी' की अपेक्षा 'डच' भाषा के ज़्यादा लोकप्रिय होने के कारण सरनामी भाषा का अस्तित्व ख़तरे में है। ये प्रवासी समुदाय भारतीय तीर्थस्थानों के भ्रमण और हिंदुस्तान में अपने पूर्वजों के मूल स्थान की खोज आदि उपायों से खुद को भारतीय अस्मिता से जोड़े रखने का प्रयास करते हैं, परंतु कुछ ही लोग अपने मूल स्थान को खोज पाए हैं। नीदरलैंड्स में भारतीय समुदाय समृद्ध जीवन जी रहा है, परंतु आज भी वे अपने मूल निवास को जानने और उससे जुड़ने को व्यग्र हैं।

समुद्रपारीय देशों की डायस्पोरिक उपस्थिति और परिवर्तन

विभिन्न देशों में प्रवासियों की स्थिति वहाँ की राजनीतिक, सांस्कृतिक, सामाजिक और आर्थिक स्थितियों में भिन्न-भिन्न होती है। खाड़ी के देशों में श्रमिकों की कमी ने विपुल संख्या में भारतीय श्रमिकों को आकर्षित अवश्य किया, परंतु निम्न श्रेणी के लोगों के लिए भेदभावपूर्ण व्यवहार अपनाया गया। खाड़ी क्षेत्र के अधिकतर देशों में भारतीयों को नागरिकता प्रदान करने का प्रावधान नहीं था, इसके बावजूद उच्च पारिश्रमिक के लोभ में अधिक संख्या में भारतीयों का वहाँ प्रवासन हुआ। इन देशों में विशेषज्ञों के लिए तो परिवार लाना संभव था, पर श्रमिकों के लिए नहीं। इसके अतिरिक्त अनेक धार्मिक और सामाजिक प्रतिबंध थे। इन देशों में श्रमिकों के लिए मूलभूत सुविधाओं का नितांत अभाव था। वर्तमान समय में भी विभिन्न अभावों और शोषण के बावजूद खाड़ी क्षेत्रों में भारतीय प्रवासन अधिक संख्या में हो रहा है।

मॉरीशस

दास प्रथा के अंत के बाद मॉरीशस में भारत से अधिक तादाद में प्रवासन हुआ। मॉरीशस में भारतीय प्रवासी बहुसंख्यक की स्थिति में हैं। लगभग 70 प्रतिशत

जनसंख्या वाले ये भारतीय राजनीतिक रूप से भी सशक्त हैं। वर्ष 1920 में फ़्रांसीसी नागरिकता मिलने के बाद से भारतीय प्रवासी मुख्यधारा में अत्यधिक प्रभावी हो गए हैं। यहाँ भारतीय समुदाय अपनी संस्कृति और त्योहार के माध्यम से आज भी भारतीयता को जीवंत रखे हुए है।

फ़िजी

भारतीय समुदाय का फ़िजी में प्रवासन का इतिहास अत्यंत कष्टपरक रहा है। अनुबंधित श्रमिकों के समय से लेकर भारतीयों के आर्थिक और राजनीतिक रूप से सशक्त होने तक फ़िजी के मूल नागरिकों द्वारा सदैव ही इनका दमन करने की कोशिश की गई। भारतीय प्रवासन यहाँ दो चरणों में हुआ। पहला अनुबंधित श्रमिकों के रूप में, दूसरा ऐच्छिक प्रवासन। कालांतर में जैसे-जैसे भारतीय प्रवासी वहाँ आर्थिक रूप से सशक्त हुए, वैसे-वैसे फ़िजी के मूल निवासियों से उनका संघर्ष शुरू हो गया। ब्रिटिश औपनिवेशिक शक्तियों ने इन परिस्थितियों का फ़ायदा उठाया। वर्ष 1970 में फ़िजी की स्वतंत्रता प्राप्ति के अवसर पर भी ब्रिटिश सरकार ने भारतीयों के लिए कूटनीतिक कदम उठाया और ऐसे संविधान का निर्माण किया, जिससे भारतीय बहुमत में होने पर भी स्वतंत्र रूप से सत्ता निर्माण की प्रक्रिया में शामिल न हो सकें। इन्हीं विषमताओं के फलस्वरूप भारतीय प्रवासी आज भी वहाँ दुविधापूर्ण स्थिति में हैं और विकसित देशों में प्रवास के लिए प्रयासरत हैं।

दक्षिण अफ़्रीका

दक्षिण अफ़्रीका में भारतीयों की संख्या लाखों में है। सर्वप्रथम वर्ष 1653 में डच व्यापारिओं द्वारा भारतीयों को वहाँ दास के रूप में बेचा गया। दास प्रथा के उन्मूलन के बाद ब्रिटिश साम्राज्य के दौरान कृषि श्रमिकों के रूप में अधिक संख्या में भारतीय बिहार, उत्तर प्रदेश, तमिलनाडु और आंध्र प्रदेश से दक्षिण अफ़्रीका ले जाए गए। इसके अतिरिक्त गुजराती व्यापारियों का भी प्रवासन हुआ। वहाँ भारतीयों की अधिक संख्या और अच्छी स्थिति होने के बावजूद उन्हें दोयम दर्जे का नागरिक माना जाता था, जिसके लिए वर्ष 1893 में गांधीजी ने कड़ा संघर्ष किया था। कालांतर में सत्ता हस्तांतरण के पश्चात कूटनीतिक नीतियों के तहत सत्ताधिकारियों द्वारा वहाँ के कुछ सशक्त भारतीय समूहों को संतुष्ट करने की नीति अपनाई गई। परिणामत: विद्रोह का तो दमन हो गया, परंतु भारतीयों की वास्तविक स्थिति यथावत रही। वर्तमान समय में भी भारतीय मुख्यधारा में शामिल होने के लिए संघर्षरत हैं।

यूनाइटेड किंगडम

उन्नीसवीं सदी में अनुबंधित श्रमिकों के रूप में ब्रिटिश, डच और पुर्तगाली कालोनियों में अधिक संख्या में भारतीयों का प्रवासन हुआ। बीसवीं सदी में कुछ कालोनियों के स्वतंत्र होने पर अधिक संख्या में भारतीय अन्य बड़े और विकसित देशों में पुनः प्रवासित हुए। भारतीय सूरीनामी नीदरलैंड्स में, मेडागास्कर और मॉरीशस के भारतीय फ़्रांस में, मोज़ांबिक और अंगोला से भारतीय पुर्तगाल में प्रवासित हुए। प्रवासित समुदायों ने वहाँ पर विभिन्न सामाजिक, सांस्कृतिक और राजनीतिक संगठन बनाए। वर्तमान समय में इन देशों में भारतीय समुदायों द्वारा अनेक रेडियो स्टेशन, न्यूज़ पेपर, पत्रिकाएँ और टी.वी. चैनलों का प्रसारण होता है। वर्तमान समय में ब्रिटेन में भारतीय समुदाय एक विशेष स्थिति में है। यह समुदाय ब्रिटिश संस्कृति, समाज और राजनीति को समृद्ध कर रहा है, साथ ही ब्रिटेन को बहुसंस्कृतिवादी समाज के रूप में विकसित होने का अवसर दे रहा है।

उत्तरी अमेरिका

उत्तरी अमेरिका में भारतीय समुदाय शिक्षित, उच्च आय वर्ग और समृद्ध संस्कृति वाले वर्ग के रूप में है। यहाँ पर प्रवासन मुख्यतः ऐच्छिक रूप में ही होता रहा है। आई. टी. सेक्टर, शोध और विकास के क्षेत्रों में अच्छे अवसरों की तलाश में भारतीय यहाँ जाते हैं। आर्थिक और राजनीतिक रूप से सशक्त भारतीयों का एक वर्ग भारतीय-अमेरिकी संबंधों को सकारात्मक रूप से प्रभावित करता रहा है। स्वदेश से परदेश गए अपने लोगों के लिए सकारात्मक सोच और नीतियाँ सदैव ही प्रवासियों द्वारा भारत की समृद्धि में सहायक रहेंगी।

प्रवासन का प्रभाव

प्रवासन की व्याप्ति पर निर्भर करते हुए देश और गंतव्य स्थान दोनों में जनसमुदाय के संघटन में परिवर्तन आता है। इस संदर्भ में जनसांख्यिकीय परिदृश्य में महत्त्वपूर्ण रूप से परिवर्तन आता है, जो संस्कृति, भाषा, जीवनस्तर की गुणवत्ता और ज्ञान के प्रवाह की ओर प्रवृत्त करता है। जहाँ एक ओर इन प्रवासियों के गमन से मूलस्थान को अनेक रूपों में क्षति उठानी पड़ती है वहीं, दूसरी ओर ये आप्रवासी स्वयं को गंतव्य देशों में विद्यमान दशाओं के प्रति अनुकूलित कर लेते हैं। प्रवासन एक सांस्कृतिक परिवर्तन ले आता है, जिसकी एकाधिक शाखाएँ-प्रशाखाएँ होती हैं। ये प्रवासी न सिर्फ़ अपने परिजनों की आर्थिक मदद करते हैं, वरन अपने साथ नए सांस्कृतिक प्रभाव भी लाते हैं। फलतः विचारधाराएँ बदलती हैं और भूमंडलीकरण

की प्रक्रिया,संस्कृतियों एवं नवपरिवर्तनों के प्रसरण और संश्लेषण के लिए एक आम माध्यम बन जाती हैं।

निष्कर्ष

प्रवासन एक मानवीय, सामाजिक, आर्थिक और राजनीतिक प्रक्रिया तो रही ही है, किंतु इसकी गति को तेज करने और उसे उत्प्रेरित करने में राजसत्ताओं और बाज़ार की बड़ी भूमिका रही है। राजसत्ता और बाज़ार अपनी आर्थिक ज़रुरतों के अनुसार गंतव्य सृजित करते रहे हैं, जिनमें कई बार चाहकर और अनेक बार अनचाहे या मज़बूरीवश भारत से सामूहिक और वैयक्तिक प्रवासन हुआ है और सतत हो रहा है। इनमें सबसे महत्त्वपूर्ण घटना दास प्रथा की समाप्ति के बाद पूरी दुनिया में फैले उपनिवेशवाद द्वारा 'गिरमिटिया' प्रवासन की व्यवस्था को लागू करना है। इस व्यवस्था के तहत भारत से सामूहिक प्रवासन विभिन्न गंतव्यों में हुआ। समूहों की अस्मिता में व्यापक परिवर्तन आए। ये परिवर्तन गंतव्य की ज़रुरतों के मुताबिक अपने व्यक्तित्व, संस्कृति, सोच और विचार में सामंजस्य बनाने के लिए हुए। इन परिवर्तनों में गंतव्य की संस्कृति का प्रभाव और मूलदेश की संस्कृति को बचाने का संकट स्पष्ट रूप में दिखाई पड़ता है।

सांस्कृतिक गतिविधियों द्वारा इन विस्थापित समूहों ने अपने मूल देश की संस्कृति को जीवंत तो रखा, किंतु गंतव्य स्थान की संस्कृति के तत्त्व भी शामिल करना उनकी विवशता थी। फलतः इनके मूल में परिवर्तन स्वाभाविक था। इनमें सबसे ज़्यादा परिवर्तन भाषा के क्षेत्र में हुआ। कई देश में मूल भाषाएँ विलुप्त ही हो गईं। लेकिन फ़िजी, गयाना, सूरीनाम, मॉरीशस आदि में मूलदेश की भाषा अभी तक जीवित है। इन भाषाओं में गंतव्य देश की मुख्य भाषा प्रायः औपनिवेशिक भाषा (डच, अंग्रेज़ी) होती थी, जिसके शब्द अधिकांश रूप में शामिल हो गए। परिणामतः मूलभाषा का स्वरूप ही परिवर्तित हो गया। इस प्रकार मूल देश की भाषा ने गंतव्य में अपने जीने की जगह बना ली।

इन गंतव्य देशों में रहने वाले भारतीय समुदाय दोहरी अस्मिता के बीच जीने को विवश हैं। सूरीनामी इंडियन, मॉरीशस इंडियन, फ़िजी इंडियन इत्यादि अस्मिताएँ बनीं। इनकी अस्मिताओं में भारतीयता के जो तत्त्व द्वितीय श्रेणी पर थे, भूमंडलीकरण के बाद प्राथमिक श्रेणी पर आ गए। इसके परिणामस्वरूप भारतीय धर्म और संस्कृति के साथ उनका संवाद अधिक गहन हुआ है। तीव्र संचार और बेहतर आर्थिक स्थिति के कारण भी उनका आवागमन भी बढ़ा है। प्रवासित समुदाय भारत से बाहर रहकर भी भारतीय संस्कृति के साथ जीने वाले प्रवासी के रूप में सतत अपनी अस्मिता को बदलते परिप्रेक्ष्य में परिवर्तित करता रहता है। 90 के दशक में

अमेरिका और यूरोप के आई. टी. व्यवसायों से जुड़े विशेषज्ञों की अस्मिता में वैसा द्वंद्व नहीं है, जैसा 'गिरमिटिया' प्रवासियों में देखा जाता था। वे गंतव्यों में ज़्यादा आसानी से व्यवस्थित हो जाते हैं, क्योंकि वे आर्थिक रूप से ज़्यादा सक्षम हैं और गंतव्य देश की भाषा में निपुण होते हैं। अतः गंतव्यों में व्यवस्थित होने का उनका आत्मसंघर्ष 'गिरमिटिया' प्रवासियों के आत्मसंघर्ष से थोड़ा भिन्न होता है, किंतु व्यवस्थित होने के क्रम में उनकी संस्कृति का भी गंतव्य की संस्कृति के साथ संयोजित होने की प्रक्रिया के संघर्ष में मिश्रण और संकरता वैसी ही होती है, जैसी 'गिरमिटिया' मज़दूरों की संस्कृति के संदर्भ में होती थी।

संदर्भ ग्रंथ

- बेचू, परमिंदर (1985) 'ट्वाइस माइग्रेंट ईस्ट अफ़्रीकन सेट्लर इन ब्रिटेन,' लंदन एंड न्यूयार्क : टोविस्टाक पब्लिकेशन।
- ए.ब्राह (1996) 'कार्टियोग्राफ़िस ऑफ़ डायस्पोरा: कॉन्टेस्टिंग आइडेंटिटीज,' लंदन एंड न्यूयार्क : राउटलेज।
- बॉउमैन, मार्टिन (1995), 'कन्सेप्चुअलाइजिंग डायस्पोरा', (31): 19-35.
- चंद्रन, अमरजीत (1986) 'इंडियंस इन ब्रिटेन,' नई दिल्ली : स्टरलिंग पब्लिशर्स प्रा. लि.।
- चोनी, ई.एस., (2005), 'बिट्वीन बिदेशिया, बॉलीवुड एंड बकरा कल्चर,' बिदेशिया प्रोजेक्ट-कंट्री रिपोर्ट, द नीदरलैंड्स किट रॉयल ट्रॉपिकल इंस्टीट्यूटस्।
- हाई लेबल कमेटी ऑन द इंडियंस डायस्पोरा,(2001) 'द इंडियंस डायस्पोरा,' नई दिल्ली : मिनिस्ट्री ऑफ़ एक्सटरनल अफेयर्स।
- किंग्सले डेविस, 'इंडियन डायस्पोरा'।
- जैन, प्रकाश सी. (1989) 'इमिग्रेशन एंड सेटेलमेंट ऑफ़ इंडियंस एब्रॉड, सोशियोलॉजिकल बुलेटिन, वॉल्यूम-38, नं.-1.
- जैन, आर.के. (1983) 'इंडियन कम्युनिटीज एब्रॉड : थीम्स एंड लिटरेचर,' नई दिल्ली : मनोहर।
- जैन, आर.के. (1997) 'ए सिविलाइज़ेशनल थ्योरी ऑफ़ इंडियन डायस्पोरा एंड इट्स ग्लोबल इमप्लिकेशंस', प्रजेंटेड इन द वर्कशाप ऑन द स्टडी ऑफ़ इंडियन डायस्पोरा : कन्सेप्चुअल एंड मैथडोलॉजिकल इस्यूज़ 12 एंड 13 सेप्टेंबर एट यूनिवर्सिटी ऑफ़ हैदराबाद।
- जयराम, एन. (1997) 'द स्टडी ऑफ़ इंडियन डायस्पोरा : ए मल्टीडिस्पलनरी एजेंडा (ए मिमेयो),' प्रजेंटेड इन द वर्कशाप ऑन द स्टडी ऑफ़ इंडियन डायस्पोरा : कन्सेप्चुअल एंड मैथडोलॉजिकल इस्यूज 12 एंड 13 सेप्टेंबर एट यूनिवर्सिटी ऑफ़ हैदराबाद।

- कोहिन, रॉबिन (1986) 'डायस्पोरा एंड द नेशन-स्टेट : फ़्रॉम विक्टम्स टू चैलेंजेस्,' इंटरनेशनल अफेयर्स, वॉल्यूम 72, नं. 3.
- मोहकाम सिंह, एलिज़ाबेथ (2005) 'इंडियन फूड,' बिदेशिया प्रोजेक्ट-कंट्री रिपोर्ट, द नीदरलैंड्स किट रॉयल ट्रॉपिकल इंस्टीट्यूट।
- मोहकाम सिंह, नरेन्द्र (2005), 'इंडो-सूरीनामीज म्यूजिक,' बिदेशिया प्रोजेक्ट-कंट्री रिपोर्ट, द नीदरलैंड्स किट रॉयल ट्रॉपिकल इंस्टीट्यूट्स।
- मजूमदार, मौसमी (2010) 'काहे गईले बिदेस' (व्हाई डिड यू गो ओवरसीज़ (सं.) मैंगो पब्लिशर्स, इलाहाबाद।
- मोटवानी, डॉ. जगत, 'हिस्टॉरिकल कॉन्टैक्ट ऑफ़ इंडियन माइग्रेशन्स'।
- पारेख, भीखू, 'सम रिफ्लेक्शंस ऑन द इंडियन डायस्पोरा,' पब्लिश्ड बाई बी.ओ.पी.आई.ओ. विथ परमिशन फ़्रॉम द न्यू कम्युनिटी।
- पुष्पिता (2003) 'सूरीनाम' राधाकृष्ण प्रकाशन, नई दिल्ली।
- सिंह, बहादुर, आई.जे. (1987) 'इंडियन इन द कैरेबियन,' नई दिल्ली : स्टरलिंग पब्लिशर्स प्रा. लि.।

छायाचित्र–किट् रॉयल ट्रॉपिकल संग्रहालय : द नीदरलैड्स से साभार।

6

भारतीय डायस्पोरा आर्थिक और राजनीतिक दृष्टिकोण

अजय कुमार दुबे

प्रस्तावना

वर्तमान परिप्रेक्ष्य में डायस्पोरा का अंतरराष्ट्रीय प्रभाव है। आर्थिक विकास के साथ-साथ मेज़बान और गृह-राष्ट्रों के बीच द्विपक्षीय संबंधों को बनाने में भी डायस्पोरा का महत्त्वपूर्ण योगदान होता है। कई राष्ट्रों की विदेश नीति उनके विश्व भर में फैले डायस्पोरा पर निर्भर करती है। वैश्वीकरण के प्रभावों के कारण डायस्पोरा मेज़बान और गृह-राष्ट्र के लिए एक महत्त्वपूर्ण संसाधन का काम करता है। इसने एक ऐसे वातावरण का निर्माण किया है, जहाँ समुदाय अपनी आर्थिक और सांस्कृतिक ज़रूरतों की पूर्ति के लिए राष्ट्र की सीमाओं के परे जाने का प्रयास करते हैं। आज विकासशील देश भी इतने परिपक्व हो चुके हैं कि पारदेशीय राष्ट्रभक्ति की अनुमति प्रदान कर रहे हैं। इनमें से कई अपने डायस्पोरा का उपयोग एक महत्त्वपूर्ण संसाधन के रूप में राष्ट्रीय उद्देश्यों की पूर्ति के लिए कर रहे हैं। तीव्र और सस्ते संचार माध्यमों के कारण आज वैश्विक स्तर पर विभिन्न डायस्पोरा एक-दूसरे से जुड़ रहे हैं और संपर्क स्थापित कर रहे हैं। विज्ञान और तकनीक के क्षेत्र में क्रांति और वैश्विक मीडिया की उपस्थिति के कारण आज डायस्पोरा और राष्ट्र के बीच परस्पर संवाद की स्थिति बन सकी है।

भारत का अपना वैश्विक डायस्पोरा है। यह 2.5 करोड़ से अधिक है और 196 देशों में फैला हुआ है। इसमें भारतीय मूल के लोग और आप्रवासी भारतीय, दोनों शामिल हैं।

नीचे दिया गया चित्र 1 भारतीय डायस्पोरा के क्षेत्रीय फैलाव को दर्शाता है।

चित्र 1-भारतीय डायस्पोरा का क्षेत्रीय विस्तार

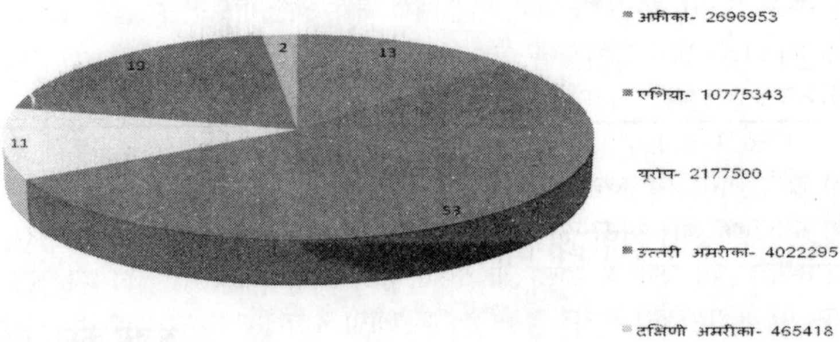

स्रोत-प्रवासी भारतीय कार्य मंत्रालय

भारतीय डायस्पोरा विविधतापूर्ण है। इसमें विभिन्न भाषाओं, धार्मिक समूहों और समुदायों के लोग शामिल हैं। भारतीय प्रवासन भी अपने आप में विविध है। ऐतिहासिक संदर्भों में प्रवासन के कारण और परिणाम अलग-अलग रहे हैं। प्रवासित समूहों की सामाजिक विशेषताओं में भी भिन्नता है, जो कि शिक्षा, जाति, वर्ग, उद्‌गम स्थल, धर्म और भाषा के स्तर पर दिखाई देती है। भारतीय विभिन्न समूहों, क्षमताओं और कालों में प्रवासित हुए। प्राचीन काल में पश्चिम भारत से व्यापारी और अन्वेषक अफ्रीका और मध्य-पूर्व के देशों में गए। दक्षिण भारत के पूर्वी भाग से वे बर्मा (म्याँमार), इंडोनेशिया और दक्षिण पूर्वी एशिया के अन्य देशों में गए। इस भारतीय डायस्पोरा के एक भाग ने अपनी आजीविका का स्रोत अंतरराष्ट्रीय व्यापार को बनाया और आर्थिक क्षेत्र के साथ-साथ अंतरराष्ट्रीय स्तर पर नातेदारी का तंत्र विकसित किया। इसी काल में बौद्ध धर्म का प्रचार-प्रसार करने के लिए भारतीय सुदूर-पूर्व और दक्षिण-पूर्वी एशिया तक गए। चोल-जैसे कुछ दक्षिण भारतीय राजाओं ने इन्हीं क्षेत्रों में कुछ सफल अभियान दलों को भी भेजा लेकिन इस प्रकार का डायस्पोरा अब विलुप्त हो चुका है।

औपनिवेशिक काल के दौरान अधिक संख्या में भारतीय प्रवासित हुए। इस प्रवासन को मुख्य रूप से तीन श्रेणियों में बाँटा जा सकता है :

(क) कैरेबियन, ओशीनिया और अफ्रीका की कालोनियों में भेजे गए अनुबंधित श्रमिक।

(ख) मलेशिया और सीलोन में कंगनी या मैस्त्री तंत्र।

(ग) मुक्त भारतीय यात्री।

यह मुक्त भारतीय, जिन्हें यात्री भारतीय के नाम से भी जाना जाता था, छोटे-छोटे समूहों में व्यापारी और महाजन के रूप में एंग्लोफ़ोन, फ्रैंकोफ़ोन और लुसोफ़ोन क्षेत्रों में गए। बीसवीं सदी में भारतीयों ने कुशल कर्मियों के रूप में यूरोप, उत्तरी अमेरिका और ओशीनिया जैसे औद्योगीकृत राष्ट्रों में प्रवासन किया। इसके साथ-साथ मध्य-पूर्व में वे अर्ध-कुशल कर्मियों के रूप में गए। लेकिन इनको वहाँ की राष्ट्रीयता कभी प्राप्त नहीं हुई।

भारतीय डायस्पोरा को विभिन्न प्रकारों से वर्गीकृत किया जा सकता है। जो लोग भारत की स्वतंत्रता के पूर्व विदेश गए, उन्हें 'पुराना डायस्पोरा' कहा जा सकता है और भारत की स्वतंत्रता प्राप्ति के बाद जाने वाले लोगों को 'नया डायस्पोरा' की श्रेणी में डाला जा सकता है। भारतीय डायस्पोरा का एक बड़ा भाग पुराने डायस्पोरा से बना हुआ है। इन लोगों ने मलेशिया, मॉरीशस, त्रिनिदाद और टोबैगो, फ़िजी, गयाना, और सूरीनाम में प्रवासन किया। डायस्पोरा से संबंधित एक अन्य शब्द का प्रयोग किया जाता है-'भारतीय मूल के लोग' / People of Indian Origin (PIO)। इसका अर्थ उन भारतीयों से होता है, जिन्होंने नए राष्ट्र की राष्ट्रीयता अपना ली है। इस श्रेणी के अंतर्गत पुराना और नया डायस्पोरा दोनों ही आते हैं। कुछ ऐसे भारतीय मूल के लोग भी हैं, जिन्होंने कुछ पीढ़ियों बाद कैरेबियाई, अफ़्रीका, फ़िजी जैसे देशों से यूरोप, उत्तरी अमेरिका और ऑस्ट्रेलिया जैसे देशों में पुनः प्रवासन कर लिया। इनको हम ट्वाइस माइग्रेट (Twice Migrant) या पुनः प्रवासित के नाम से संबोधित करते हैं। ऐसे भारतीय, जिनके पास अभी भी भारतीय पासपोर्ट है, पर काफ़ी समय से विदेशों में रह रहे हैं, उन्हें आप्रवासी भारतीय या Non-Resident Indians (NRI) की श्रेणी में रखा जाता है। पश्चिम एशियाई देशों में लगभग 50 लाख ऐसे आप्रवासी भारतीय बसते हैं।

इस अध्याय में इन सभी श्रेणियों के संदर्भ में चर्चा की जाएगी और भारतीय डायस्पोरा के प्रति भारत की नीतियों का बदलाव और निरंतरता के संदर्भ में विश्लेषण और आकलन किया जाएगा। इसके अंतर्गत भारत सरकार के डायस्पोरा से संबंधित अनुभवों, प्रयोगों और प्रयत्नों का आकलन किया जाएगा।

भारतीय डायस्पोरा के प्रति भारत की नीति

औपनिवेशिक काल से शीतयुद्ध तक और वर्तमान परिप्रेक्ष्य में भारतीय डायस्पोरा के प्रति भारत की नीति में कई बदलाव आए हैं और विभिन्न श्रेणियों से उसका क्रमिक विकास हुआ है।

स्वतंत्रता पूर्व

औपनिवेशिक काल में भारतीय राष्ट्रीय कांग्रेस, जिसने भारत की स्वतंत्रता में अभूतपूर्व भूमिका निभाई है, ने विदेशों में रहने वाले भारतीयों के प्रति अपनी संवेदना और चिंता व्यक्त की। दास प्रथा के समाप्त होने के बाद अंग्रेज़ों ने भारतीयों को अनुबंधित श्रमिकों के रूप में अपनी दूसरी कालोनियों में ले जाना शुरू किया। कांग्रेस ने इन देशों में अपने नुमाइंदों को भेज कर यह पता लगाने का प्रयास किया कि इन लोगों को किस परिस्थिति में रखा जा रहा है और इनसे कैसा काम कराया जा रहा है। इसके आधार पर कांग्रेस ने विदेशों में भेजे गए भारतीयों से किए जा रहे व्यवहार पर चिंता व्यक्त की और कड़ा विरोध प्रकट किया। साथ ही उनकी परिस्थिति और हालात को सुधारने की माँग भी की। राष्ट्रवादी नेताओं में सर्वश्री गोपाल कृष्ण गोखले, महात्मा गांधी, वी.एस. श्रीनिवास शास्त्री, जवाहरलाल नेहरू, एच. एन. कुंजरू, आचार्य कृपलानी, राम मनोहर लोहिया आदि ने विदेशों में रह रहे भारतीयों का मुद्दा उठाया। इन्होंने लगातार इस बात पर ज़ोर दिया कि जिस ब्रितानी सरकार के आर्थिक फ़ायदे के लिए भारतवासी अपना देश छोड़कर विदेश गए हैं, उनके हक के लिए हमें लड़ना होगा और उसे संरक्षण प्रदान करना होगा। दक्षिण अफ़्रीका से लौटते समय महात्मा गांधी ने मणिलाल डॉक्टर को मॉरीशस और फ़िजी में रह रहे भारतीयों को संगठित करने के लिए भेजा। उन्होंने भारतीयों को यह सलाह दी कि अपने नए घर के संचालन और अर्थव्यवस्था में अपने वैधानिक हक के लिए क्षेत्रीय राजनीति में अपनी भागीदारी सुनिश्चित करें।

भारतीयों ने विश्व भर में फैले भारतीय डायस्पोरा का उपयोग भारत को स्वतंत्रता दिलाने के लिए भी किया। उन्हें इस बात से अवगत कराया गया कि मात्र स्वतंत्र भारत ही उनके हक के लिए लड़ाई लड़ सकता है। गांधीजी के नेतृत्व में अस्मिता की नीति के अंतर्गत भारतीयों को स्वतंत्रता संग्राम से जोड़ने का प्रयास किया गया। कांग्रेस का एक समूह (जिनमें मुख्य थे-सी.एफ. एंड्रूज, श्रीनिवास शास्त्री, हृदय नाथ कुंजरू, मदनमोहन मालवीय और गोपाल कृष्ण गोखले) अफ़्रीका और अन्य जगह रह रहे भारतीयों से हो रहे भेदभाव के मुद्दे को गंभीरता से ले रहा था। वह यह चाहता था कि गोरे लोगों के समान ही भारतीयों के साथ व्यवहार किया जाए। इनमें से कई श्रमिक भरती केंद्रों पर गए और श्रमिकों से उनकी समस्याओं के बारे में चर्चा की। कालांतर में दक्षिण अफ़्रीका में भारतीयों के साथ हो रहा भेद-भाव भारतीय राष्ट्रवादियों के लिए एक भावनात्मक मुद्दा बन गया, जिसकी जड़ें महात्मा गांधी द्वारा चलाए गए आंदोलन में मिलती हैं। भारत की विदेश नीति को आकार देनेवाले जवाहरलाल नेहरू 1930 तक कांग्रेस में इस मुद्दे पर अलग राय रखते थे। नेहरू इस बात से परिचित थे कि विदेशों में रह रहे भारतीय और वहाँ के क्षेत्रीय

लोगों के हितों में टकराव की स्थिति बन सकती है। 1927 में उन्होंने 'भारत की विदेश नीति' (A Foreign Policy of India) शीर्षक नीति पत्र तैयार किया, जिसमें उन्होंने पहली बार विदेशों में रह रहे भारतीयों के प्रति कांग्रेस की नीति को स्पष्ट किया। इसमें उन्होंने यह भी उद्धृत किया कि भारत अपने डायस्पोरा से किस प्रकार की भूमिका की अपेक्षा करता है और भारतीय डायस्पोरा को किस प्रकार की अपेक्षा भारत से करनी चाहिए। उन्होंने इस पत्र में यह प्रश्न किया कि आज विदेशों में रह रहे भारतीयों की क्या स्थिति है? उन्होंने यह तर्क दिया कि विदेशों में रह रहे भारतीय शोषक ब्रितानी सरकार के अनुबंधित श्रमिक मात्र हैं। पत्र में उन्होंने यह भी लिखा है कि जो भारतीय विदेश जाते हैं, उन्हें वहाँ के लोगों के साथ सौहार्दपूर्वक मिल-जुल कर रहना चाहिए। भारतीयों को दक्षिण अफ़्रीका के लोगों की मदद करनी चाहिए और अपने लिए किसी विशेष स्थान, स्तर और सहूलियतों की माँग नहीं करनी चाहिए।

नेहरू कांग्रेस की प्रगतिशील धारा का प्रतिनिधित्व करते थे। वह संरक्षणवादी धारा से पूर्णतः भिन्न थे, जिनकी माँग केवल विदेशों में रह रहे भारतीयों की स्थिति सुधारने की थी। नेहरू भारतीय डायस्पोरा और क्षेत्रीय लोगों के बीच आपसी तालमेल और सहकारिता में विश्वास रखते थे। नेहरू ने दक्षिण अफ़्रीका में रह रहे भारतीयों की विशेष मदद भी की, जो गांधी द्वारा किए गए काम को प्रतिबिंबित करती है। 1939 में नताल में भारतीय राष्ट्रीय कांग्रेस को दिए अपने संदेश में नेहरू ने कहा-'आज भारत कमज़ोर है और इसलिए वह विदेश में रह रहे भारतीयों के लिए अधिक कुछ नहीं कर पा रहा है, लेकिन इसका यह मतलब नहीं कि वह उन्हें भूल गया है। विदेशों में रह रहे भारतीयों की बेइज़्ज़ती भारत की बेइज़्ज़ती और दुःख है। एक दिन ऐसा ज़रूर आएगा, जब भारत ऐसे लोगों को संरक्षण और न्याय दे पाएगा।' नेहरू की नीतियों की यह द्वंद्वात्मकता और कांग्रेस में मौजूद दो धाराएँ (संरक्षणवादी और प्रगतिशील) हमें भारत की भारतीय डायस्पोरा के प्रति नीतियों में आ रहे बदलाव और निरंतरता को समझने में मदद करती हैं।

स्वतंत्रता के बाद का समय

भारत की स्वतंत्रता के तुरंत बाद भारत की सरकार इस स्थिति में नहीं थी कि वह विदेशों में रह रहे भारतीयों को न्याय दिलाने में मदद कर सके। वास्तव में विभिन्न देशों में रह रहे भारतीय मूल के लोगों की समस्याएँ इतनी भिन्न थीं कि हाल ही में स्वतंत्र हुआ भारत इस स्थिति में नहीं था कि इन समस्याओं का सामना कर सके और उन्हें सुलझा सके। इसके अतिरिक्त नेहरू की प्राथमिकता एफ़्रो-एशियाई समूह के देशों को एकजुट कर इस बात पर सहमत करना था कि वह शीतयुद्ध की

कटुता और संघर्ष से दूर रहे। इन कार्यों के बीच भारतीय मूल के लोगों का मुद्दा प्राथमिकता ग्रहण नहीं कर पाया।

इसके परिणामस्वरूप 1950 और 1960 के दशकों में भारत की विदेश नीति के अंतर्गत भारतीय डायस्पोरा से कोई विशेष संबंध बनाने का प्रयास नहीं किया गया। स्वतंत्र भारत यह चाहता था कि उसके देश का डायस्पोरा विदेशों में अच्छे नागरिक की तरह रहे। इस सलाह के अलावा भारत अपने डायस्पोरा को स्वतंत्रता के शुरुआती दिनों में कुछ ख़ास नहीं दे पाया। भारतीय डायस्पोरा के संदर्भ में नेहरू की नीतियों में कोई विशेष बदलाव नहीं आया। नेहरू का दृष्टिकोण भारत की संप्रभुता को बनाए रखने, सद्भावपूर्ण अंतरराष्ट्रीय संबंधों को बनाए रखने, दूसरे देशों के आतंरिक मामलों में दख़ल न देने और गुटनिरपेक्षता की अवधारणाओं और विचारों से प्रेरित रहा। नेहरू ने भारतीय डायस्पोरा के संदर्भ में सक्रिय असाहचर्य (active disassociation) की नीति अपनाई। 8 मार्च, 1948 की संविधान सभा में अपने विचार व्यक्त करते हुए नेहरू ने कहा–'ये भारतीय जो विदेशों में हैं, ये क्या हैं? क्या ये भारत के नागरिक हैं, क्या ये भारत के नागरिक होने वाले हैं या नहीं? अगर ये नागरिक नहीं होने वाले तो इनमें हमारी रुचि केवल सांस्कृतिक और मानवता के दृष्टिकोण से होगी, राजनीति के दृष्टिकोण से नहीं। या तो उन्हें दूसरे देशों में मताधिकार मिल जाए, या फिर मताधिकार से वंचित भारतीय होने के नाते उनके साथ विदेशी मनुष्यों जैसा अनुकूल व्यवहार किया जाए।'

भारतीय प्रवासियों को सलाह देते हुए उन्होंने कहा–'यदि आप लोग दूसरे देशों के नागरिकों के साथ दोस्ताना संबंध नहीं रख सकते हैं तो आपको भारत वापस आ जाना चाहिए और विदेश में भारत का नाम खराब नहीं करना चाहिए। 1950 में नेहरू ने यह स्पष्ट रूप से कह दिया कि अफ़्रीका के कई भागों में (पूर्व, पश्चिम, दक्षिण) काफ़ी संख्या में भारतीय प्रवास करते हैं, जो अधिकतर व्यापारी वर्ग के हैं। उनके लिए हमारा यह स्पष्ट निर्देश है कि उन्हें देशज लोगों के हितों को सर्वोपरि मानना होगा। हम उन देशों में रहने वाले नागरिकों के हितों की अनदेखी करके अपने हितों को नहीं साध सकते। उन्होंने अपने इस दृष्टिकोण को बार-बार दोहराया। उन्होंने विदेशों में रहने वाले भारतीयों के लिए कहा–'यदि वे उन देशों की नागरिकता को अपना लेते हैं, तो हमसे उनका कोई संबंध नहीं रह जाता। भावनात्मक रूप से भले ही हम उनसे जुड़े हों, परंतु राजनीतिक रूप से वह भारतीय नागरिक नहीं रह जाते।' नेहरू का यह स्पष्ट रूप से मानना था कि यदि भारत सरकार प्रत्यक्ष रूप से भारतीय मूल के लोगों को संरक्षण और सहायता प्रदान करती है तो यह भारतीयों के लिए हानिकारक साबित हो सकता है। परिस्थितिवश, वे व्यक्तिगत और गैर-सरकारी स्तर पर उनसे संबंध रखने के ख़िलाफ़ नहीं थे।

यह भी एक सत्य है कि अपने राजनीतिक जीवन के सबसे बड़े संकट के दौरान उन्होंने विदेशों में रहने वाले भारतीय लोगों की दोहरी वफ़ादारी की बात भी कही थी। भारत-चीन युद्ध के दौरान (1962) पूर्वी अफ़्रीका में रहने वाले भारतीयों से भारत की सुरक्षा को बढ़ाने के लिए योगदान की अपेक्षा की गई और ऐसे किसी भी योगदान का स्वागत किया गया। जब इस पर नेहरू से प्रश्न किया गया तो उन्होंने एक विदेशी पत्रकार को बताया–'विदेशों में रहने वाले भारतीयों की दोहरी वफ़ादारी है। एक, उस देश के लिए जहाँ वे बस गए हैं, और दूसरा, अपने देश के प्रति।' इसके विपरीत जब भारत ने यह पाया कि विदेशों में बसे भारतीय लोग चीन का माल बेच रहे हैं और भारतीय माल की अपेक्षा चीनी माल को बढ़ावा भी दे रहे हैं तो इसे भारत के साथ विश्वासघात समझा गया और इसकी तीखी आलोचना भी की गई। 1960 से 1966 के बीच भारत और भारतीय डायस्पोरा के बीच दूरियाँ और बढ़ीं, जब भारत को इस बात का विश्वास हो गया कि अफ़्रीका से भारत के राजनयिक संबंधों में भारतीय अवरोध की भाँति कार्य कर रहे हैं। 1962 के बाद भारत की राजनयिक नीति के तहत भारतीय मूल के लोगों द्वारा भेद-भाव झेलने जैसे मुद्दों को बहुत गंभीरता से नहीं लिया जाता था।

नेहरू ने अपनी नीति के तहत विदेशों में रह रहे भारतीयों को इस बात के लिए प्रोत्साहित किया कि वे एशिया और अफ़्रीका के लोगों के साथ तादात्म्य स्थापित करें। यह नीति सिर्फ़ नेहरू के विचारों पर ही आधारित नहीं थी। कीनिया में भारतीयों की संख्या यूरोपीय लोगों के मुकाबले अधिक थी लेकिन यूरोपीयन कीनिया को गोरों का देश बनाना चाहते थे। फलस्वरूप गोरों द्वारा अफ़्रीका में भारतीयों के खिलाफ अभियान चलाया गया, जिसके चलते 1944-49 के बीच कीनिया, युगांडा, और दक्षिण अफ़्रीका में दंगे भड़क गए। यदि अफ़्रीकियों द्वारा किए जा रहे संघर्ष को कमज़ोर करना था तो कीनिया में बसे गोरों द्वारा इस बात का हर संभव प्रयास किया जा सकता था कि दक्षिण अफ़्रीका के मॉडल को पूर्वी अफ़्रीका में भी लागू करें? यह आवश्यक हो गया था कि प्रवासी भारतीय गोरों के ख़िलाफ़ अफ़्रीकी लोगों के साथ हाथ मिला लें। इसके लिए उन्हें अपने दूरगामी लाभों की कुर्बानी ही क्यों न देनी पड़े। कैरेबियाई भारतीय इतनी दूर थे कि उनकी समस्याओं को जानते हुए भी भारत सरकार ने उसे नज़रंदाज़ कर दिया। सीलोन और बर्मा में रहने वाले भारतीयों की अपेक्षा कैरेबियाई भारतीयों के मुद्दों को लेकर भारत सरकार पर भारतीय नेताओं और लोगों का दबाव कम था। नेहरू काल में वैश्विक स्तर पर भारतीय डायस्पोरा का दमन और हाशियाकरण (marginaliazation) हुआ, क्योंकि भारतीय अल्पसंख्यक थे। भारत की सक्रिय असाहचर्य (active disassociation) की इस नीति को भारतीयों के प्रतिद्वंद्वियों ने

अपने आलोक में लिया और भारतीय डायस्पोरा को अपनी मातृभूमि के सहारे के बिना असहाय पाया।

नेहरू काल की इस नीति में 1960 के उत्तरार्ध में बदलाव आना शुरू हुआ; ख़ास तौर पर 1962 के भारत-चीन युद्ध के बाद, जब भारत अलग-थलग पड़ गया था। श्रीमती इंदिरा गांधी ने 1964 में जब अफ़्रीकी देशों का दौरा किया तो उन्होंने इस बात पर ज़ोर दिया कि भारतीय डायस्पोरा को उन देशों के समाजों में अपना योगदान देना चाहिए, जहाँ वे जाकर बस गए हैं। इसके साथ-साथ वह भारतीय लोगों और उनके नेताओं से मिलना नहीं भूलीं, चाहे उनकी संख्या कितनी भी कम क्यों न हो। उन्होंने प्रवासित भारतीय लोगों को "भारत के राजदूत" की संज्ञा भी दी। फ़िजी के दौरे के दौरान श्रीमती गांधी ने कहा-'विवाहित बेटियों के लिए मेरे हृदय में वैसी ही संवेदना है, जैसी कि एक माँ के हृदय में दूर ससुराल में बैठी अपनी बेटी के लिए होती है'। नेहरू की सक्रिय असाहचर्य (active disassociation) की नीति से श्रीमती गांधी का दृष्टिकोण थोड़ा भिन्न था। उन्होंने भारतीय डायस्पोरा को विदेशों में भारत की अच्छी साख़ बनाने के साधन के रूप में देखा। अनौपचारिक रूप से भारत के राजदूत का मान मिलने के कारण यह बात स्पष्ट हो गई कि भारत की विदेश नीति और अन्य नीतियों में भारतीय डायस्पोरा की जगह सुनिश्चित है। 1966 में जब श्रीमती गांधी भारत की प्रधानमंत्री बनीं, तो उनकी यह नीति अधिक मुखरित रूप से सामने आई। 1960 के उत्तरार्ध से यह बात साफ़ होने लगी कि विदेशों में रहने वाले भारतीयों को भारत की नीतियों से अलग करके नहीं देखा जा सकता। यह विचारधारा विकासशील देशों में भारत की आर्थिक कूटनीति के लिए भी उपयोगी दिखाई दे रही थी, क्योंकि इन विकासशील देशों में भारतीयों के पास पर्याप्त मात्रा में पूँजी और समर्थन था, जिसको वह भारत द्वारा उन देशों में निवेश किए गए उपक्रमों में लगा सकते थे।

डायस्पोरा समर्थक नीति का परीक्षण

1970 और 1980 के दशकों में भारतीय डायस्पोरा एक ऐसे सुप्रशिक्षित, कुशल और शिक्षित समूह के रूप में उभरा, जिसको अपने मेज़बान देश के साथ किसी प्रकार की समस्या नहीं थी। 1970 के दशक में तेल की कीमत में उछाल आया, जिसके फलस्वरूप भारत से अधिक संख्या में कम दरों और वेतन पर काम करने वाले श्रमिकों के रूप में भारतीय खाड़ी के देशों में गए। इन देशों में लंबे समय तक कार्य के बाद भी इनको वहाँ की नागरिकता का अधिकार नहीं मिला। यह लोग आप्रवासी भारतीय के रूप में वहाँ कार्यरत रहे। इसी कारणवश उनको लगभग अपनी सारी कमाई और बचत के पैसे अपने साथ मज़बूरीवश स्वदेश

लाने पड़े। इसका लाभ यह हुआ कि भारत में काफ़ी विदेशी मुद्रा का निवेश हुआ। भारत सरकार ने इसको एक अवसर के रूप में देखा और इस पर त्वरित और दृढ़तापूर्वक कार्रवाई की। सरकार ने इस प्रकार की विदेशी मुद्रा के लिए बेहतर बैंकिंग सुविधा उपलब्ध कराई। इसके अंतर्गत विदेशी मुद्रा जमा करने पर ब्याज दर अधिक मिलने लगी। पश्चिमी एशिया के देशों में प्रवासित भारतीयों के कल्याण के मुद्दे पर भी सरकार ने काम किया। सरकार ने एक ऐसी नीति को लागू किया, जिसके तहत हर उस एजेंट का पंजीकरण अनिवार्य हो गया, जो विदेशों में श्रमिकों को काम दिलाता हो। ऐसा इसलिए किया गया ताकि इन श्रमिकों का शोषण न किया जा सके। इन श्रमिकों, कामगारों और कार्यकर्ताओं के बढ़ते आर्थिक और राजनीतिक महत्त्व को देखते हुए भारतीय नीति निर्धारकों की रुचि इनमे बढ़ने लगी। भारतीय डायस्पोरा के इस वर्ग ने भारत के साथ अपने संबंधों और संपर्कों को लगातार बनाए रखा।

आप्रवासी भारतीयों की तुलना में भारतीय मूल (PIO) के लोगों के साथ अनुभव कुछ भिन्न रहा। भारतीय नीति निर्धारकों ने अमेरिका, यूरोप और पश्चिम एशिया के बाहर के क्षेत्रों में गए भारतीयों के संबंध में 'हाथ मत लगाओ' (hands-off) की नीति को जारी रखा। भारत अपनी कूटनीति-समर्थक नीति का परीक्षण भी करना चाह रहा था, जब 1967 में केन्याता ने कीनिया में अफ़्रीकीकरण की नीति की शुरुआत की। इस नीति ने पलटवार किया। 1977 में जनता पार्टी के सत्ता में आने पर कुछ नीतिगत बदलाव आए। उसने इस बात को दोहराया कि भारत की विदेश नीति इस बात का पूरा ध्यान रखेगी कि भारत के राजनयिक उद्देश्यों और विदेशों में रह रहे भारतीयों से संबंधित मुद्दों के बीच एक संतुलन बरकरार रहे।

वैश्वीकरण और 'अग्र-सक्रिय साहचर्य' (प्रो-एक्टिव एसोसिएशन) की नीति

1990 के प्रारंभ से भारत और भारतीय डायस्पोरा के संबंधों में नाटकीय बदलाव आया। 1990 में संरचनात्मक समायोजन कार्यक्रम (एस.ए.पी.) लागू किए जाने और वैश्विक सूचना क्रांति में भारतीयों के वर्चस्व की स्थिति ने इस परिवर्तन में बड़ी भूमिका निभाई। 80 के दशक में पश्चिमी विश्व में नए भारतीय संभ्रांत वर्ग (विशेष रूप से अमेरिका, कनाडा तथा ब्रिटेन में) के उदय ने भारत को 'नए डायस्पोरा' में रुचि लेने की ओर प्रेरित किया, जिससे निवेश और वित्तीय उत्प्रवाहों को आकर्षित किया जा सके। इससे भी अधिक महत्त्वपूर्ण तथ्य यह भी है कि 90 के दशक के प्रारंभ में भारतीय अर्थव्यवस्था की गिरती स्थिति ने विदेशी मुद्रा संकट को जन्म दिया। इसने सरकार को अपनी आर्थिक रणनीति में तेजी से बदलाव लाने की

आवश्यकता महसूस कराई। इस संकट ने समुद्रपार बसे भारतीयों, विशेष रूप से आप्रवासी भारतीयों के साथ संबंधों को सामने ला दिया, क्योंकि भारत सरकार ने देश में विदेशी मुद्रा के प्रवाह को पुनः बढ़ाने के लिए इस महत्त्वपूर्ण विकल्प पर विचार करना शुरू कर दिया था।

भारत ने विदेशों में रहने वाले भारतीयों के बारे में सक्रिय रुचि लेना प्रारंभ कर दिया। उत्तरी अमेरिका और यूरोप में रहने रहने आप्रवासी भारतीय समृद्ध डायस्पोरा के रूप देखे जाने लगे, जिन्हें विदेशों में स्थित भारतीय बैंकों में अपना धन जमा कर देश की सहायता करने के लिए प्रेरित किया जा सके। उद्योग-धंधे लगाने और विदेशी मुद्रा संकट से उबरने में धनाढ्य आप्रवासी भारतीयों की सहभागिता प्राप्त करने के सफल प्रयास हुए। इस प्रयास में 'रिसर्जेंट इंडिया बांड' एक आकर्षक वित्तीय साधन सिद्ध हुआ, जिसके माध्यम से 1998 में 4.2 बिलियन डॉलर एकत्रित किए जा सके। इन्हें दो बार प्रचलन में लाने के कारण ही भारत अंतरराष्ट्रीय मुद्रा कोष के वित्तीय साधन और इससे जुड़ी शर्तों के बगैर भी आर्थिक सुधारों को जारी रख पाया। यह डायस्पोरा शक्ति का स्पष्ट और प्रामाणिक प्रदर्शन था।

1990 के उत्तरार्ध में भारतीय अर्थव्यवस्था में उछाल को स्पष्टतया देखा जा सकता था, जिसने भारतीय अर्थव्यवस्था के प्रति भारतीय डायस्पोरा के अधिकांश लोगों में विश्वास को पुनर्स्थापित किया। परिणामस्वरूप, भारत ने अपने डायस्पोरा के महत्त्व को स्वीकार किया। भारत ने इन देशों में रहने वाले आप्रवासी भारतीयों से संवाद स्थापित करना प्रारंभ कर दिया। भारतीयों द्वारा विदेशों में अर्जित अंतरराष्ट्रीय प्रसिद्धि और रुतबे ने भी मातृभूमि की दृष्टि में डायस्पोरा की प्रतिष्ठा में अभिवृद्धि की। उनके उद्योगों, उद्यमिता, शिक्षा के स्तर, आर्थिक शक्ति और पेशेवर दक्षता की व्यापक स्वीकार्यता पूरे भारतवर्ष में हुई।

इन सभी गतिविधियों के कारण भारतीय डायस्पोरा के प्रति भारत सरकार की नीतियों में असाधारण बदलाव आया। भारतीय डायस्पोरा के प्रति सक्रिय अलगाव (एक्टिव डिसएसोसिएशन) की नीति अग्र-सक्रिय साहचर्य (प्रो-एक्टिव एसोसिएशन) नीति में बदल गई थी। नरसिम्हा राव सरकार की नई आर्थिक नीति के अंतर्गत आप्रवासी भारतीयों को भारतीय शेयर बाज़ार में निवेश करने, नए औद्योगिक उपक्रम स्थापित करने और भारतीय बैंकों में बचत को जमा करने के लिए प्रोत्साहनस्वरूप अनेक रियायतें दी गईं। इसे स्वीकार करना होगा कि नेहरू की परंपरा से अलगाव पर्याप्त तेजी से नहीं हुआ, क्योंकि लाभांशों के प्रत्यावर्तन में शासकीय 'लालफीताशाही' के कारण अनेक बाधाएँ अभी भी शेष हैं। फिर भी यह स्पष्ट रहना चाहिए कि भारत की दिलचस्पी उस डायस्पोरा के प्रति है, जो स्वतंत्रता के पश्चात अधिकांशतया विकसित देशों के लिए प्रवासित हुआ। इस

कारण, आप्रवासी भारतीय (एन.आर.आई) औपनिवेशिक काल के अनुबंधित श्रमिक, व्यापारिक और स्वतंत्र प्रवासियों के रूप में गए देशवासियों की बजाय मात्र अपनी आर्थिक स्थिति को सुदृढ़ करने गए 'नए डायस्पोरा' का पर्यायवाची बन गया। पूर्व प्रवासित समूह अपनी आर्थिक प्राथमिकताओं के प्रति ज़्यादा स्थिरचित्त नहीं था। पुराने डायस्पोरा के प्रति दृष्टिकोण मुख्यतया सांस्कृतिक, पैबंदनुमा और कृपा के रूप में था, जबकि भारत का नया सरोकार अधिकांशतः आर्थिक और राजनीतिक था।

अंतरराष्ट्रीय और घरेलू स्थितियों में परिवर्तन के फलस्वरूप भारत ने डायस्पोरा के साथ अपने संबंध को तात्कालिक रूप से गंभीर बनाने का निर्णय किया। 1998 में भारतीय जनता पार्टी के सत्ता में आने के बाद सरकार ने डायस्पोरा को राजकीय और सिविल सोसाइटी दोनों स्तर पर सांस्कृतिक समर्थन देने की नीति अपनाई, जिसे नीतिगत स्तर पर आमूल परिवर्तनकारी (यू-टर्न) कहा जा सकता है।

सिंघवी समिति की संस्तुतियाँ और उनका क्रियान्वयन

तत्कालीन प्रधानमंत्री अटल बिहारी वाजपेयी ने सांसद लक्ष्मीमल्ल सिंघवी के नेतृत्व में भारतीय डायस्पोरा के संबंध में भारत सरकार को नीतिगत सुझावों और संस्तुतियाँ देने के लिए एक समिति का गठन किया। सिंघवी समिति द्वारा अपने प्रतिवेदन में प्रवासी भारतीयों को जोड़ने के लिए संस्तुतियाँ की गईं, जिनमें सम्मिलित हैं : (i) पी.आई.ओ. कार्ड स्कीम में सुधार; (ii) प्रत्येक वर्ष 9 जनवरी को प्रवासी भारतीय दिवस मनाया जाना (इस दिन महात्मा गांधी दक्षिण अफ़्रीका से भारत लौटे थे); और (iii) प्रवासी भारतीय सम्मान (महत्त्वपूर्ण पी.आई.ओ. और एन.आर.आई. लोगों के लिए) का प्रारंभ किया जाना। इन सामान्य संस्तुतियों के अलावा हवाई अड्डों पर पी.आई.ओ. काउंटर की स्थापना, एन.आर.आई./ पी.आई.ओ. से विवाहित महिलाओं के कल्याण तथा विदेशों में भारतीय श्रमिकों की समस्याओं आदि अन्य मुद्दों को भी सम्मिलित किया गया था। इसके अतिरिक्त इसमें संस्कृति, आर्थिक विकास, पर्यटन, शिक्षा, स्वास्थ्य तथा मीडिया शीर्षक के अंतर्गत विषयवार संस्तुतियाँ की गई थीं। सिंघवी समिति की संस्तुतियों में अन्य विविध अतिरिक्त लाभ (स्पिन ऑफ़) भी थे।

प्रवासी भारतीय दिवस

प्रवासी भारतीय दिवस, 'अनिवासी/डायस्पोरा भारतीय दिवस' का आरंभ 2003 में हुआ। यह सिंघवी समिति की सिफारिशों को कार्यान्वित किए जाने की दिशा में पहला कदम था। प्रधानमंत्री श्री मनमोहन सिंह द्वारा तीसरे प्रवासी भारतीय दिवस

(2005) के अवसर पर दिया गया भाषण महत्त्वपूर्ण था–"यदि आज कोई साम्राज्य है, जहाँ वास्तव में सूर्य अस्त नहीं होता है, तो वह हमारे मन का साम्राज्य, भारत माता के बच्चों का साम्राज्य है, जो आज एशिया, अफ़्रीका, ऑस्ट्रेलिया, यूरोप, अमेरिका और वास्तव में अंटार्कटिक के बर्फीले बियावान में रहते हैं। आज के हमारे सम्मानित मुख्य अतिथि महामहिम जूल्स रतनकुमार अजोधिया, सुदूर सूरीनाम के उपराष्ट्रपति हैं, जो तक़रीबन गोलार्द्ध भर की दूरी पर स्थित है? फिर भी एक भावना है, जो हम सबको एक सूत्र में बाँधती है, वह है 'भारतीयता' की भावना।"

प्रवासी भारतीय दिवस का जनवरी में मनाए जाने का प्रतीकात्मक महत्त्व भी है। 9 जनवरी, 1915 को गांधीजी, जिन्हें अधिकतर पहला प्रवासी भारतीय कहा जाता है, दो दशकों बाद दक्षिण अफ़्रीका से वापस लौटे थे, जहाँ उन्होंने भारतीय लोगों की स्वतंत्रता के संघर्ष का नेतृत्व किया था। 9 जनवरी को विदेशों में बसे भारतीयों के प्रतिनिधि (भारतीय मूल के लोग और अनिवासी भारतीय लोग) एक साथ एकत्रित होते हैं। इस अवसर पर भारत सरकार नई नीतिगत घोषणाओं के साथ-साथ उच्च स्तर के लोगों को भारत सम्मान से विभूषित करती है। यह विश्व के अन्य भागों में आयोजित विविध प्रवासी भारतीय दिवस सम्मेलनों को संपुष्ट भी करती है।

प्रवासी भारतीय सम्मान पुरस्कार (पी.बी.एस.ए.)

यह प्रवासी भारतीयों को दिया जाने वाला सर्वोच्च सम्मान है। यह सम्मान वर्ष 2003 से प्रतिवर्ष आयोजित प्रवासी भारतीय दिवस अधिवेशन के साथ ही भारत के राष्ट्रपति द्वारा दिया जाता है। यह पुरस्कार आप्रवासी भारतीय (एन.आर.आई.) अथवा भारतीय मूल के लोगों द्वारा उनके कार्यक्षेत्र में उत्कृष्टता प्रदर्शित करने या ऐसा कोई संगठन/संस्थान गठित किए जाने और चलाए जाने पर प्रदान किया जाता है, जिससे उनके आवासीय देश में भारत की प्रतिष्ठा में वृद्धि हुई हो।

पी.आई.ओ. कार्ड

सिंघवी समिति की अंतरिम रिपोर्ट के आधार पर भारत सरकार ने पीपुल ऑफ़ इंडियन ऑरिजिन (पीआईओ) कार्ड व्यवस्था की घोषणा की, जिसके अनुसार भारतीय मूल के लोगों को विदेशी व्यक्तियों की तुलना में अत्यधिक सुविधा उपलब्ध कराई गई। इसके अनुसार 1000 यू. एस. डॉलर के भुगतान पर उन्हें बीस वर्षों के मल्टीपल एंट्री वीज़ा की सुविधा उपलब्ध कराई गई। केवल कृषि भूमि ख़रीदने के अधिकार को छोड़कर पीआईओ कार्डधारकों को भारतीय नागरिक की ही भाँति लगभग सभी वाणिज्यिक अधिकार उपलब्ध हैं। यह भारत में वीज़ा-मुक्त

प्रवेश सुविधा उपलब्ध कराता है। इन कार्डधारकों को केवल वोट डालने के अधिकार को छोड़कर आप्रवासी भारतीयों की भाँति अधिकांश अधिकार उपलब्ध हैं। डायस्पोरा, विशेष रूप से उत्तरी अमेरिका और विकसित देशों में रहने वाले लोगों की 'दोहरी नागरिकता' संबंधी लंबे और निरंतर माँग के प्रत्युत्तर में भारत सरकार ने 'ओवरसीज़ सिटीज़न ऑफ़ इंडिया' स्कीम प्रारंभ की। जनवरी 2006 के हैदराबाद प्रवासी भारतीय दिवस के अवसर पर प्रधानमंत्री मनमोहन सिंह द्वारा प्रथम ओवरसीज़ सिटीज़न ऑफ़ इंडिया (ओ.सी.आई.) कार्ड जारी किया गया। यह दोहरी नागरिकता कार्ड के नाम से भी संबोधित किया जाता है। पाकिस्तान और बंगलादेश को छोड़कर दोहरी नागरिकता वाले सभी देशों के नागरिकों को यह उपलब्ध है।

2004 के पश्चात डायस्पोरा संबंधी नीति

भाजपा के बाद कांग्रेस के नेतृत्व में गठित सरकार ने डायस्पोरा के स... संबंधों को मज़बूत करने की प्रक्रिया को आगे बढ़ाया। एक स्वतंत्र मंत्री के अधीन पूर्णका... क प्रवासी भारतीय कार्य मंत्रालय का गठन किया। नए प्रवासी भारतीय कार्य मंत्राल... ने अनेक कदम उठाए। उदाहरण के लिए भारतीय मिशनों में कल्याण अधिकारी की नियुक्ति; 24-घंटे हेल्पलाइन की स्थापना, खाड़ी के भारतीय मिशनों में वि... सलाहकार की व्यवस्था; महिलाओं के लिए टोल फ़्री टेलीफ़ोन की व्यवस्था आदि। प्रवासी भारतीय कार्य मंत्रालय ने भारतीय श्रमिकों के हितों की रक्षा के लिए खाड़ी के अनेक देशों से समझौता ज्ञापन (एम.ओ.यू.) और सहमति पत्र पर हस्ताक्षर किए हैं।

ओवरसीज़ इंडियन फ़ैसिलिटेशन सेंटर

भारत सरकार द्वारा ओवरसीज़ इंडियन फ़ैसिलिटेशन सेंटर (ओ.आई.एफ.सी.) प्रारंभ किया गया। विदेशी भारतीयों को निवेश में सहायता करने के लिए यह एकल खिड़की व्यवस्था है। यह 'डायस्पोरा नॉलेज नेटवर्क' (डी.के.एन.) भी स्थापित करना चाहती है, जो 'ज्ञान डायस्पोरा' की भाँति काम करे तथा इसके ज्ञान-संसाधन को सूचना और संचार प्रौद्योगिकी प्लेटफ़ार्म द्वारा प्रयोग में लाया जा सके। डायस्पोरा नॉलेज नेटवर्क के मुख्य उद्‌देश्य हैं : बुद्धि न्यास (ब्रेन ट्रस्ट) या बुद्धि चक्रण (ब्रेन सर्कुलेशन) पर आधारित एक सतत विकास संस्थान का गठन, जिसकी सहायता से भारत के विभिन्न क्षेत्रों में नवोन्मेषी परियोजनाओं को आकार दिया जा सके और पारदेशीय भारतीय समुदाय की भागीदारी से बाज़ार आधारित उपायों के लिए योग्य सहयोगियों को खोजा जा सके।

'भारत को जानो' कार्यक्रम

नो इंडिया प्रोग्राम (के.आई.पी.) प्रवासी भारतीय कार्य मंत्रालय का एक कार्यक्रम है, जिसका उद्देश्य भारतीय डायस्पोरा की युवा पीढ़ी को भारत से निकट तौर पर जोड़ना है। यह भारतीय मूल के छात्रों और युवा विशेषज्ञों को एक विशेष प्रकार का मंच उपलब्ध कराता है, जिससे वे अपने दृष्टिकोण, आकांक्षाओं और अनुभवों को आपस में बाँट सकें और समकालीन भारत से नज़दीकी संबंध स्थापित कर सकें। प्रवासी भारतीय कार्य मंत्रालय द्वारा आयोजित यह तीन सप्ताह का पूर्णकालिक और समग्र अभिविन्यास कार्यक्रम है। इसे राज्य सरकारों के सहयोग तथा नेहरू युवा केंद्र और कंफ़ेडरेशन ऑफ़ इंडियन इंडस्ट्रीज़ (सी.आई.आई.) द्वारा संचालन एवं प्रचालनात्मक समर्थन (लोजिस्टिक सपोर्ट) से कार्यान्वित किया जा रहा है।

डायस्पोरा बच्चों के लिए छात्रवृत्ति कार्यक्रम

डायस्पोरा बच्चों के लिए छात्रवृत्ति कार्यक्रम (एस.पी.डी.सी.) को अकादमिक वर्ष 2006-07 में प्रारंभ किया गया है। जिसका उद्देश्य भारतीय उच्च शिक्षा को विदेशों में बसे भारतीय लोगों के बच्चों के लिए सुगम बनाना और भारत को उच्च शिक्षा के केंद्रों के रूप में प्रचारित करना है। इस कार्यक्रम के तहत 100 भारतीय मूल (पीआईओ)/आप्रवासी भारतीय (एन.आर.आई.) के छात्रों को इंजीनियरिंग, प्रौद्योगिकी, मानविकी, कला, वाणिज्य, प्रबंधन, पत्रकारिता, होटल प्रबंधन, कृषि, पशुपालन और अन्य स्नातक पाठ्यक्रमों के लिए $ 3,600 की वार्षिक छात्रवृत्ति प्रदान की जाती है।

लैंगिक मुद्दे

इस मंत्रालय ने अन्य देशों में विभिन्न स्थितियों में कार्य के लिए जाने वाली भारतीय महिलाओं के कल्याण और सुख-सुविधाओं के लिए अनेक कदम उठाए हैं। आप्रवासी (एन.आर.आई.) पतियों द्वारा धोखाग्रस्त/परित्यक्त भारतीय महिलाओं के सूचित प्रकरणों पर विशेष ध्यान दिया जाता है। मंत्रालय ने इस प्रकार की महिलाओं के लिए वैधानिक और वित्तीय सहायता उपलब्ध कराने के लिए योजना का आरंभ किया है। इसके द्वारा विभिन्न अंतर-मंत्रालय बैठकों, संगोष्ठियों और जागरूकता अभियान आयोजित किए गए हैं। इन महिलाओं की समस्याओं के निराकरण में सहायता के लिए विदेशी भारतीय महिला संगठनों को जोड़ने का प्रयास किया जा रहा है।

मूल की खोज (ट्रेसिंग द रूट्स) आदि

मंत्रालय ने अक्टूबर 2008 में 'ट्रेसिंग द रूट्स' कार्यक्रम की शुरुआत की। इस कार्यक्रम के अंतर्गत मंत्रालय भारतीय मूल के लोगों को भारत में उनके पूर्वजों के मूल को खोजने की सुविधा उपलब्ध कराता है। इस उद्देश्य के लिए 'इंडी रूट्स' नामक संस्था से समझौता पत्र पर हस्ताक्षर किए गए हैं। भारतीय मूल के जो लोग भारत में अपने पूर्वजों की खोज करने के इच्छुक हैं, इस कार्यक्रम की मदद लेते हैं।

इसके अतिरिक्त अपनाए गए अन्य नीतिगत उपाय : आप्रवासी भारतीय लोगों द्वारा भारत में विविध जनकल्याणकारी कार्यक्रमों/योजनाओं को सूत्रबद्ध करने के लिए *इंडिया डेवलपमेंट फ़ाउंडेशन की स्थापना, एन.आर.आई./पी.आई.ओ. विश्वविद्यालय की स्थापना,* भारतीय डायस्पोरा की युवा पीढ़ी को भारत से नज़दीकी संबंध बनाने के उद्देश्य से *'इंटर्नशिप प्रोग्राम फ़ॉर डायस्पोरा यूथ'* आदि निर्मित किए गए हैं। साथ ही साथ, मंत्रालय महत्त्वपूर्ण अखिल भारतीय युवा संगठनों जैसे नेहरू युवा केंद्र संगठन (एन.वाई.के.एस.) के संसाधनों का लाभ लेना चाहती है, जिससे डायस्पोरा युवाओं को भारत की विकासात्मक गतिविधियों और उनकी उत्पत्ति के मूल देश की सांस्कृतिक, भावनात्मक और विशेषज्ञता के क्षेत्रों से अर्थपूर्ण तरीके से जोड़कर संबंधों को और मज़बूती प्रदान की जा सके।

निष्कर्ष

भारत सरकार द्वारा डायस्पोरा के साथ संबंधों का विकास करना वैश्विक प्रचलन के अनुरूप ही है। प्रवासियों के प्रति वैश्विक दृष्टिकोण में हाल के वर्षों में मूलभूत परिवर्तन आया है। प्रवासियों को अब मात्र आर्थिक शरणार्थियों के रूप में नहीं देखा जा रहा है। आज विदेश में बसे भारतीय इन देशों, विशेषकर विकसित देशों में, अनेक उल्लेखनीय सफलताएँ और उपलब्धियाँ अर्जित कर चुके हैं। इस कारण से आज वे देश के लिए महत्त्वपूर्ण संसाधन बन गए हैं। यद्यपि 25 मिलियन भारतीय मूल के लोग भारत की कुल जनसंख्या के मात्र 2 प्रतिशत ही हैं, फिर भी उनका अनुमानित सामूहिक संसाधन व्यापक है। डायस्पोरा ने इन वर्षों में अधिक महत्त्व अर्जित किया है। ज़्यादा समृद्ध आप्रवासी भारतीय समुदायों ने उल्लेखनीय राजनीतिक प्रभाव निर्मित किया है और इस कारण वे स्वदेश के लिए अधिक महत्त्वपूर्ण संसाधन के रूप में उभर रहे हैं।

एक विकासशील और उभरते भारत के लिए विश्व में स्थान निर्मित करने के लिए डायस्पोरा जुड़ाव तथा संबंध निर्मित करना आवश्यक है। बसंत मोहाहिर ने यूरोप के प्रवासी भारतीय दिवस के अवसर पर 'भारत के वैश्विक शक्ति के रूप में रूपांतरण में भारतीय डायस्पोरा की भूमिका' को चिह्नित किया। भारत की डायस्पोरा

नीति के लिए यह आवश्यक है कि वह भारतीय डायस्पोरा को रणनीतिक संसाधन के रूप में समझे। इसके लिए आवश्यक है कि भारत के वैश्विक डायस्पोरा के प्रति इस प्रकार की नीतियाँ और उपकरण तैयार किए जाएँ, जो वैश्विक सद्भावना और प्रत्यक्षता को बढ़ावा दें। भारतीय डायस्पोरा नीति का मूल्यांकन यह प्रदर्शित करता है कि भारतीय डायस्पोरा नीति ने प्रमाण और प्रचुरता में उच्च स्तर प्राप्त कर लिया है, लेकिन यह एकतरफ़ा, तात्कालिक और अदूरदर्शी है। उत्तरी अमेरिका के डॉलर समृद्ध डायस्पोरा के प्रति समर्पित संकुचित दृष्टिकोण को पर्याप्त रूप से व्यापक नहीं कहा जा सकता। भारतीय डायस्पोरा के प्रति वैश्विक स्तर पर केंद्रित दृष्टिकोण भारत को रणनीतिक संसाधन तथा सुअवसर उपलब्ध कराएगा, जिससे भारत आने वाले समय में वैश्विक भूमिका का निर्वाह कर सके। पश्चिमी एशिया के बंधक भारतीय डायस्पोरा और आसियान (ASEAN) देशों के भारतीय श्रमिकों के विषय में भारतीय नीति मात्र सतही तौर पर समर्थन प्रदान करती है। इन समुदायों की वास्तविक समस्याओं और इन क्षेत्रों की संभावनाओं के बारे में भारतीय नीतिगत समर्थन नहीं के बराबर है। गैर-एंग्लोफ़ोन क्षेत्रों जैसे कि फ्रैंकोफ़ोन और लुसोफ़ोन क्षेत्र में रहने वाले भारतीय डायस्पोरा के बारे में नीतिगत स्थिति अस्पष्ट है, क्योंकि इन क्षेत्रों के डायस्पोरा की पहचान और संस्कृति फ़्रांस के समांगीकरण नीति के कारण लगभग लुप्त हो चुकी है। इन समुदायों की प्रबल इच्छा है कि भारत से उनके जुड़ाव और भारतीय पहचान को पुनर्जीवित किया जाए। मलावी जैसे देशों में अनुबंधित भारतीय श्रमिक प्रवासित हुए, लेकिन आज भी ये राज्यविहीन हैं और ये भारत से समर्थन और सम्मान प्राप्त करने की अपेक्षा के साथ-साथ विदेशों में बसे अन्य भारतीयों की तरफ आशा की दृष्टि से देखते हैं। ये सिंघवी समिति के भारी-भरकम सरकारी रिपोर्ट में भी स्थान प्राप्त करने में विफल रहे हैं। भारतीय नीति में इनके प्रति दृष्टिकोण को व्यापकता प्रदान करने के लिए नई रणनीति और शुरुआतों को अमल में लाया जाना आवश्यक है, जिससे पुराने भारतीय डायस्पोरा के अधिकांश हिस्से को इसमें सम्मिलित किया जा सकता है। स्पष्ट है कि अंतरराष्ट्रीय संबंधों के प्रमुख निर्धारक तत्त्व के रूप में डायस्पोरा की तुलनात्मक समझ और स्वभूमि एवं मेज़बान देशों में संसाधन के रूप में स्वीकार करना भारत की नई डायस्पोरा नीति को एक बेहतर अंतरदृष्टि देगा।

नेहरू की भारतीय विदेश नीति से भारतीय डायस्पोरा के सक्रिय अलगाव की नीति के विपरीत, भारतीय जनता पार्टी ने विदेश नीति के उद्देश्यों में भारतीय डायस्पोरा को अग्र-सक्रियता के साथ सम्मिलित किया। आप्रवासी भारतीयों (एन.आर.आई.) पर दृष्टि केंद्रित की गई, क्योंकि उन्हें पहले की तुलना में अधिक रियायतों के साथ भारत में अधिक निवेश करने को प्रेरित किया जा रहा था। भारत

की प्रकट साहचर्य की नीति नई दिल्ली में अंतरराष्ट्रीय सहयोग परिषद, भारत द्वारा पहली बार भारतीय मूल के सांसदों का सम्मेलन कराने में सहायक हुई। यह बदलाव 1999 में स्पष्टतः दिखाई पड़ा, जब भारतीय जनता पार्टी के चेन्नई घोषणा-पत्र में यह उल्लेख किया गया–'हम यह मानते हैं कि आप्रवासी भारतीयों और भारतीय मूल के लोगों का विशाल समुदाय भी व्यापक भारतीय परिवार का हिस्सा है। हम मातृभूमि से उनके सामाजिक, सांस्कृतिक, आर्थिक और भावनात्मक जुड़ाव को निरंतर मजबूत करने का प्रयास करेंगे। वे लोग बौद्धिक, प्रबंधकीय तथा उद्यमशीलता के समृद्ध कोष हैं। भारत के सर्वांगीण विकास के लिए इन संसाधनों के निवेश को सुविधाजनक बनाने के लिए सरकार को नवीन कार्यक्रमों को अमल में लाने के लिए यत्न करना चाहिए'।

भाजपा के नेतृत्व में गठित सरकार द्वारा डायस्पोरा को जोड़ने की दिशा में उठाए गए नए कदमों ने भारत की डायस्पोरा नीति को उच्च गति प्रदान की। ग्लोबल ऑर्गनाइज़ेशन ऑफ़ पीपुल ऑफ़ इंडियन ऑरिजिन (GOPIO) के जनवरी, 2001 में नई दिल्ली में आयोजित छठे अधिवेशन के भाषण में भारत के प्रधानमंत्री ने सरकार की योजनाओं के बारे में खुलकर बयान दिया–'हम केवल निवेश और संपत्ति का स्थानांतरण नहीं चाहते हैं। हम व्यापक संबंध चाहते हैं। वास्तव में, भारत माता की सभी संतानों के बीच एक सहभागिता/साझेदारी होना आवश्यक है, जिससे हमारा देश एक महत्त्वपूर्ण विश्व शक्ति के रूप में उभर सके।' तत्कालीन प्रधानमंत्री अटल बिहारी वाजपेयी ने यह भी जोड़ा कि उनकी सरकार विदेशी भारतीय समुदायों द्वारा अपनी सांस्कृतिक पहचान बनाए रखने तथा अपने मूल देश के प्रति उनके भावनात्मक, सांस्कृतिक और आध्यात्मिक जुड़ाव को सशक्त करने में सहायता करेगी, लेकिन साथ ही सरकार सदैव इस बात को भी बढ़ावा देगी कि भारतीय मूल के लोग 'अपनी राजनीतिक निष्ठा अपने द्वारा अपनाए गए देशों के प्रति' बनाए रखें। गोपियो अधिवेशन में विभिन्न देशों के लगभग 200 प्रतिनिधियों ने भाग लिया था।

टिप्पणी

1. सी. भट्ट, इंडिया एंड द इंडियन डायस्पोरा–ए पॉलिसी इस्यू, यूनिवर्सिटी ऑफ़ हैदराबाद, डिपार्टमेंट ऑफ़ सोशियोलॉजी, 1998.
2. देखें जे. मंगत, ए हिस्ट्री ऑफ़ एशिया इन ईस्ट अफ़्रीका, ऑक्सफोर्ड यूनिर्वसिटी प्रेस 1969, एच. टिंकर ए न्यू सिस्टम ऑफ़ स्लेवरी लंदन : ओ.यू.पी. 1979; के. साधु, इंडियंस इन मलाया : सम एस्पेक्ट्स ऑफ़ इमिग्रेशन एंड सेटलमेंट 1786–1957, ऑक्सफोर्ड : ओ.यू.पी 1969; वाई एंड डी. घई, द एशियन माइनारीटिज ऑफ़ ईस्ट एंड सेंट्रल अफ़्रीका, लंदन : माइनारिटी राइटर्स ग्रुप, 1971.

3. टिंकर, 'आडमैन आउट : द लोनलीनेस ऑफ़ द इंडियन कॉलोनियल पॉलिटिशियन, द कैरीयर ऑफ़ मनीलाल डॉक्टर', जनरल ऑफ़ इंपीरियल एंड कॉमनवेल्थ हिस्ट्री, वॉल्यूम 2, नंबर 2, 1974.
4. जे. नेहरू, 'ए फॉरेन पॉलिसी ऑफ़ इंडिया', 19 सेप्टेंबर 1927, इन सलेक्टेड वर्क्स ऑफ़ जवाहरलाल नेहरू, संपा. एस. गोपाल, नई दिल्ली : ओरिएंट लॉगमैन वॉल्यूम 3.
5. ibid, pp. 353–68.
6. नेहरू, 1939, सेलेक्टेड वर्क्स ऑफ़ जवाहरलाल नेहरू, नई दिल्ली : ओरिएंट लॉगमैन, 1976, p.618; संदर्भित इन गवर्नमेंट पी.आई.बी. रिलीज, के. राना द्वारा लिखित, 'ओवरसियर इंडियंस', (प्रेस इंफारमेशन ब्यूरो) 13 जनवरी 2003, http://pib?nic?in <http"//pib.nic.in>, प्रथम प्रवासी दिवस, जनवरी 2003 के संबंध में राना द्वारा लिखित।
7. सी. हेमसथ एंड एल. मानसिंह, ए डिप्लोमैटिक हिस्ट्री ऑफ़ मॉडर्न इंडिया, बॉम्बे : अलाइड पब्लिशर्स, 1971, p. 302.
8. देखें ए. दुबे, 'नेहरू एंड अफ़्रीका इन एफ्रो-एशियन सॉलिडरिटी' इंड-अफ़्रीकाना, वॉल्यूम नंबर 2, 1989.
9. नेहरू, 'इंडिया कीप्स आउट ऑफ़ पावर ब्लॉक', 8 मार्च 1948, इन इंडीपेंडेंस एंड ऑफ्टर : ए कलेक्शन ऑफ़ स्पीचेज 1946–1949, न्यूयार्क : द जान डे कंपनी, 1950, पी पी 221–222.
10. ibid, पृष्ठ 222.
11. एच. छाबरा, इंडिया एंड अफ़्रीका, सागा ऑफ़ फ्रेंडशिप, नई दिल्ली : गवर्नमेंट ऑफ़ इंडिया, 1986, पृष्ठ 15.
12. नेहरू, 2 सेप्टेंबर 1957, रिप्लाई टू डिबेट ऑन फ़ॉरेन पॉलिसी इन लोक सभा, इन इंडियाज फॉरेन पॉलिसी: सिलेक्टेड स्पीच, सेप्टेंबर 1946–अप्रैल 1961, नई दिल्ली : गवर्नमेंट ऑफ़ इंडिया, 1961 पृष्ठ 130.
13. सी.ए. गुप्ता, 'इंडिया एंड एशियंस इन ईस्ट अफ़्रीका' इन एम. ट्वाडले (संपा.) एक्स्पल्सन्स ऑफ़ माइनारिटी : ऐसे ऑन यूगांडन एशियंस, लंडन : एथलोन प्रेस, 1975, पृष्ठ 134.
14. संदर्भित इन आर. ठाकुर, 'इंडिया एंड ओवरसीज़ इंडियंस', एशियन सर्वे, वॉल्यूम 25, नंबर 3, 1985, पृष्ठ 365.
15. ए. रहमान, इंडियन लेबर माइग्रेशन टू द गल्फ, नई दिल्ली : रजत, 2001.
16. दूबे, 'चेंजिंग साइलेंस ऑफ़ द रिलेशनशिप बिटवीन द इंडियन डायस्पोरा एंड इंडिया, डायस्पोरा स्टडीज, वॉल्यूम नंबर 2, 2008.
17. सी. भट्ट, 'इंडिया एंड द इंडियन डायस्पोरा–ए पॉलिसी इस्यू', हैदराबाद : डिर्पाटमेंट ऑफ़ सोशियोलॉजी, यूनिवर्सिटी ऑफ़ हैदराबाद, 1998.

18. ए. गंगोपाध्याय, 'इंडियाज पॉलिसी टूवर्ड्र्स इट्स डायस्पोरा : कंटिन्यूटी एंड चेंज', इंडिया क्वाटरली, वॉल्यूम 61, नंबर 4, 2005.

19. ibid.

20. बी. पारेख, 'द इंडियन डायस्पोरा', इन जे. मोटवानी एंड एम. कोसिन (संपा.) द ग्लोबल इंडियन डायस्पोरा : यस्टरडे, टूडे एंड टूमारो, न्यूयार्क : ग्लोबल ऑर्गनाइज़ेशन ऑफ़ पीपुल ऑफ़ इंडियन अ.रिजिन, 1993, पृष्ठ 8–9.

21. दूबे, 'कम्पैरेटिव अंडरस्टैंडिंग नीड्स टू बी एराइव्ड एट', फॉरेन अफेयर्स जनरल, वॉल्यूम 3, नंबर 2, 2008.

22. बीजेपी, 'चेन्नई डिक्लेयरेशन', 1999, साइटेड इन एम. चीतकारा, राष्ट्रीय स्वंयसेवक संघ, नेशनल अपसर्ज, नई दिल्ली : ए पी एच पब्लिशिंग कारपोरेशन, 2004, पृष्ठ 410.

23. ए.बी. वाजपेयी, 'प्राइम मिनिस्टर वाजपेयीज स्पीच एट द इनाग्रेशन ऑफ़ द इंटरनेशनल कनवेंशन ऑफ़ द ग्लोबल ऑर्गनाइज़ेशन ऑफ़ द पीपुल ऑफ़ इंडियन ऑरिजिन', जनवरी 2001, <http://meaindia.nic.in>.

24. Ibid.

25. गवर्नमेंट ऑफ़ इंडिया, रिपोर्ट ऑफ़ द हाई लेवल [सिंघवी] कमेटी, नई दिल्ली : मिनिस्ट्री ऑफ़ एक्सटर्नल अफेयर्स, 2001, <http ://222.indiandiaspora.nic.in>.

26. मनमोहन सिंह, 'प्रधानमंत्री का उद्घाटन भाषण, प्रवासी भारतीय दिवस', 7 जनवरी 2005, <http ://pmindia.nic.in>.

27. वी. लाल, 'इंडिया इन द वर्ल्ड : हिंदुइज़्म, द डायस्पोरा,एंड द एनेक्जाइटी ऑफ़ इनफ्लुएंस', ऑस्ट्रेलियन रिलीजिअस स्ट्डीज रिव्यू, वॉल्यूम 16, नंबर 2, 2003.

28. जे. शर्मा, 'प्वायज्ड टू प्ले एन इम्पार्टेंट रोल', फ़ॉरेन अफेयर्स जर्नल, वॉल्यूम 3, नंबर 2, 2008.

29. वी. मोहाहिर, 'इंडिया राइजिंग : द रोल ऑफ़ इंडियन डायस्पोरा इन एक्सिलरेटिंग इंडियाज ट्रांजिशन एज ए ग्लोबल पॉवर', प्रवासी भारतीय दिवस–यूरोप, 19 सेप्टेंबर 2009, http ://indiawijzer?nl <http://indiawijzer.nl>.

7

प्रवासी द्वीपों और देशों में भारतीय डायस्पोरा, भारतीयेतर समुदायों और आप्रवासी भारतीयों के अंतर-संबंध

राजीव रंजन राय

मानव समुदायों में प्रवासन निरंतर जारी रहने वाली प्रक्रिया है। समुदायों में प्रवासन से जुड़े निहितार्थ समुदाय की परिधि, प्रवासन के कारणों, मेज़बान समुदायों और प्रवासन के पैमाने इत्यादि पर निर्भर होते हैं। मानव समुदायों के प्रवासन से जुड़े दो कारक महत्त्वपूर्ण हैं–प्रथमतः प्रवासन लोगों का मात्र भौतिक आवागमन नहीं होता है और द्वितीयतः प्रवासी समूह सामाजिक-सांस्कृतिक गठरी को अपने साथ ले जाते हैं, जो मुख्यतः निम्न विशेषताओं से निर्मित होती है:–

(क) पूर्व-पारिभाषित सामाजिक पहचान

(ख) धार्मिक रीति-रिवाज़ों और विश्वास की प्रणाली

(ग) परिवार और नातेदारी व्यवस्था को संचालित करने वाले मूल्य और मानदंड

(घ) भोजन की आदतें

(ङ) बोली और भाषा

इससे भी महत्त्वपूर्ण यह है कि प्रवासी कभी भी अपनी जन्मभूमि से पूर्णतया अलग नहीं हो पाते हैं। वे स्वभूमि से सीधे तौर पर या भावनात्मक जुड़ाव को बनाए रखते हैं, इसे ही 'पुनर्वापसी के मिथक' के रूप में भी माना जा सकता है। उनके 'महत्त्वपूर्ण अन्य' में स्वभूमि के बिछुड़े लोग और उनके नए बसेरे की स्थानीय जनसंख्या के लोग होते हैं। ये दोनों ही प्रवासी समुदायों की मूल भूमि/जन्मभूमि से जुड़ाव या अपनेपन के प्रति जागरूक होते हैं। मानव प्रवासन से जुड़ा यह महत्त्वपूर्ण तथ्य प्रवासी समुदायों में नृजातीय-निर्माण (एथनिक फ़ॉर्मेशन) और अन्य नृजातीय समूहों से उनके संबंधों को निर्धारित करता है।

विशिष्ट सामाजिक-सांस्कृतिक इतिहास और विभिन्न आर्थिक-राजनीतिक दशाओं के कारण विदेशों में प्रवासी भारतीय समुदायों का विकास एक अलग प्रकार के डायस्पोरा समुदायों के रूप में हुआ। इन समुदायों द्वारा विशिष्ट प्रकार की भारतीयता का प्रदर्शन किया जाता है, जिनमें इन समुदायों को अपने पुरखों द्वारा प्रदत्त विविध सामाजिक प्रतिमान और सांस्कृतिक तत्त्व सम्मिलित हैं। इन तत्त्वों को प्रवासी भारतीय समुदायों द्वारा अनुरक्षित, संरक्षित और पुनर्जीवित किया गया है और इनके मूल को सार रूप में भारत में खोजा जा सकता है। इन समुदायों द्वारा जागरूक तौर पर अपनी अलग अस्मिता बनाए रखने के लिए भारतीय संस्कृति को पुनर्जीवित और पुनर्गठित भी किया गया है।

बहुसांस्कृतिक समाजों में रहने और विशिष्ट नृजातीय पहचान निर्मित होने के कारण विदेशों में रहने वाले भारतीय समुदायों को अलग-अलग प्रकार की नृजातीयता (एथनिसिटी) से जुड़ी समस्याओं से समझौता करना पड़ा। साथ ही इन समुदायों को सक्रिय आर्थिक और सांस्कृतिक प्रतियोगिता में हिस्सा लेना पड़ा। कुछ परिस्थितियों में इन समुदायों का प्रत्यक्ष या अप्रत्यक्ष नृजातीय अलगाव से भी सामना हुआ। यहाँ तक कि इन्हें हिंसात्मक नृजातीय संघर्ष और प्रबल राजनीतिक आंदोलनों की विपरीत स्थितियों को भी झेलना पड़ा। नृजातीय और सांस्कृतिक मुद्दों का सत्ता प्राप्त करने के लिए राजनीतिक उपयोग इन गतिशील समाजों में निरंतर होता रहा है। कुछ देशों में शक्ति और सत्ता से जुड़े प्रश्न अपनी राजनीतिक सीमा को लाँघकर हिंसा और दमन का रूप ग्रहण कर लेते हैं। इन्हीं गंभीर स्थितियों के कारण इंडो-गयानीज़ समुदाय के लोगों को उत्तरी अमेरिका, हिंदुस्तानी सूरीनामी लोगों को नीदरलैंड्स, पूर्वी अफ़्रीकी सिक्ख समुदायों को यूनाइटेड किंगडम (ब्रिटेन) और इंडो-फ़िजी लोगों को न्यूज़ीलैंड और कनाडा के लिए पुनर्प्रवास करना पड़ा।

डायस्पोरा समुदाय के रूप में प्रवासी भारतीयों की स्थिति अधिकांशतया गंतव्य अथवा मेज़बान देशों की नृजातीय-धार्मिक और सामाजिक-आर्थिक बनावट द्वारा निर्धारित हुई है। अधिकांश स्थितियों में ये देश बहुलवादी समाज के रूप में जाने जाते हैं। बहुलवादी समाज से तात्पर्य है विविध धार्मिक-सांस्कृतिक-जातीय मान्यता वाले समुदायों का एक साथ रहना, यद्यपि 'बहुलवादी समाज' की अवधारणा को लेकर विद्वान एकमत नहीं हैं।

इन बहुसांस्कृतिक राज्यव्यवस्थाओं में भारतीय समुदायों का 'अन्य' (समाजशास्त्रीय संदर्भ में *महत्त्वपूर्ण अन्य*) लोगों से संबंधों की विवेचना करने के लिए मेज़बान समाज के बारे में धारणा बनाया जाना आवश्यक है। चूँकि भारतीय प्रवासी समुदाय मेहमान के रूप में है, इस कारण इन देशों में पहले से विद्यमान

समुदायों की भूमिका मेज़बान के रूप में मानी जाती है। अधिकांश स्थितियों में इन देशों में रहने वाले अधिकांश समुदाय प्रवासी समुदाय ही हैं। यह तथ्य आगे आने वाले उदाहरणों से अधिक स्पष्ट हो जाएगा।

इन बहुसांस्कृतिक देशों में जहाँ भारतीय मूल के लोगों की संख्या महत्त्वपूर्ण है, वहाँ इन समुदायों के बारे में धारणा और अस्मिता, दोनों ही अत्यंत संवेदनशील हैं। औपनिवेशिक काल में प्रवासी भारतीयों को ब्रिटिश सत्ता द्वारा 'कुली' शब्द से संबोधित किया गया था। इन समुदायों में पढ़-लिखकर आगे बढ़े पेशेवर लोगों को भी इसी योजक शब्द से जोड़कर संबोधित किया जाता रहा। दक्षिण अफ़्रीका में मोहनदास करमचंद गांधी को अनेक प्रकरणों में 'कुली बैरिस्टर' का संबोधन प्राप्त हुआ। प्रवासी भारतीयों के बारे में उपलब्ध साहित्य में इन्हें अनेक नामों से संबोधित किया जाता रहा है, जैसे 'गिरमिटिया', 'ईस्ट-इंडियन', 'एशियन' और गंतव्य देशों के नाम के साथ योजक पद 'इंडो' लगाकर 'इंडो-अमेरिकन', 'इंडो-कनाडियन', 'इंडो-गयानीज़', 'इंडो-त्रिनिदादियन' आदि।

इन बहुसांस्कृतिक देशों में प्रवासी भारतीय समुदायों और उनके 'महत्त्वपूर्ण अन्यों' के बीच के संबंधों को निर्धारित करने में इन समुदायों द्वारा अस्मिता निर्मित करने की प्रक्रिया का भी महत्त्व है। इस प्रक्रिया को भाषा, नातेदारी-संबंध, खान-पान, रीति-रिवाज़ और धार्मिक आस्था आदि से जुड़े व्यवहार और प्रतिमानों में देखा जा सकता है। ये विशिष्ट सांस्कृतिक व्यवहार-प्रतिमान ही प्रवासी भारतीयों की 'नृजातीयता' को आकार देते हैं और इन समाजों में रहने वाले अन्य समुदायों से उनके संबंधों को निर्धारित करते हैं।

नृजातीय पहचानों की अभिव्यक्ति और जातीय हितों के जुड़ाव को भारतीय डायस्पोरा समुदायों द्वारा गठित किए गए फ़ोरम और संघों में देखा जा सकता है। इस प्रकार के संगठन क्षेत्रीय, भाषिक और जातीय श्रेणी पर निर्मित किए गए हैं और पिछले दशकों में इलेक्ट्रॉनिक संचार साधनों के विस्तार के पश्चात इनमें उल्लेखनीय परिवर्तन आया है। विशेष तौर पर कंप्यूटर जनित संचार माध्यमों ने अप्पदोरई (1997) के विशिष्ट प्रकार के 'डायस्पोरा जन संकेंद्रकों' (डायस्पोरा पब्लिक स्फीयर्स) का सृजन किया है। प्रवासी भारतीय लोगों के आपसी संबंधों को निर्धारित करने में इन (आभासी/वर्चुअल) माध्यमों का योगदान क्रमशः बढ़ता जा रहा है। इनकी मध्यस्थता द्वारा इन समुदायों में जुड़ाव और नृजातीय तत्त्वों को पुनर्सृजित किया जा रहा है।

भारतीय उपमहाद्वीप से लोगों का विभिन्न देशों के लिए प्रवासन इतिहास के विभिन्न काल-खंडों में अलग-अलग कारणों से हुआ। आप्रवासी समूहों में समुद्रपारीय भारतीयों की संख्या अधिक है। एक अनुमान के अनुसार पूरे विश्व में 60 लाख

भारतीय नागरिकों के अतिरिक्त 2 करोड़ से अधिक भारतीय मूल के लोग निवास करते हैं (भारत सरकार, 2001)। यदि 5000 की न्यूनतम संख्या को आधार माना जाए, तो समुद्रपारीय भारतीय विश्व के 55 देशों में बसे हुए हैं (जैन 1993: 2-3)। भारतीय मूल के लोग फ़िजी (49%), गयाना (53%), मॉरीशस (74%), त्रिनिदाद तथा टोबैगो (40%), और सूरीनाम (37%) में जनसंख्या के आधार पर सर्वाधिक बड़े नृजातीय समूह का निर्माण करते हैं। एशिया के हांगकांग, मलेशिया, सिंगापुर, श्रीलंका, दक्षिण अफ़्रीका, पूर्वी अफ़्रीका आदि में भारतीयों द्वारा प्रभावी अल्पसंख्यक समुदाय का निर्माण किया जाता है। इसके अतिरिक्त ऑस्ट्रेलिया, कनाडा, ब्रिटेन और अमेरिका में भारतीयों की प्रभावी उपस्थिति है।

विदेशों में बसे भारतीय समुदायों का विभिन्न देशों में अलग-अलग स्थानीय सामाजिक-आर्थिक परिस्थितियों से सामना हुआ, जिसके कारण इन समुदायों का स्थानीय समुदायों से आपसी संबंधों का स्तर विविधतापूर्ण रहा है। विभिन्न विद्वानों ने इन संबंधों की प्रकृति तथा स्वरूप को समझने के लिए नस्ल संबंध (रेस रिलेशन), नृजातीयता, वर्ग (क्लास) और संस्कृति आदि का आधार लिया है।

आगे कुछ उदाहरणों के माध्यम से अलग-अलग स्थानों पर भारतीय डायस्पोरा समुदाय और मेज़बान समाजों के बीच के अंतरसंबंधों पर प्रकाश डाला जा रहा है।

त्रिनिदाद

त्रिनिदाद और टोबैगो और मॉरीशस बहु-नृजातीय द्वीपीय राष्ट्र-राज्य हैं, जिनमें जनसंख्या का एक बड़ा भाग भारतीय मूल के लोगों का है। त्रिनिदाद में नस्ली संबंधों को दो आधार पर समझा जाता है। प्रथम परिदृश्य है भारतीय दृष्टिकोण (वेस्टइंडीज़ के संदर्भ में ईस्ट-इंडियन) और दूसरा है क्रिओल दृष्टिकोण। वेस्टइंडीज़ के विद्वान 'किरवाल' (क्रिओल का भोजपुरी रूप) और 'कुली' दो पारस्परिक विभाजक श्रेणियों पर सहमत हैं। त्रिनिदाद के भारतीय समुदायों द्वारा वहाँ के सभी अफ़्रीकी और उनके वंशजों को किरवाल के रूप में माना जाता है। क्रिओल लोगों द्वारा भारतीय लोगों को कुली नाम से संबोधित किया जाता है। त्रिनिदाद में इस प्रकार का श्रेणी विभाजन यहाँ की जनसंख्या-बसाहट की ऐतिहासिकता से जुड़ा हुआ है। 1777 से अफ़्रीकी गुलामों के आयात के प्रारंभ से लेकर 1833 में गुलामों की दासता से मुक्ति और 1848 से भारतीय औपबंधिक श्रमिकों के निरंतर आयात के कारण 1980 तक इस द्वीप में भारतीयों की जनसंख्या लगभग आधी तक पहुँच गई। इस प्रकार के श्रेणीगत विभाजन और इससे उपजे भावनात्मक दुराव को त्रिनिदाद तथा टोबैगो में भारतीय-अफ़्रीकी एकता की मुख्य बाधा के रूप में माना गया है (रयान 1966, समारू 1985)।

इस द्वीप समूह में भारतीय परिदृश्य से अलग वर्ण के आधार पर वर्गीकृत धुर विपरीत 'गोरे' तथा 'काले' और इनके अंतर-मिश्रण पर आधारित सामाजिक-सांस्कृतिक रूप से विकसित हुई वेस्ट इंडियन प्रजातीय संरचना ज़्यादा शक्तिशाली है। वेस्ट इंडियन परिदृश्य में क्रिओल पद श्वेत तथा काले और स्वतंत्र तथा गुलाम, दोनों लोगों के लिए प्रयोग में लाया जाता है। मूलतः क्रिओल स्पेनिश शब्द क्रिओल्लो से बना है, जिसका अर्थ है में उत्पन्न हुआ, का देशज, रहने वाले क्षेत्र के लिए प्रतिबद्ध आदि। इस रूप में क्रिओल स्वतंत्र अफ़्रीकी मूल के गुलामों, गरीब गोरे लोगों तथा मिश्रित विवाह संबंधों की संतानों से निर्मित औपनिवेशिक समाज का प्रतिनिधित्व करता है, जिसे कैरेबियाई समाज की मान्यता प्राप्त है।

क्रिओलीकरण की अवधारणा मुख्यतः कैरेबियन की गहरी संस्तरीकृत व्यवस्थाओं (बागान/गुलामी व्यवस्था और इससे जुड़ी प्रजातीय/वर्ण आधारित संस्तरण) में सांस्कृतिक अनुकूलन तथा परिवर्तन की प्रक्रियाओं के वर्णन एवं विश्लेषण में प्रयोग की जाती है। इसके कारण नवीन विश्व (न्यू वर्ल्ड) में नए सांस्कृतिक रूपों का उदय हुआ। स्पेनिश शब्दों 'क्रिआर' (बनाना अथवा कल्पना करना) तथा 'कोलोन' (कालोनी का बाशिंदा, नींव रखने वाला, बसने वाला) के संयोजन से बना पद क्रिओल ब्रिटिश कैरेबियन में उन लोगों और वस्तुओं की ओर इंगित करता है, जिनकी बनावट पुरातन विश्व (ओल्ड वर्ल्ड) से उत्पन्न तत्त्वों के मिश्रण से हुई है। पुरातन विश्व के स्वरूपों, संस्कृतियों और लोगों के इस मिश्रण से नवीन विश्व के स्थानीय लोगों का सृजन हुआ था। फिर भी क्रिओल और क्रिओलीकरण को प्राथमिक तौर पर पुरातन विश्व के अफ़्रीकी और यूरोपीय तत्त्वों की मिलावट के रूप में माना जाता है और भारतीयों को इससे अलग कर दिया जाता है। इसी कारण अफ़्रीकियों और यूरोपीय लोगों के वंशज को क्रिओल नाम से जाना जाता है। इंडो-त्रिनिदादियन कभी भी क्रिओल नहीं माने जाते हैं। इंडो-त्रिनिदादियन लोगों को क्रिओल प्रस्थिति (सामाजिक प्रस्थिति/Social status) से बहिष्कृत किए जाने के महत्त्वपूर्ण निहितार्थ हैं। क्रिओलीकरण स्थानीयकरण का बोध कराता है, जिसमें विदेशी तत्त्वों के सृजनात्मक मिश्रण से नवीन विश्व के स्थानीय/देशज तत्त्वों का जन्म हुआ। इस प्रकार सभी 'क्रिओल' व्यक्तियों और वस्तुओं को त्रिनिदाद और विस्तृत रूप में नवीन विश्व में देशज स्थिति प्राप्त है। ईस्ट-इंडियन अमिश्रित होने योग्य माने जाते हैं, क्योंकि वे प्राचीन सभ्यता से जुड़े हैं। परिणामस्वरूप, त्रिनिदाद में उन्हें क्रिओल अथवा देशज दर्जा प्राप्त नहीं है। यही कारण है कि 1962 में आज़ादी पूर्व और पश्चात इंडो-त्रिनिदादीय लोगों को प्रतीकात्मक रूप से बाहरी होने का दर्जा प्राप्त है।

ऐतिहासिक रूप से भी ऐसे अनेक कारक हैं, जिनके कारण ईस्ट-इंडियन समुदायों की स्थिति शेष क्रिओल समुदाय से अलग है। त्रिनिदाद में आने के तुरंत बाद भारतीय अनुबंधित श्रमिकों को द्वीप के पश्चिमी ओर के समतल मैदानों और ढलानों में स्थित 'शुगर बेल्ट' के नाम से प्रसिद्ध शुगर इस्टेटों की ओर रवाना कर दिया जाता था। इस प्रकार उन्हें शेष लोगों से पृथक कर दिया जाता था। अनुबंधित श्रमिक के रूप में वे कानूनी तौर पर वहाँ की शेष जनसंख्या से अलग थे। उन पर आवागमन और सामाजिक संपर्क के संबंध में अनेक नकारात्मक कानूनी उपबंध लागू थे। पेशेगत रूप से भी ये लोग कृषि, विशेषकर गन्ने से जुड़ी गतिविधियों तक सीमित थे। इस प्रकार ईस्ट-इंडियनों का अधिकांश तबका ग्रामीण कृषि क्षेत्र से जुड़ा हुआ था। धार्मिक और सांस्कृतिक अंतर और अंग्रेज़ी बोलने की अक्षमता ने भी शेष जनसंख्या से उनके अलग-थलग पड़ने में काफी योगदान दिया। प्रतीकात्मक रूप से भी ईस्ट-इंडियनों को बाहरी माना गया। चूँकि, प्रारंभ से ही यह माना गया कि इस क्षेत्र में इनकी उपस्थिति अल्प समय के लिए है, इस कारण औपनिवेशिक सत्ता ने भी इन्हें शेष समाज से जोड़ने का प्रयास लगभग नहीं किया। यहाँ तक कि शिक्षा ने भी ईस्ट-इंडियनों के अलगाव में भूमिका अदा की। कनाडियन प्रेसबीटेरियन मिशन ने भी विशेष तौर पर ईस्ट-इंडियनों पर ही ध्यान केंद्रित किया और उन्होंने हिंदी का प्रचार किया।

द्वीप की वर्तमान राजनीति को औपनिवेशिक नीतियों और नस्लवादी सिद्धांत ने प्रभावित करना जारी रखा है। त्रिनिदाद के दो प्रमुख नृजातीय समूहों (अफ्रो-त्रिनिदादियन और इंडो-त्रिनिदादियन) के बीच का अंतर-नस्ली अफ़वाहों और नृजातीय रूढ़ियों से प्रकट होता है। दोनों समूहों द्वारा इस ईर्ष्या को वैधानिक मान्यता की हद तक सुरक्षित किए जाने को औपनिवेशिक नीतियों में देखा जा सकता है। त्रिनिदाद में ईस्ट-इंडियनों को अफ्रो-त्रिनिदादियन लोगों की सौदेबाजी की क्षमता को कम करने के उद्देश्य से 'स्कैब लेबर' (हड़ताली की जगह काम पर लाया गया मज़दूर) के रूप में लाया गया था। इस कारण प्रारंभ से ही ईस्ट-इंडियन लोग संरचनात्मक रूप से अफ़्रो-त्रिनिदादियन के विरोधी की स्थिति में थे। प्लांटर लोगों के विमर्श भी विशेष प्रकार से 'नीग्रो' और 'भारतीय' चरित्र निर्मित करने में सहायक की भूमिका निभा रहे थे, जिससे उनकी औपबंधिक श्रमिक माँग को औचित्यपूर्ण ठहराया जा सके। दासत्व-मुक्ति के बाद से ही सुविधाभोगी, आलसी, दुश्चरित्र 'नीग्रो' और विनम्र, मेहनती तथा चतुर 'भारतीयों' के दृष्टांत प्लांटरों के लेखों/संवादों में मिल जाते हैं। इस प्रकार की हास्यास्पद और अपमानजनक नस्ली छवि आज भी एक-दूसरे पर प्रभुता दिखाने के लिए प्रयोग में हैं। जैसा कि नृजातीय/नस्ली रूढ़िबद्धता (Stereotype) के साथ होता है, दुर्भाग्यवश इन नकारात्मक नस्ली

प्रवृत्तियों को संबंधित समूहों द्वारा आज भी स्वाभाविक माना जाता है और इस दुर्भावना को निर्मित करने वाले औपनिवेशिक कारणों को भुला दिया गया है।

मलेशिया

1940 में मलाया की जनसंख्या का 14 प्रतिशत भाग भारतीय समुदायों का था। वर्ष 2000 में मलेशिया की कुल जनसंख्या 218.9 लाख थी और उसमें भारतीयों की संख्या लगभग 18 लाख थी, जो कुल जनसंख्या का 7.7% है। भारतीय समुदायों में 9/10 भाग दक्षिण भारतीय मूल के लोगों द्वारा निर्मित है और शेष हिस्सा उत्तर भारतीय लोगों का है। मलाया में भारतीय प्रवासन का मुख्य आधार एशिया में ब्रिटिश औपनिवेशिक शासन था। यहाँ मध्य उन्नीसवीं शताब्दी से अंतरराष्ट्रीय अर्थव्यवस्था से जुड़ी उत्पादन प्रणाली का तीव्र गति से विकास होने लगा। मलाया के लिए प्रवासन की तीन धाराओं को देखा जा सकता है। इनमें से प्रत्येक धारा विशेष आर्थिक भूमिका से जुड़ी हुई थी। प्रथम और मुख्य धारा के रूप में अनुबंधित श्रमिक प्रवासन था, जिनमें बागानों, यातायात मार्ग के रख-रखाव और बंदरगाहों में काम करने के लिए भारतीय तमिल और तेलुगु समुदाय सम्मिलित थे। प्रवासन की दूसरी धारा उत्तर भारतीय सैनिकों और चौकीदारों की थी। इसके अतिरिक्त अधीनस्थ सिविल सेवा और क्लर्क के रूप में भरती किए गए मलयाली और जाफ़ना के तमिल लोग भी इसी धारा में सम्मिलित थे। प्रवासन की तीसरी धारा व्यापारियों की थी, जिनमें भारतीय वणिक वर्ग और दक्षिण की साहूकार जाति (चेट्टियार) थी। उत्तर भारतीयों और दक्षिण भारतीयों की संख्या में अधिक अंतर, पेशागत भिन्नता और धार्मिक विशिष्टताओं आदि के कारण इनमें पृथक-पृथक डायस्पोरा चेतना का उभार हुआ है।

मलाया की औपनिवेशिक सत्ता ने 'बाँटो और राज करो' रणनीति के अंतर्गत मलय पहचान को विशेष रूप से उभारा, जिससे भारतीय (चीनी समुदाय भी) पहचान को 'अन्य' के रूप में अलगाया जा सके, इसी के फलस्वरूप मलय तथा चीनी समुदायों के सापेक्ष एक पृथक नृजातीय श्रेणी के रूप में 'भारतीयता' का विकास हुआ। बाद में भारतीय समुदायों में सांस्कृतिक, धार्मिक और राजनीतिक प्रमुखता के आधार पर बृहद दक्षिण भारतीय समूह द्वारा 'दक्षिणी' और विशेष तौर पर 'तमिल' पहचान का दावा प्रस्तुत किया गया। अनेक राजनीतिक प्रयासों के बाद भी मलेशियाई भारतीयों में यह अलगाव बना हुआ है।

मलेशियाई भारतीय समुदायों में कुछ हद तक राजनीतिक और सामाजिक गतिशीलता होने के बावजूद यहाँ इनकी स्थिति असुविधाजनक बनी हुई है। इसका मुख्य कारण मलय और चीनी लोगों की तुलना में इनकी संख्यात्मक कमी है।

ऐतिहासिक, राजनीतिक और आर्थिक संबंधों को अन्य दूसरे कारणों के रूप में माना जा सकता है। मलेशिया में भारतीय डायस्पोरा की उपस्थिति का मूल कारण औपनिवेशिक रहा है, जो मुख्यत: ब्रिटिश बागान कृषि अर्थव्यवस्था के हितों से जुड़ा हुआ था। इसके कारण भारतीय समुदाय में उच्च वर्ग नहीं के बराबर है, जबकि चीनी समुदाय व्यापारिक गतिविधियों से और मलय समुदाय राजकीय समर्थन से आगे बढ़ता जा रहा है। इसके अतिरिक्त यहाँ के भारतीय मध्यम वर्ग और श्रमिक वर्ग में नहीं के बराबर आपसी संपर्क है।

मलेशियाई भारतीय डायस्पोरा में श्रमिक वर्ग की उपस्थिति का ऐतिहासिक कारण रहा है। मलेशिया में आरंभिक तौर पर बागान कृषि में प्रयोग के रूप में बड़े पैमाने पर गन्ने और कॉफ़ी का उत्पादन भारतीय श्रमिकों की सहायता से 1840–1910 तक चला। इसके पश्चात 1910 से 1938 तक रबड़ के बागानों में स्थायी रूप से काम करने के लिए अधिक संख्या में भारतीय श्रमिकों की भरती की गई। यह भरती 'कंगनी व्यवस्था' के रूप में की गई। अन्य औपनिवेशिक बागानों में लागू अनुबंध प्रणाली (इंडेन्चर सिस्टम) से यह कई रूपों में अलग थी। अनुबंधित प्रणाली में श्रमिक का तीन से पाँच वर्ष का अनुबंध होता था, जबकि इस प्रणाली में रबड़ के बागानों में निरंतर श्रमिकों की उपस्थिति बनाए रखने के लिए गैंग सदस्यों की विश्वसनीयता और भरती करने वाला फ़ोरमैन अर्थात कंगनी के नियंत्रण की व्यवस्था थी। वास्तविक रूप में कंगनी गैंग सदस्य के गाँव अथवा क्षेत्र का ही पूर्व प्रवासी श्रमिक होता था। अनुबंधित प्रणाली की तुलना में परिवार, नातेदारी, जातिगत सम्मान और जुड़ाव इस प्रणाली द्वारा संरक्षित किए जाते थे। इस प्रणाली में कंगनी अभिभावक–संरक्षक की भूमिका में था। इसी कारण मलेशिया के बागानों में श्रमिकों का जीवन ज़्यादा 'सामुदायिक' कहा जा सकता है। मलाया में देशज काश्तकारों (ग्रामीण मलय) की उपस्थिति के कारण इन प्रवासी श्रमिकों की स्थिति मज़दूर वर्ग की बनी रही, जबकि अन्य बागान औपनिवेशिक क्षेत्रों में भारतीय प्रवासी श्रमिक भूमि प्राप्त होने से क्रमश: कृषक समुदायों के रूप में परिवर्तित होते गए। इस प्रकार स्वतंत्र होने के पश्चात मलेशियाई बहुल समाज (प्लूरल सोसाइटी) में तीन स्पष्ट नृजातीय श्रेणियों (मलय, चीनी और भारतीय) का उभार हुआ (हसीन अली 1984)। रबड़ बागानों में दक्षिण भारतीय जीवन पद्धति से लगाव और मलेशिया की बृहत्तर सामाजिक मुख्य धारा से पृथक रहने के कारण स्वतंत्र भारतीय पहचान का निर्माण हुआ। कहा जा सकता है कि मलेशिया का भारतीय डायस्पोरा बागान से जुड़े अनुभवों के कारण विदेशी अंत:क्षेत्र (इन्क्लेव) की दशा में जीवन निर्वाह कर रहा है (जैन 1988)।

मलेशियाई भारतीय डायस्पोरा के आपसी अंतरसंबंधों को समझने के लिए इनकी आंतरिक बनावट को जानना आवश्यक है। इन समुदायों की संरचना को आकार देने में भारतीय जाति व्यवस्था के मूल में प्रभावी सामाजिक भेद और असमानता को कार्यशील पाया जा सकता है। मलेशिया के भारतीय समुदायों में जातियों की शुद्धता और अशुद्धता आधारित व्यवस्था गैर-ब्राह्मण और आदि-द्रविड़ के संस्तरण (सामाजिक स्तरीकरण/social startification) पर आधारित हुई। बागान खेतों में काम करने के लिए यहाँ पर ब्राह्मणों का प्रवासन न के बराबर हुआ। गैर-ब्राह्मणों में सर्वाधिक वनियार लोग हैं, जो तमिलनाडु के विभिन्न अंतर-विवाही जातियों का एक मिश्रण है। इसके विपरीत निम्न स्तर पर कंगनी के इर्द-गिर्द निर्मित किनड्रेड का है, जो मलेशिया की लेबर लाइन में रहने वाली सूक्ष्म जाति (माइक्रो कास्ट) का निर्माण करता है। दोनों समूह विवाह संबंध, औपचारिक सत्ता और सामाजिक नियंत्रण के लिए ही भिन्नता रखते हैं। 1950 तथा 60 के दशक में इन दोनों समूहों में समान पहचान उभरने लगी, जिसमें बागान की लेबरलाइन में रहने वाले 'प्लांटेशन सर्वहारा' वर्ग के लोग सम्मिलित हुए। इसी उभार ने प्रभावशाली उत्तर भारतीयों से विपरीत दक्षिण भारतीय 'तमिल' पहचान निर्मित की। भारतीय जातियों ने विदेशों में अपनी मूल संरचनात्मक विशेषता को छोड़ दिया, लेकिन इनका वैचारिक अस्तित्व बना रहा और मलेशिया के भारतीय समुदायों में इसने नृजातीय श्रेणी के रूप में अपना आकार ग्रहण कर लिया।

कुल मिलाकर कहा जा सकता है कि विदेशों में बसे भारतीय समुदायों का आपसी संबंध उनकी सांस्कृतिक जीवनशैली से गहराई से जुड़ा हुआ है और स्थानीय परिस्थितियों के अनुरूप इसने विभिन्न आधारों (धर्म, जाति और भाषा आदि) पर नृजातीय और उप-नृजातीय पहचान निर्मित की है।

वाडीवेला बेल्ले ने भारतीय अनुबंधित श्रमिकों के मलेशिया के बागानों के अनुभव पर ध्यान केंद्रित किया है। मलेशियाई भारतीय समुदाय भाषा, जाति और नृजातीय मूल के आधार पर विभाजित है, लेकिन मुख्य विभाजन 'मध्य वर्ग' (विशेषज्ञों, वाणिज्य और सिविल सेवा में कार्यरत अल्पसंख्यक समूह) और बागानों के बहुसंख्यक आम भारतीय मूल के सर्वहारा वर्ग के बीच है। संख्या की दृष्टि से अल्पसंख्यक भारतीय धार्मिक-सांस्कृतिक आधार और नगण्य आर्थिक महत्त्व के कारण मलेशियाई समाज में हाशिए पर हैं। मलेशिया के भारतीय मध्य वर्ग के विरुद्ध यह आरोप है कि वे भूले-बिसरे मलेशियाई भारतीयों को सहायता देने में विफल रहे हैं। वैश्विक डायस्पोरा से जुड़ाव और उभरती हिंदू पहचान को रेखांकित करने के लिए थाईपुसम त्योहार मनाने को एक उदाहरण के रूप में प्रयोग में लाया गया है।

फ़िजी

फ़िजी द्वीप समूह विषुवत रेखा के दक्षिण में दक्षिण पश्चिम प्रशांत महासागर स्थित लगभग 300 द्वीपों का समूह है। इनमें से चार द्वीपों विति लेवू, वानुआ लेवू, तेवयूनी और कदावु पर यहाँ की अधिकांश जनसंख्या रहती है। विति लेवू पर फ़िजी की कुल जनसंख्या का 70 प्रतिशत और फ़िजी भारतीयों का 80 प्रतिशत भाग निवास करता है। 2007 में फ़िजी की कुल जनसंख्या ८,37,271 में 4,75,739 (56.8%) फ़ीजियन और 3,13,798 (37.5%) भारतीय मूल के लोगों की संख्या है। जनवरी, 2012 के नवीनतम सरकारी आँकड़ों के अनुसार फ़िजी में 5,11,838 फ़ीजियन, 2,90,129 भारतीय मूल और 56,071 अन्य समूह के लोग रहते हैं।

10 अक्टूबर, 1874 को ब्रिटिश आधिपत्य में आने के बाद यूरोपीय प्लांटरों द्वारा गन्ने की खेती पर आधारित चीनी उत्पादन को मुख्य विकास इंजन के रूप में देखा गया। फ़िजी के प्रथम प्रभावी गवर्नर जनरल गोर्डन द्वारा इसे कार्यरूप देने के लिए आस्ट्रेलिया की कालोनियल शुगर रिफ़ाइनिंग कंपनी (सीएसआर) को फ़िजी आमंत्रित किया गया। यह कंपनी 1882 में फ़िजी आने के बाद 1973 तक कार्यरत रही। गोर्डन की 'नेटिव पालिसी' स्थानीय फ़िजी मूल के लोगों को इस वाणिज्यिक गतिविधि से अलग उन्हें उनके पारंपरिक वंशानुगत मुखियाओं के अधीन स्वतंत्र रखने की थी। इसके लिए 1876 में ग्रेट कौंसिल ऑफ़ चीफ़ (जी.सी.सी.) गठित की गई। इस प्रकार ब्रिटिश सत्ता के सहयोगी के रूप में फ़िजी प्रशासन की द्वैत-प्रणाली की नींव पड़ी और 1944 में इसी ने फ़िजी एडवाइजरी बोर्ड (एफएबी) का रूप ले लिया। इस प्रकार औपनिवेशिक ढाँचे के साथ पारंपरिक मुखिया प्रणाली अस्तित्व में बनी रही।

फ़िजी आने के पूर्व गोर्डन मॉरीशस और त्रिनिदाद में रह चुके थे और इस पृष्ठभूमि ने नवजात उपनिवेश में श्रम समस्या को सुलझाने का रास्ता दिखाया। भारतीय अनुबंधित श्रमिकों के प्रवासन के लिए 1878 में समझौता होने के उपरांत 14 मई, 1879 को लिओनिडस जहाज द्वारा 479 भारतीय फ़िजी पहुँचे। 1916 में अनुबंधित प्रणाली समाप्त होने तक 60,963 स्त्री, पुरुष और बच्चे द्वीप में आ चुके थे। भारतीय प्रवासी अनुबंध प्रणाली के अंतर्गत फ़िजी आए थे। इस अनुबंध को ये लोग गिरमिट के नाम से पुकारते थे और इसी कारण ये गिरमिटिया कहलाए। फ़िजी उत्प्रवासित होने वालों में 45,000 लोग उत्तर भारत और 15,000 लोग दक्षिण भारत से थे। फ़िजी आने वाले भारतीय अपने साथ भाषा, जाति, प्रादेशिक पहचान और धर्म साथ ले आए।

हेनरी श्रेब्रनिक ने फ़िजी के भारतीय अनुबंधित श्रमिकों के दारुण दु:ख तथा प्रयत्नों पर दृष्टि केंद्रित की है। मूल फ़िजीवासियों और भारतीयों के बीच संघर्ष का

मुख्य केंद्र भूमि पर अधिकार को लेकर है। इनका मानना है कि औपनिवेशिक फ़िजी को हम तीन पायदानों (देशज फ़िजीवासियों की भूमि, भारतीय समूहों का सस्ता श्रम और यूरोपीय पूँजी) पर खड़ा पाते हैं। गोर्डन ने फ़िजी के मूल निवासियों के हितों के संरक्षण के लिए उनकी भूमि को सामूहिक रूप से उनके अधिकार में बनाए रखने की व्यवस्था मतकली इकाई के अंतर्गत की। इसके लिए भू-अधिकार नामाकंन के लिए लैंड्स क्लेम्स कमीशन का गठन किया गया। इस पारंपरिक भू-धारण अधिकार के लिए फ़िजी के मूल निवासी और उनके वंशज के रूप में रजिस्ट्रेशन होना आवश्यक था। अनुबंधित भारतीय श्रमिक फ़िजी में पूर्णतः औपनिवेशिक व्यवस्था पर निर्भर थे। पाँच वर्ष की अनुबंध अवधि में भारतीय गिरमिटिया लोगों का जीवन अत्यंत कठोर और पराधीन था। भारत वापस लौटने के लिए 'फ्री पैसेज' न होने के कारण अधिकांश भारतीय फ़िजी में ही रह गए और खेती एवं व्यापार अपना लिया।

अनुबंधित व्यवस्था की समाप्ति के समय फ़िजी की कुल भूमि का 82.16 प्रतिशत देशज फ़ीजियनों के पास अहस्तांतरणीय भू-अधिकार के साथ, 9.45 प्रतिशत भूमि राजकीय भूमि (क्राउन लैंड) और 8.39 प्रतिशत भूमि निजी/फ्री होल्ड थी (लाल 1988)। भारतीयों के पास मात्र 1.7 प्रतिशत भू-अधिकार था। फ़िजी में भारतीयों को अतिक्रमणकारी माना जाता था, इस कारण इन्हें भूमि के लिए 21 वर्षीय और बाद में 30 वर्षीय अल्पकालिक पट्टा (लीज़) दिया जा सकता था। भूमि का पट्टा एक जटिल और व्ययसाध्य प्रक्रिया के ज़रिए फ़िजी के चार गोत्र नेतृत्व (फ़ीजियन क्लान लीडरशिप) और औपनिवेशिक शासन के संयुक्त निर्णय द्वारा ही दिया जा सकता था। 1922 में 80 प्रतिशत भारतीय-फ़ीजियन गन्ने की खेती से सीधे जुड़े हुए थे। उन्हें जमीन कालोनियल शुगर रिफ़ाइनिंग कंपनी (सी.एस.आर.) अथवा पट्टे के माध्यम से प्राप्त होती थी। अधिकांश इंडो-फ़ीजियन सामाजिक और राजनीतिक संगठन ज़्यादा सुरक्षित भूमि-पट्टे, व्यावहारिक पट्टा भुगतान और संबंधित नियम-कानूनों के विषय में हस्तक्षेप करते थे। कहा जा सकता है कि देशज फ़िजी लोगों के बीच के संबंध को निर्धारित करने का मुख्य आधार भूमि से जुड़ा प्रश्न रहा है। भारतीयों के लिए यह उनकी प्रतिष्ठा का प्रतीक और देश की पूर्ण नागरिकता से जुड़ा हुआ है।

फ़िजी की स्वतंत्रता के बाद फ़िजी के राजनीतिक वर्गों द्वारा व्यापक पक्षपात झेलना पड़ा। भारतीय समुदायों को बहिष्कार और नृजातीय सफाए के आतंक से भी गुजरना पड़ा। 1987 तथा 2000 में सैनिक सत्ता परिवर्तन के बाद भारतीयों के आत्मविश्वास में कमी आई और इसके बाद करीब 1,00,000 भारतीय फ़िजी छोड़कर दूसरे स्थानों के लिए प्रस्थान कर गए।

फ़िजी में बहुलवादी समाज है, जिसमें अनेक समुदाय आर्थिक और सामाजिक रूप से पहचाने जाने योग्य खंडों में बँटे होने के बावजूद देश की संपूर्ण सामाजिक संरचना से जुड़े हुए हैं (मायर 1963)। देशज और इंडो-फ़ीजियन, सांस्कृतिक, धार्मिक, प्रजातीय, आर्थिक और भाषिक पहचान के आधार पर भिन्नता रखते हैं। यहाँ पर श्रम का सांस्कृतिक विभाजन भी है, जिसके कारण दोनों की आर्थिक परिधि समूह विशेष के लिए ही सीमित हो गई, परिणामस्वरूप नृजातीय विदेशी अंतःक्षेत्र (इन्क्लेव) का गठन होता गया। औपनिवेशिक विरासत से प्राप्त आर्थिक प्रणाली के कारण फ़िजी का समाज दो नृजातीय खंडों में विभाजित हो गया। भारतीयों का प्रभुत्व कृषकों और मज़दूरों के रूप में चीनी उद्योग में बना रहा। फ़ीजियन लोग स्वर्ण खनन, नारियल उत्पादन तथा मत्स्य प्रसंस्करण आदि में लगे रहे। इस प्रकार के नृजातीय श्रम विभाजन के कारण इन दोनों श्रम समूहों के बीच न्यूनतम संपर्क हो सका। इस अलगाव ने नृजातीय सीमा रेखा से ऊपर उठकर वर्ग संगठन के निर्माण को बाधित किया। फ़िजी के दोनों समुदायों के विशिष्ट वर्ग (एलीट) ने पृथक वर्गहित की शक्ति संरचना को प्रभावित किया (जयवरदेना 1980)।

स्थान के आधार पर भी दोनों समुदाय पृथक खंडों में बँटे रहे। औपनिवेशिक काल में फ़िजी के गाँवों में गैर-फ़िजी लोगों के बसने पर क़ानूनी तौर पर प्रतिबंध था। इसी प्रकार फ़ीजियन लोगों को नगर में पाए जाने पर वापस उन्हें उनके गाँव भेज दिया जाता था। फ़ीजियन और भारतीय बच्चे अलग-अलग स्कूलों में शिक्षा प्राप्त करते थे। एक शताब्दी से ज़्यादा समय से एक साथ रहने के बाद भी दोनों समुदाय एक-दूसरे की भाषा के कुछ शब्द ही समझ पाते थे। एक-दूसरे से सांस्कृतिक आदान-प्रदान और पारस्परिक विवाह नहीं होता था। परिणामस्वरूप मॉरीशस और त्रिनिदाद की भाँति यहाँ पर क्रिओल संस्कृति का विकास नहीं हो पाया। फ़ीजियन लोगों के लिए भारतीय फ़िजी के सह-स्वामी न बनकर कैसी (गुलाम अथवा कुली) तथा वुलागी (बाहरी) और मेहमान बने रहे। दूसरी तरफ भारतीय लोगों के लिए फ़िजीवासी जंगली और असभ्य और निम्न संस्कृति वाले बने रहे। दोनों समूह एक-दूसरे के प्रति पूर्वाग्रह से ग्रसित रहे और इसको विपरीत जीवनशैली, सांस्कृतिक दृष्टिकोण, ऐतिहासिक अनुभवों से बढ़ावा मिला। इस प्रकार यह देखा जा सकता है कि राजनीतिक रूप से नृजातीय-फ़िजी इंडो-फ़िजीवासियों के साथ सत्ता साझा करने के विरोधी हैं। एक ही देश में एक शताब्दी तक साथ रहने के बाद भी सामाजिक तथा भौगोलिक स्थान की दृष्टि से दोनों समूह पृथक अस्तित्व रखते हैं। द्विध्रुवीय प्रतिस्पर्धा, धर्म, नृजातीयता और नस्ल आदि शक्ति-संपन्नता और शक्ति-विहीनता को परिभाषित करने के मौन विभेदक के रूप में निरंतर कार्यशील हैं और इसी कारण यहाँ भारतीयों को बाहरी माना जाता है।

उपरोक्त विवेचन से स्पष्ट है कि वर्तमान भारतीय डायस्पोरा का अस्तित्व अपने मेज़बान देश के अन्य समुदायों से अंतरक्रिया करता हुआ आगे बढ़ रहा है और इन्ही परिस्थितियों में अपने सांस्कृतिक परिवेश और सामाजिक बहुरूपता को संजोए हुए है।

संदर्भ

1. बेनेडिक्ट, बर्टन (1965) मॉरीशस : प्रॉब्लम्स ऑफ़ ए प्लूरल सोसाइटी। लंदन : पाल माल क्लास, मोर्टन (1961) ईस्ट इंडियंस इन त्रिनिदाद : ए स्टडी ऑफ़ कल्चरल परसिस्टेंस. न्यूयार्क : कोलंबिया यूनिवर्सिटी प्रेस।
2. हसीन अली (संपा.). 1984. एथनिसिटी, क्लास एंड डेवलपमेंट इन मलेशिया, कुआलालंपुर : परसतूआन सेंस सोसियाल मलेशिया।
3. जयवरदेना, सी. 1980. 'कल्चर एंड एथनिसिटी इन गयाना एंड फ़िजी', मैन (एन.एस.), 15:430–50.
4. समरू, बी. 1985. 'पॉलिटिक्स एंड अफ़्रो-इंडियन रिलेशंस इन त्रिनिदाद', इन जे. ला ग्युरे (संपा.) : कलकत्ता टू करोनी. सेंट आगस्टाइन, त्रिनिदाद, यूनिवर्सिटी ऑफ़ वेस्ट इंडीज़।
5. जैन, आर.के. 1966. रामनाथपुरम एक्सपेरिमेंट : पैराडाइम ऑफ़ इस्टेट-फ़ार्म-फ़ैक्टरी कम्युनिटी इन मलय, मैटलैंड, ऑस्ट्रेलिया : मर्करी प्रेस।
6. ________. 1969. 'काम्पांग पद्रे : ए तमिल सेटलमेंट नियर बागान सेराय, पेराक', जर्नल ऑफ़ द मलेशियन ब्रांच ऑफ़ रॉयल एशियाटिक सोसाइटी, 36 (पार्ट 1, मई 1963)।
7. ________. 1984. 'कास्ट, इस्टेट एंड क्लास : द डाइनामिक्स ऑफ़ सोशल स्ट्राटीफिकेशन अमंग इंडियन मलेशियन्स', साउथ ईस्ट एशियन पर्सपेक्टिव्स, 1 (1) : 153–64.
8. ________. 1986. 'द ईस्ट इंडियन कल्चर इन कैरेबियन कंटेस्ट', इंडियन इंटरनेशनल सेंटर क्वाटरली. 13(2) : 153–64.
9. ________. 1988. 'ओवरसीज़ इंडियंस इन मलेशिया एंड द कैरेबियन : कम्पैरेटिव नोट्स', इमिग्रांट्स एंड माइनॉरिटीज, 7(1) : 123–43.

8

भारतीय डायस्पोरा की उपलब्धियाँ

प्रशांत खत्री

भारतीय डायस्पोरा की उपलब्धियों में नए आयाम जुड़ने की प्रक्रिया निरंतर जारी है। आज शायद ही दुनिया में कोई ऐसा देश होगा, जहाँ भारतीय समुदाय नहीं बसा हो। ऐतिहासिक दस्तावेज़ों और संचार माध्यमों द्वारा हमें यह ज्ञात होता है कि आज दुनिया भर में भारतीयों ने अपना प्रभाव बढ़ाया है, चाहे वह आर्थिक जगत हो; सांस्कृतिक क्षेत्र हो; विज्ञान और प्रौद्योगिकी का क्षेत्र हो या राजनीतिक क्षेत्र हो। हर जगह भारतीयों ने अपनी बुद्धिमत्ता और कार्य कौशल का परिचय दिया है। यही वजह है कि प्रत्येक वर्ष 9 जनवरी के दिन प्रवासी भारतीय दिवस मनाया जाता है। इसमें ऐसे भारतीयों को सम्मानित किया जाता है जिन्होंने विदेश में रहकर अपने देश का नाम रोशन किया है और साथ ही अपने देश और देशवासियों के हित में कार्य किया है। 9 जनवरी का दिन इसलिए महत्त्वपूर्ण हो जाता है, क्योंकि इसी दिन 1915 में महात्मा गांधी दक्षिण अफ़्रीका से भारत लौटे थे और भारत के निर्माण एवं उसकी स्वतंत्रता के लिए अभूतपूर्व योगदान दिया था। इसी उपलक्ष में प्रवासी भारतीय दिवस 2003 से प्रत्येक वर्ष मनाया जाता है। भारतीय डायस्पोरा और उपलब्धि एक ऐसा विषय है, जो गत्यात्मक है अर्थात यह विषय किसी विशेष काल और स्थान के संदर्भ में बँधा हुआ नहीं है। इसका क्षेत्र और काल व्यापक है।

इस आलेख में भारतीय डायस्पोरा की उपलब्धियों के विषय में चार संदर्भों के अंतर्गत चर्चा की जाएगी–सामाजिक–सांस्कृतिक–साहित्यिक, आर्थिक, विज्ञान एवं प्रौद्योगिकी और राजनीतिक। इन चारों संदर्भों के अंतर्गत हम उदाहरणों के माध्यम से यह समझने का प्रयास करेंगे कि भारतीय डायस्पोरा ने किस प्रकार विदेशों में रहकर उपरोक्त क्षेत्रों में अपना महत्त्वपूर्ण योगदान दिया है। जब भी हम सामाजिक–सांस्कृतिक–साहित्यिक संदर्भों की बात करते हैं तो निश्चित रूप से उन संरचनाओं,

विशेषताओं और विमर्शों की बात करते हैं जो भारतीय डायस्पोरा की अलग पहचान बनाने में मदद करती हैं। कला और संस्कृति के क्षेत्र में भारतीय डायस्पोरा का अभूतपूर्व योगदान रहा है। चाहे वह लोक नृत्य हो; गीत-संगीत हो या किसी भी भाषा का साहित्य हो, भारतीयों ने अपनी छाप हर जगह छोड़ी है। यह ज़ाहिर ही है कि जब भी दो संस्कृतियों का मिलन होता है तब समन्वय का निर्माण होता है, जिसे मिश्र (हाइब्रिड) संस्कृति के संदर्भ में समझा जा सकता है। वुःछ ऐसा ही कला और संस्कृति के क्षेत्र में भी हुआ, ख़ास तौर पर यदि हम यूरोपीय देशों और अमेरिका की बात करें तो वहाँ रहने वाले भारतीयों ने कई स्तरों पर समन्वय संगीत का निर्माण किया है। सिर्फ़ भारतीय ही नहीं, अपितु उन देशों के लोग भी भारतीय संगीत से प्रेरित होकर इसकी तरफ आकर्षित हुए हैं। इसी प्रकार से साहित्य के क्षेत्र में भी भारतीयों ने अपना योगदान दिया है। उनको वैश्विक स्तर पर सराहना मिली है। इसी प्रकार से आर्थिक जगत में भी वैश्विक स्तर पर भारतीय डायस्पोरा ने अलग पहचान बनाई है। यही कारण है कि आज भारत की विदेश नीति कुछ हद तक इस बात पर भी निर्भर करती है कि उसका परिणाम उद्योग जगत पर कैसा होगा और ख़ास तौर पर उससे भारतीय डायस्पोरा किस प्रकार प्रभावित होगा। विज्ञान और प्रौद्योगिकी के क्षेत्र में आज भारतीय अग्रणी भूमिका निभा रहे हैं। चाहे वह चिकित्सा जगत हो, सूचना प्रौद्योगिकी का क्षेत्र हो या फिर विज्ञान का क्षेत्र,हर जगह भारतीय डायस्पोरा ने अपने आप को स्थापित किया है। इसी प्रकार राजनीति के क्षेत्र में भी कई देशों में भारतीय डायस्पोरा सक्रिय भूमिका में नज़र आता है। इन्हीं संदर्भों का हवाला देते हुए हम यह जानने का प्रयास करेंगे कि भारतीय डायस्पोरा हमारे देश के निर्माण के लिए कितना महत्त्वपूर्ण है।

सामाजिक-सांस्कृतिक-साहित्यिक उपलब्धि

यदि भारतीय डायस्पोरा का योगदान सांस्कृतिक और साहित्यिक क्षेत्रों में देखने का प्रयास किया जाए तो हमारे सामने वी.एस. नायपाल और अभिमन्यु अनत जैसे उदाहरण हैं। नायपाल ने अंग्रेज़ी में अपना साहित्य लिखा है, जबकि अनत ने हिंदी में। विद्याधर सूरजप्रसाद नायपाल एक भारतीय लेखक हैं। इनका लेखन ब्रिटिश उपनिवेशवाद और उसके प्रभावों से प्रेरित है। इसके साथ-साथ उन्होंने यात्रा वृत्तांत और निबंध भी लिखे हैं। 2001 में नायपाल को साहित्य के लिए नोबेल पुरस्कार से सम्मानित किया गया था। नायपाल का जन्म त्रिनिदाद में 1932 में हुआ था। वे एक ऐसे उदाहरण हैं, जिनका संबंध ब्रिटिश काल में भारतीयों के पलायन से है जिसे हम गिरमिटिया (indenture labour) के नाम से जानते हैं। उनका समाजीकरण एक ऐसे परिवेश में हुआ जो अभावग्रस्त रहा। इसकी छाप उनके लेखन में भी दिखाई देती

है। परंतु इन सभी विषमताओं के बावजूद उन्होंने अपनी विशिष्ट पहचान वैश्विक साहित्यिक जगत में बनाई है।

वहीं दूसरी तरफ यदि हम अभिमन्यु अनत की बात करें, तो एक ऐसे व्यक्तित्व से सामना होता है, जिन्होंने मॉरीशस में हिंदी साहित्य जगत में अपनी पहचान बनाई। उन्होंने गद्य और पद्य दोनों विधाओं में लेखन कार्य किया है। उनकी कविताओं में बिहारी गिरमिटिया की पहचान और उसका मर्म दिखाई देता है। भारतीय डायस्पोरा साहित्य पर शोध की दृष्टि से डॉ. विजय मिश्र ने महत्त्वपूर्ण कार्य किया है। उन्होंने वी.एस. नायपाल, सलमान रश्दी, एम.जी. वस्संजी, शनि मूतू, भारती मुखर्जी, डेविड देबीदीन, रोहिंटन मिस्त्री और हनीफ़ कुरैशी जैसे साहित्यकारों की रचनाओं पर शोध किया है। उन्होंने इसमें यह दिखाने का प्रयास किया है कि कैसे इन रचनाकारों ने भारतीय डायस्पोरा की छवि को उजागर किया है और किस प्रकार नए और पुराने डायस्पोरा के मर्म को अपनी रचनाओं के ज़रिए परिलक्षित किया है।

कला, संस्कृति और साहित्य के क्षेत्र में ए.के. रामानुजन का योगदान भी अद्वितीय है। उनका जन्म मैसूर में 1929 में हुआ था। 1950 के दशक में वह उत्तरी अमेरिका चले गए और वहीं से उच्च शिक्षा प्राप्त की। रामानुजन को लेखक, कवि, लोक साहित्यविद और अनुवादक के रूप में जाना जाता है। उन्होंने मुख्यत: तमिल और कन्नड़ भाषाओं से अंग्रेज़ी में अनुवाद किया है। लोक साहित्य के अध्ययन के प्रति भी उनकी अधिक रुचि रही है। भारत सरकार ने सन् 1976 में रामानुजन को पद्मश्री से सम्मानित किया था। इसी क्रम में श्री के.एस. मनियम का नाम लिया जा सकता है, जिन्होंने अपने आप को मलेशिया में साहित्यकार के रूप में स्थापित किया।

भारतीय नृत्य शैलियों के संदर्भ में भी भारतीय डायस्पोरा का योगदान महत्त्वपूर्ण रहा है। विशेष रूप से कनाडा के परिप्रेक्ष्य में मेनका ठक्कर, रीना सिंघा, सुधा खान्द्वानी, लाता पाडा, जोअन्ना दास, जनक खेंद्री और आलोका मेहंदीरत्ता उल्लेखनीय हैं। इनमें से अधिकतर टोरंटो (कनाडा) में निवास करते हैं। मेनका ठक्कर सुप्रसिद्ध नृत्यांगना हैं जो भरतनाट्यम, ओड़िशी और कुचिपुड़ी शैलियों में रुचि रखती हैं। उन्होंने टोरंटो में नृत्यकला नाम से 'कनाडियन ऐकेडमी ऑफ़ इंडियन डांस' (Canadian Academy of Indian Dance) की स्थापना की। सुधा खान्द्वानी 'कलानिधि फ़ाइन आर्ट्स ऑफ़ कनाडा' (Kala Nidhi Fine Arts of Canada) नामक संस्था के संचालन से संबंधित हैं। उन्होंने कनाडा के नृत्य क्षेत्र में भारतीय नृत्य शैलियों को महत्त्वपूर्ण स्थान दिलाया है।

इन उपलब्धियों के साथ-साथ फ़िल्म जगत में भी भारतीय मूल के लोगों ने अभूतपूर्व योगदान दिया है। इस क्रम में सुप्रसिद्ध फ़िल्म निर्माता और निर्देशिका

दीपा मेहता का नाम उल्लेखनीय है। उन्होंने फ़ायर (Fire), अर्थ (Earth) और वाटर (Water) जैसी चर्चित फ़िल्मों का निर्माण किया। उन्होंने लीक से हटकर महत्त्वपूर्ण एवं विवादास्पद विषयों पर प्रकाश डाला। सिनेमा के अलावा डॉक्यूमेंटरी फ़िल्मों के निर्माण से जुड़े अली कज़िमी भी भारतीय मूल के फ़िल्म निर्माता हैं, जो टोरंटो में रहते हैं। इसी प्रकार मित्रा सेन ने 'रेड डॉट' नामक डॉक्यूमेंटरी का निर्माण किया, जो सांस्कृतिक विवेचना पर आधारित है।

अन्य सांस्कृतिक उपलब्धियों के तौर पर हम कुछ ऐसे धार्मिक और सांस्कृतिक संस्थानों की बात कर सकते हैं, जिनकी स्थापना भारतीयों द्वारा की गई है। इस क्रम में थाईलैंड में कई धार्मिक और सांस्कृतिक संस्थानों की स्थापना की गई है, जो भारतीय संस्कृति और दर्शन का प्रचार और प्रसार विश्व भर में कर रहे हैं। थाई-भारत सांस्कृतिक लांज़ की स्थापना 1940 में इस उद्देश्य के साथ की गई थी कि यह थाई और भारतीय संस्कृति के आपसी संबंधों को उजागर करने और एक समन्वित सांस्कृतिक परिप्रेक्ष्य को समझने और उसका विस्तार करने में सहायक होगा। इसी प्रकार हिंदू धर्म सभा और आर्य समाज जैसी संस्थाओं की भी स्थापना थाईलैंड और अन्य देशों में भी देखने को मिलती है। इसी क्रम में मॉरीशस के गंगा तालाब की चर्चा करना प्रासंगिक होगा, जो अब एक पवित्र संकुल (sacred complex) के रूप में देखा जाता है। इस संकुल पर हर साल महाशिवरात्रि का पर्व मनाने दूर-दूर से श्रद्धालु आते हैं।

इन सभी सांस्कृतिक और साहित्यिक गतिविधियों में भारत की छाप देखने को मिलती है। इनके माध्यम से भारतीय संस्कृति का प्रचार और उसकी पहचान संभव हो पाई है। पलायन की प्रवृत्ति सभी जीव-जंतुओं में होती है, परंतु मनुष्यों के संदर्भ में पलायन केवल व्यक्ति या समूह का ही नहीं होता, अपितु उसके मूल्यों और विश्वासों का भी होता है। यही कारण है कि मनुष्य अपने साथ अपनी सांस्कृतिक धरोहर भी दूसरे देश ले जाता है और उसको अपने परिवार एवं सामूहिक-सामुदायिक स्तर पर जीवित रखने का प्रयास करता है। दूसरी संस्कृति के साथ भारतीय संस्कृति का सामना होने पर दोनों संस्कृतियों में एक प्रकार का सांस्कृतिक बहाव (cultural flow) होता है और आने वाली पीढ़ियाँ इस बहाव में दिखाई देती हैं। वैश्विक स्तर पर भारतीय संस्कृति ने अपनी एक अलग पहचान बनाई है जो भारतीय डायस्पोरा को अपनी गृहभूमि (homeland) के साथ जोड़ती है।

राजनीतिक उपलब्धि

राजनीतिक स्तर पर भी भारतीय डायस्पोरा ने अलग मुकाम हासिल किया है। आज कई देशों में भारतीय मूल के लोग उच्च संवैधानिक पदों पर आसीन हैं। देशों की

राजनीतिक व्यवस्था में भी भारतीयों का योगदान और सहयोग अतुलनीय है। यदि कुछ सरकारी दस्तावेज़ों की मदद से भारतीयों की राजनीतिक उपलब्धि को जानने का प्रयास किया जाए, तो भारत सरकार के प्रवासी कार्य मंत्रालय की वेबसाइट के माध्यम से कुछ प्रकाश इस बिंदु पर डाला जा सकता है। मॉरीशस के राष्ट्रपति सर अनिरुद्ध जगन्नाथ और प्रधानमंत्री डॉ. नवीनचंद्र रामगुलाम, दोनों ही भारतीय मूल के हैं। इसके साथ–साथ कई महत्त्वपूर्ण मंत्रालयों के मंत्री पद पर भी भारतीय मूल के लोग आसीन हैं। न केवल मॉरीशस बल्कि फ़िजी, गयाना, मलावी, मलेशिया, मोज़ाबिक, न्यूज़ीलैंड, सिंगापुर, साउथ अफ़्रीका, श्रीलंका, सूरीनाम, त्रिनिदाद और टोबैगो जैसे देशों में भी महत्त्वपूर्ण पदों पर भारतीय मूल के लोग आसीन हैं। सिंगापुर के संदर्भ में सी.वी. देवन नायर का महत्त्वपूर्ण स्थान है। श्री देवन सिंगापुर के तीसरे राष्ट्रपति थे। सिंगापुर की राष्ट्रीय ट्रेड यूनियन कांग्रेस के निर्माण में भी उनका योगदान अतुलनीय था। भारतीय मूल के एस.आर. नाथन भी सिंगापुर के छठे राष्ट्रपति रह चुके हैं। इसी प्रकार एस. राजरत्नम भी सिंगापुर में लगभग 29 वर्षों तक संसद सदस्य रहे। मॉरीशस के संदर्भ में श्री शिवसागर रामगुलाम का व्यक्तित्व स्मरणीय है। उनका जन्म 1900 में हुआ। वह 1968 में स्वतंत्र मॉरीशस के पहले प्रधानमंत्री बने। वह मॉरीशस के राष्ट्रपिता के रूप में भी जाने जाते हैं। कनाडा, फ़्रांस, जर्मनी, गयाना, इंडोनेशिया, आयरलैंड, मलेशिया, मॉरीशस, पनामा, तंज़ानिया, यू.के. (ब्रिटेन) और जिंबाब्वे में भारतीय मूल के लोग उन देशों की संसद के सम्माननीय सदस्य हैं। इससे यह बात साफ़ होती है कि भारतीय मूल के लोगों ने न केवल सांस्कृतिक क्षेत्रों में बल्कि राजनीतिक क्षेत्र में भी अभूतपूर्व योगदान दिया है और दे रहे हैं।

आर्थिक उपलब्धि

आर्थिक दृष्टिकोण से भारतीय डायस्पोरा एक ऐसा समूह है, जिसमें वैश्विक स्तर के बड़े–बड़े कार्पोरेट घराने शामिल हैं। यह एक ऐसा सशक्त समूह है, जो भारत के विकास के दृष्टिकोण से भी महत्त्वपूर्ण है। आज किसी भी देश को विकास के लिए अधिक से अधिक पूँजी की आवश्यकता होती है और भारतीय डायस्पोरा भारत के संदर्भ में इस आवश्यकता को पूरा कर सकता है। भारतीय डायस्पोरा की आर्थिक ताकत का अनुमान इस बात से लगाया जा सकता है कि उत्तरी अमेरिका में भारतीय मूल के लोगों की पारिवारिक आमदनी 60,093 डॉलर है, जबकि राष्ट्रीय स्तर की पारिवारिक आमदनी औसतन 38,885 डॉलर ही है। आज उद्योग का मक्का कहे जाने वाले सिलिकॉन वैली में हर 10 में से 4 उद्योग भारतीयों के ही हैं। लगभग 7 प्रतिशत कंपनियों के प्रमुख भी भारतीय या भारतीय मूल के

लोग ही हैं। बड़ी-बड़ी विदेशी कंपनियों में भी आज भारतीय मूल के लोगों की हिस्सेदारी है। अमेरिका स्थित मेकैंजी कंपनी के हिस्सेदार भारतीय मूल के श्री रजत गुप्ता हैं।

खाड़ी के देशों में भी आप्रवासी भारतीयों की संख्या अधिक है। खुदरा एवं थोक व्यापार में उनकी अच्छी भागीदारी है। उनके पास संसाधनों की कमी नहीं है। उनकी रुचि भारत में निवेश करने की रहती है। वे भारत में ज़मीन और पूँजी में निवेश करते हैं। इसका लाभ भारत को आर्थिक रूप से मिलता है। यू.के. (ब्रिटेन) में भी बड़ी तादाद में भारतीय मूल के लोग बसते हैं। यू.के. में 40 प्रतिशत तक दवाओं की बिक्री भारतीयों के हाथ में है। इसके साथ-साथ नीदरलैंड्स जर्मनी और अन्य देशों में भी भारतीय डायस्पोरा आर्थिक क्षेत्र में अभूतपूर्व योगदान दे रहा है।

उद्योग जगत में कुछ प्रमुख भारतीय मूल के लोगों के नाम सामने आते हैं। श्री लक्ष्मी निवास मित्तल भारत, एशिया, यू.के. और यूरोप में सबसे धनी व्यक्तियों की सूची में शामिल हैं। 2012 में हुए सर्वेक्षण के अनुसार श्री मित्तल ब्रिटेन के सबसे धनी व्यक्ति हैं। उनका मुख्य कारोबार स्टील के निर्माण और बिक्री का है। वह आर्सेलर-मित्तल कंपनी के मुख्य कार्यकारी अधिकारी हैं। मलेशिया के भारतीय मूल के निवासी श्री टोनी फ़र्नांडिस ने 'एयर एशिया' नामक कंपनी प्रारंभ की और कम लागत में हवाई यात्रा के क्षेत्र में महत्त्वपूर्ण योगदान दिया। पंजाब और गुजरात से पलायन कर विदेशों में जाने वाले और वहाँ आर्थिक जगत में नाम कमाने वाले शान चंद्रशेखर, ब़ॉब ढिल्लों और असा जोहल हैं। उन्होंने कनाडा के व्यापार क्षेत्रों में अपने आप को स्थापित किया। इसी प्रकार ऐसे बहुत से उदाहरण मिल जाएँगे, जिन्होंने अर्थ जगत में उपलब्धि हासिल की है।

विज्ञान और प्रौद्योगिकी के क्षेत्र में उपलब्धि

भारतीय डायस्पोरा ने विज्ञान और प्रौद्योगिकी के क्षेत्र में महत्त्वपूर्ण भूमिका निभाई है। भारत में ब्रिटिश शासन के समय जो भारतीय गिरमिटिया के बतौर बाहर गए, उनमें से अधिकतर लोग मज़दूरी करने गए थे या ले जाए गए थे। उन लोगों का शैक्षणिक स्तर कम था, परंतु आने वाली पीढ़ियों को उच्च शिक्षा प्रदान की गई और एक बौद्धिक पूँजी का निर्माण हुआ। भारत से दूसरे चरण का पलायन बीसवीं शताब्दी में हुआ, जिसका मुख्य कारण विदेशों में भारतीय विज्ञान और प्रौद्योगिकी के क्षेत्र में बढ़ते अवसरों मे देखा जा सकता है। विज्ञान जगत में भारतीय डायस्पोरा की उपलब्धि के परिप्रेक्ष्य में दो नाम सर्वप्रथम हमारे सामने आते हैं-डॉ. हरगोविंद

खुराना और डॉ. चंद्रशेखर। इन दोनों ने विज्ञान के क्षेत्र में अभूतपूर्व योगदान दिया और नोबेल पुरस्कार से सम्मानित हुए।

सांस्कृतिक, राजनीतिक और आर्थिक क्षेत्रों के साथ-साथ विज्ञान और प्रौद्योगिकी के क्षेत्र में भी भारतीय डायस्पोरा की एक महत्त्वपूर्ण उपलब्धि भारत के प्रति अपने योगदान के संदर्भ में रही है। विज्ञान और प्रौद्योगिकी के क्षेत्र में भारतीय डायस्पोरा की सहायता से कई उपक्रम भारत में खोले और संचालित किए जा रहे हैं। अनेक भारतीय शैक्षणिक और अनुसंधान संस्थानों में प्रयोगशालाओं और अध्ययन केंद्रों की स्थापना की गई है। इसके साथ-साथ भारत से अधिक तादाद में छात्र/छात्राएँ विदेशों में उच्च शिक्षा प्राप्त करने जा रहे हैं और वहीं बस भी रहे हैं। ब्रिटेन और उत्तरी अमेरिका में अधिक तादाद ऐसे भारतीयों की है, जो स्वास्थ्य/चिकित्सा के पेशे से जुड़े हुए हैं। कई बड़ी और महत्त्वाकांक्षी विदेशी परियोजनाओं में भी भारतीय मूल के वैज्ञानिक महत्त्वपूर्ण भूमिका में नज़र आते हैं।

विज्ञान और प्रौद्योगिकी के क्षेत्र में भारतीय डायस्पोरा की उपलब्धियों का लाभ भारत भी लेना चाह रहा है। भारत सरकार के विशेष कार्यक्रम के अंतर्गत भारतीय मूल के लोग कुछ समय के लिए भारत आकर तकनीकी योगदान भारतीय परियोजनाओं को भी दे रहे हैं। इस क्रम में एक महत्त्वपूर्ण कार्यक्रम है TOKTEN (Transfer of Know how Through Expatriate Nationals) इसका संचालन 1980-2001 के बीच हुआ। इसमें भारतीय मूल के 650 लोगों को 250 भारतीय संस्थाओं में संलग्न किया गया और उनके ज्ञान का उपयोग भारतीय विज्ञान और प्रौद्योगिकी के क्षेत्र में किया गया। ऐसे अन्य कार्यक्रम आज भी भारत सरकार द्वारा चलाए जा रहे हैं। ये सभी कार्यक्रम और ऐसे अन्य प्रयास स्पष्ट करते हैं कि भारतीय डायस्पोरा ने विज्ञान एवं प्रौद्योगिकी के क्षेत्र में अभूतपूर्व उपलब्धि हासिल की है।

आज आवश्यकता इस बात की है कि किस प्रकार भारत इन उपलब्धियों का लाभ उठा कर अपने विकास से भारतीय डायस्पोरा को जोड़ सकता है। भारतीय डायस्पोरा वर्तमान परिस्थितियों में गृहभूमि (homeland) के साथ जुड़ने का हर संभव प्रयास कर रहा है। खास तौर पर आर्थिक क्षेत्र में भारत विशाल बाज़ार बन कर उभरा है। भारतीयों की ख़रीदने की क्षमता में बढ़ोत्तरी हुई है। इस क्षमता का लाभ भारतीय मूल के लोग भारत में व्यापार के ज़रिए लेना चाहते हैं। इसके विपरीत कई बार कुछ ऐसे राजनीतिक और नीतिगत मुद्दे होते हैं, जिनके कारण संसाधनों और सुअवसरों को हम खो देते हैं। जनवरी 2012 में आयोजित प्रवासी भारतीय दिवस में भारतीय मूल के कुछ लोगों ने यह मुद्दा उठाया कि भारत में कुछ ऐसी प्रक्रियागत समस्याएँ हैं, जिनका निवारण भारतीय डायस्पोरा के साथ संबंध बनाने के लिए अनिवार्य है। आने वाले समय में अपनी नीतियों में बदलाव कर एक ऐसे

वातावरण का निर्माण करना होगा, जिससे दोनों पक्ष–डायस्पोरा और भारत एक-दूसरे की उपलब्धियों का लाभ उठा सकें। ये प्रयास भारत को वैश्विक स्तर पर एक सशक्त राष्ट्र की तरह स्थापित करने में मदद करेंगे।

संदर्भ

1. लाल बी.वी., रीव्स पी., और राय आर (संपा.)। 2007, द एनसॉयक्लोपीडिया ऑफ़ द इंडियन डायस्पोरा। ऑक्सफोर्ड यूनिवर्सिटी प्रेस नई दिल्ली।
2. भारतीय डायस्पोरा पर उच्च स्तरीय समिति की रिपोर्ट. 2001 (<http://indiandiaspora.nic.in> वेबसाइट पर उपलब्ध)।
3. <http ://indiandiaspora.nic.in.
4. <http ://moia.gov.in.
5. <http ://222.nobelprize.org/nobel_prizes/literature/laureates/2001/naipaul-bio.html.
6. <http ://222.equinoxpub.com/ROSA/article/viewArticle/7146.
7. <http ://routledg.customgateway.com/routledge-literature-postcolonial-studies/>twentieth-century-literature/literature-of-the-indian-diaspora l html.

9

भारत से दूर लघु भारत

राजीव रंजन राय

"वट-वृक्ष को जानने के लिए मात्र इसकी मूलभूमि में खड़े तने को ही नहीं देखा जाना चाहिए, बल्कि इसके साथ ही अन्य भूमियों में इसकी बढ़ोत्तरी को खोजना चाहिए, तभी इसकी जीवनी शक्ति का वास्तविक परिचय मिल सकेगा। भारतीय सभ्यता एक वट-वृक्ष की भाँति है, जिसकी गुणकारी छाया अपने जन्मस्थान से सुदूर तक फैली हुई है...भारत, राजनीतिक भारत नहीं, अपितु आदर्श भारत, विदेशों में विस्तार पाकर जीवंत तथा वृद्धिमान हो सकता है।"

–रवींद्रनाथ ठाकुर (टिंकर 1977: iii द्वारा उद्धरित)

भारत से दूर 'लघु भारत' रवींद्रनाथ के उस भारत की अभिव्यक्ति है, जिसमें भारतीयता अपने नानाविध रूपों में जीवंत और वृद्धिमान है। यह लघु भारत उन प्रवासी भारतीय समुदायों से मिलकर बना है, जिन्होंने इतिहास के विभिन्न काल खंडों में क्रमिक रूप में अलग-अलग व्यवस्थाओं के अंतर्गत विश्व के अनेक स्थानों के लिए प्रस्थान किया। प्राचीन व्यापारिक और धार्मिक समूहों, औपनिवेशिक 'कुली' श्रमिकों से लेकर स्वतंत्र भारत के 'प्रतिभा-पलायन' से जुड़े समूह और आधुनिक वैश्विक प्रबंधकों-तकनीकी विशेषज्ञों द्वारा विश्व के अधिकांश देशों में भारतीय संस्कृति अपने सजीव रूप में उपस्थित है। इन वैश्विक प्रवासी भारतीय समुदायों को भारतीय डायस्पोरा के नाम से जाना जाता है। इन प्रवासी समुदायों द्वारा भारतीय स्वभूमि की अधिकांश जीवनशैली को यथासंभव बनाए रखा गया है या देशकाल एवं परिस्थिति अनुरूप उन्हें पुनर्गठित किया गया है। इनमें भारतीय पारिवारिक प्रणाली, जीवन मूल्य, धार्मिक विश्वास, पूजा-उपासना पद्धति, रीति-रिवाज़, त्योहार, गीत-संगीत, पहनावा और खान-पान आदि सम्मिलित हैं। प्रवासी भारतीय समुदायों द्वारा अपनी जीवन शैली से विश्व के अनेक देशों में लघु भारत को स्थापित किया

गया, जिसमें भारतीय जीवन पद्धति के लगभग सभी विविध स्वरूप अपने नवीन रूप में दिखाई देते हैं।

इक्कीसवीं सदी का भारतीय डायस्पोरा 'नए डायस्पोरा' और 'पुराने डायस्पोरा' दोनों का सम्मिलित रूप है। भारतीय डायस्पोरा ने अत्यंत कठिन संघर्ष के साथ अपने कौशल और सृजनात्मक क्षमता के बल पर नए गंतव्य देशों की सामाजिक दशाओं से सामंजस्य स्थापित करते हुए अपनी पहचान को संरक्षित रखा है। भारतीय डायस्पोरा ने अपनी भाषाओं, बोलियों, धार्मिक मूल्यों और सांस्कृतिक मान्यताओं को संरक्षित रखने का सफल प्रयास किया है। साथ ही इसने लोकप्रिय संस्कृति (संगीत, नृत्य और सिनेमा आदि) के विकास में गर्मजोशी के साथ अपनी क्षमता का प्रदर्शन किया है। इनके इन प्रयासों के कारण ही आधुनिक वैश्विक गाँव में भारत एक प्रमुख सांस्कृतिक शक्ति के रूप में उभर रहा है, इससे भारतीयता की नई पहचान भी रेखांकित हो रही है।

वर्तमान में भारतीय उपमहाद्वीप अथवा दक्षिण एशिया मूल के लगभग 2,00,00,000 लोग भारत, पाकिस्तान और बंगलादेश के बाहर रहते हैं, जिसमें प्रमुख रूप से अफ्रीका, कैरेबियाई और ओशेनिया क्षेत्र सम्मिलित हैं। यद्यपि उनके अनुकूलन में क्षेत्रीय विविधता पाई जाती है, फिर भी उनके द्वारा आम तौर पर 'भारतीय पहचान' का प्रदर्शन किया जाता है। इन लोगों में यह भावना पाई जाती है कि उनकी आगामी पीढ़ियाँ उनके द्वारा अपनाए गए देशों में समृद्धि प्राप्त करने के बावजूद भारतीय पारिवारिक मूल्यों को तरजीह दें, अन्य भारतीयों से विवाह-संबंध बनाए रखें और उनकी सामान्य संस्कृति को साझा करें। दूसरे शब्दों में, अधिकांश दक्षिण एशियाई लोगों द्वारा समुद्रपारीय क्षेत्रों में बसने के बावजूद भारतीय संस्कृति, मूल्य, भाषा और धर्म को यथासंभव बनाए रखने का प्रयास किया गया है। इसके अतिरिक्त भारतीय डायस्पोरा समुदायों द्वारा आधुनिक जनसंचार माध्यमों, इंटरनेट और व्यक्तिगत यात्राओं के माध्यम से स्वभूमि से फिर जुड़ने का प्रयास किया जा रहा है।

अकादमिक डायस्पोरा विमर्श के अंतर्गत प्रतिकूल माहौल में स्वसंस्कृति का पुनरुत्पादन और स्वभूमि से संबंध बनाए रखने की भावना को डायस्पोरा की अवधारणा का मुख्य लक्षण माना गया है। कुछ विद्वानों ने अपने क्षेत्रकार्य और अभिलेखीय शोध के दौरान यह पाया कि कुछ समुद्रपारीय भारतीय समुदायों की रुचि स्वभूमि से जुड़ने में नहीं रही है। उनका मानना है कि भारत सरकार ने उन्हें उनकी ऐतिहासिक जड़ों से अलग कर दिया है। इस तरह के उदाहरण विभाजन के बाद भारतीय मुसलमानों और युगांडा में ईदी अमीन द्वारा बहिष्कृत किए जाने के पश्चात भारतीय अफ्रीकियों के हैं। जबकि दूसरी ओर नीदरलैंड्स के 'दोबारा

प्रवासित' (ट्वाइस माइग्रेंट्स) हिंदुस्तानी लोगों में भारतीय और सूरीनामी दोनों पहचानों से जुड़े रहने की प्रवृत्ति पाई जाती है। इसके अतिरिक्त यह भी देखा गया है कि पूर्वजों के गाँवों से पुनः जुड़े लोगों में आरंभिक उत्साह दिखाई देता है। कुछ समय बाद व्यावहारिक धरातल पर उतरने के पश्चात उनके पारिवारिक सदस्यों से संबंध धीरे-धीरे अन्यमनस्कता की ओर अग्रसर होते जाते हैं और कुछ स्थितियों में असहजता भी देखी जा सकती है।

भारतीय डायस्पोरा में सामाजिक-सांस्कृतिक निरंतरता

प्रवासी भारतीयों में डायस्पोरा समुदायों की उत्पत्ति और एक समुदाय के रूप में उनका विकास स्वतःस्फूर्त (सुई जेनेरिस) न होकर मेज़बान देशों की सामान्य ऐतिहासिक प्रक्रियाओं से गहराई से जुड़ा हुआ है। इन देशों में हुए राजनीतिक, आर्थिक और सामाजिक परिवर्तन भारतीय प्रवासियों को डायस्पोरा समुदाय बनाने में सदा प्रभावित करते रहे हैं।

प्रवासी भारतीय समूहों के डायस्पोरा समुदाय के रूप में उभार उनके द्वारा पूर्वजों की भूमि के सामाजिक संगठन से जुड़ी संस्थाओं को मेज़बान देशों में भी बनाए रखने का कारण ही संभव हुआ है। इनमें सर्वाधिक महत्त्वपूर्ण परिवार और नातेदारी संबंधों के नेटवर्क को मज़बूती प्रदान करने वाले विवाह संस्कार हैं। स्वभूमि के मूलभूत माने जाने वाले सामाजिक संगठन से जुड़ी जाति-व्यवस्था भी इनमें से एक संस्था है। गाँव के बुजुर्ग व्यक्तियों की समिति आधारित व्यवस्था 'पंचायत' सामुदायिक मामलों पर नियंत्रण बनाने के एक साधन के रूप में चलती रही।

औपनिवेशिक काल की कुछ डायस्पोरा घटकों (कैरेबियन, मॉरीशस और फ़िजी) में पारंपरिक सामाजिक संस्थाओं की निरंतरता को बनाए रखने की अनुकूल दशाएँ नहीं थीं। यहाँ तक कि ये सामाजिक संस्थाएँ और इनसे जुड़े व्यवहार बिखर गए, लेकिन इन श्रमिक बस्तियों के समुदाय के रूप में उभरने के पश्चात इन पारंपरिक संस्थाओं को कमोबेश पुनर्गठित कर लिया गया। जाति-व्यवस्था लगभग लुप्त हो गई थी। जिन स्थानों पर इनके कुछ तत्त्वों की झलक मिल जाती है, वे न तो प्रक्रियात्मक महत्त्व और न ही संरचनात्मक महत्त्व के रह गए हैं। परिवार ही एकमात्र संस्था है, जिसे स्थानीय सामाजिक-आर्थिक दशाओं में भी प्रभावी रूप से पुनर्गठित कर लिया गया है। इस प्रकार भारतीयों के डायस्पोरा समुदाय के रूप में संगठित होने पर स्थानीय मेज़बान समाज की आतंरिक गतिकी की स्पष्ट छाप दिखाई देती है।

विदेशों में बसे भारतीय समुदायों में प्रथम पीढ़ी के प्रवासी लोगों द्वारा ले जाई गई सांस्कृतिक गठरी (कल्चरल बैगेज) की अप्रतिम भूमिका रही है। इस गठरी में

धर्म, भाषा, संगीत, कला, पहनावा, पाक-कौशल आदि क्षेत्रीय विविधता वाले लोक-स्वरूप विद्यमान थे। अलग-अलग मेज़बान परिस्थितियों में इन तत्त्वों से संबंधित अनुभव कमोबेश विविधता भरे हैं।

प्रवासन की सामाजिक-सांस्कृतिक प्रक्रियाओं में सामान्य तौर पर पूर्वज भूमि से जुड़ाव, पारंपरिक सांस्कृतिक-सामाजिक प्रथाओं की निरंतरता और इनमें होने वाले परिवर्तन को देखा जाता है। डायस्पोरा दशाओं में प्रवासी समूह या व्यक्ति की सांस्कृतिक पहचान का निर्माण गंतव्य स्थल की सामाजिक व्यवस्था से प्रभावित होती है। प्रवासी भारतीय समुदायों की वर्तमान स्थिति तीन प्रवृत्तियों की ओर संकेत करती है। प्रथम, इनके द्वारा भारतीय सामाजिक संरचनाओं का पुनर्सृजन किया जाता है। द्वितीय, इन समुदायों द्वारा मेज़बान देशों की भूमि पर अपनी स्वभूमि की देशज संस्कृति के प्रति अधिक लगाव प्रदर्शित किया जाता है। तृतीय, इन समुदायों द्वारा गंतव्य देशों में सांस्कृतिक एकीकरण की तुलना में आर्थिक एकीकरण की ओर ज़ोर दिया जाता है।

भारत की सामाजिक विविधता की ही भाँति विदेशों में भी भारतीय समुदाय अत्यंत विविधतापूर्ण स्थिति में है। इनकी विविधता क्षेत्रीय, भाषिक, धार्मिक और कुछ स्थानों पर जातिगत आधारों पर प्रकट होती है। भारतीय डायस्पोरा के सामाजिक संगठन और पहचान निर्माण में क्षेत्रीयता और धर्म प्रमुख निर्धारक कारक हैं, जबकि इसके विपरीत भाषा और जाति की भूमिका सीमित है। भारतीय डायस्पोरा का संगठनात्मक स्वरूप इस बात को और अधिक स्पष्ट करता है। अमेरिका में सक्रिय कुछ प्रमुख भारतीय डायस्पोरा संगठन हैं–बंगाली कल्चरल एसोसिएशन, बंगाली प्रवासी, बिहार समाज, गुजराती कल्चरल एसोसिएशन (जी.सी.ए.), कन्नड़ कूट ऑफ़ नॉदर्न कैलीफोर्निया, इंडियन कल्चरल एसोसिएशन, मलयाली एसोसिएशन ऑफ़ नॉदर्न कैलीफ़ोर्निया, महाराष्ट्र मंडल, पंजाबी कल्चरल एसोसिएशन, मुस्लिम कम्युनिटी एसोसिएशन (एम.सी.ए.), सिंधी एसोसिएशन ऑफ़ अमेरिकन बे एरिया, तमिल मनरम्, तेलुगु बे एरिया एसोसिएशन आदि हैं। लगभग इसी प्रकार के संगठन अन्य स्थानों में विद्यमान हैं। इससे यह स्पष्ट होता है कि भारतीय डायस्पोरा में अखिल भारतीय स्वरूप होने के बजाय क्षेत्रीय और धार्मिक आधार पर संगठनों की संख्या का अस्तित्व अधिक है।

भारतीय डायस्पोरा द्वारा प्रदर्शित की जा रही विविधता के मूल में सांस्कृतिक अस्मिता को केंद्रीय तत्त्व के रूप में माना जा सकता है। इन प्रवासी समुदायों द्वारा क्षेत्रीय और भाषिक आधार पर अपनी अस्मिता को विदेशी भूमि पर बनाए रखा गया है। यह पंजाबी, गुजराती, बंगाली, तमिल, मराठी, हिंदू, मुस्लिम, सिक्ख आदि पहचानों को संरक्षित रखे हुए है। इन गंतव्य देशों में बसे अन्य लोगों से अंतर्क्रिया

में इनकी भारतीय पहचान ही प्रमुखता पाती है। क्षेत्रीय, भाषिक और धार्मिक पहचान भारतीय डायस्पोरा के विभिन्न समुदायों की आपसी अंतर्क्रिया के संदर्भ में सक्रिय दिखाई देती है।

भारतीय डायस्पोरा में अपनी मूल सांस्कृतिक परंपरा और मूल्यों से ज़्यादा लगाव और उसके संरक्षण की प्रवृत्ति दिखाई देती है। वे अपने समुदाय की अंतर्विवाही प्रथा, वैवाहिक स्थिरता, पारिवारिक एकता, नातेदारी जुड़ाव, धार्मिक विश्वास और मातृभाषा के प्रति आग्रही होते हैं। इनकी सांस्कृतिक संरक्षण प्रणालियों में मंदिर, गुरुद्वारा और मस्जिद, भजन-कीर्तन, अखंड पाठ, रामायण गुटका, पारंपरिक संगीत, नृत्य, तीज-त्योहार आदि सम्मिलित हैं। विदेशों में बसे भारतीयों में परंपरा के प्रति लगाव को देखकर कहा जा सकता है कि वे भारतीयों की तुलना में अपने को ज़्यादा भारतीय मानते हैं। विभिन्न विद्वानों ने इस सांस्कृतिक आग्रहवादिता को विदेशी भूमि में प्रतिरक्षा प्रणाली, मानसिक क्षतिपूर्ति, सभ्यतागत जुड़ाव आदि के रूप में माना है।

भारतीय डायस्पोरा में सामाजिक-सांस्कृतिक प्रक्रियाएँ

आप्रवासी समुदायों के अनुकूलन को सामान्यतया छह चरण की प्रक्रिया माना जाता है। ये चरण हैं : सांस्कृतिक आघात, संगठन और उभरती जागरूकता, उच्च वर्गों का समावेशन, आक्रामकता और वैमनस्यता की समाप्ति, समायोजन का प्रारंभ। ये सभी चरण गंतव्य स्थल की स्थानीय स्थितियों और दशाओं पर निर्भर होते हैं। भारतीय डायस्पोरा भी विभिन्न देशों में इन चरणों से गुज़रता हुआ वर्तमान स्थिति में है। विदेशों में बसे भारतीय समुदायों में समायोजन के तीन स्तर देखे जा सकते हैं:

(क) **विलय की प्रक्रिया** : सम्मिलन (एसिमिलेशन),

(ख) **अनुकूलन की प्रक्रिया** : आर्थिक एकीकरण के साथ सांस्कृतिक संरक्षण,

(ग) **प्रभुत्व स्थापित करने की प्रक्रिया** : नृजातीय आधार पर राजनीतिक शक्ति का उभार।

प्रथम स्तर के उदाहरण के तौर पर जमैका और ग्रेनाडा के भारतीय समुदायों को लिया जा सकता है। दूसरे स्तर के उदाहरण के रूप में दक्षिण पूर्व एशिया, पूर्वी अफ़्रीका, ब्रिटेन, संयुक्त राज्य अमेरिका और कनाडा के आप्रवासी भारतीय समुदाय हैं। इस स्तर का विस्तार सर्वाधिक है। तृतीय स्तर के उदाहरण के रूप में मॉरीशस, गयाना, त्रिनिदाद, फ़िजी और श्रीलंका को लिया जा सकता है। इन देशों में भारतीय समुदायों ने राजनीतिक शक्ति के रूप में उभरने का प्रयास किया है। मॉरीशस के भारतीय समुदायों का प्रयास ही सफल कहा जा सकता है। अन्य स्थानों पर स्थानीय समुदायों से व्यापक विरोध की स्थिति का सामना करना पड़ा है।

भारतीय डायस्पोरा के गंतव्य स्थलों में अन्य समुदायों से एकीकरण अथवा अनुकूलन की विविधता भरी स्थितियों को प्रभावित करने वाले कारकों को निम्न समूहों में विभक्त कर समझा जा सकता है :

1. **आप्रवासियों की पृष्ठभूमि और विशेषताएँ :** इसके अंतर्गत उत्प्रवासी समुदायों के प्रवासन के समय और दशाओं, प्रवासन की प्रेरणाओं, एजेंसियों और अन्य व्यवस्थाएँ, उत्प्रवासियों की नस्ली, धार्मिक, जातिगत, वर्गीय और सामुदायिक पृष्ठभूमि, उत्प्रवासियों की व्यक्तिगत विशेषताएँ– शिक्षा, कौशल, और व्यावसायिक स्थिति और भाषा की जानकारी आदि सम्मिलित हैं।
2. **गंतव्य देशों में इन समुदायों की जनांकिकीय, पीढ़ीगत और संगठनात्मक स्थिति :** इसके अंतर्गत गंतव्य देशों में प्रवासी समुदायों और मेज़बान समुदायों की जनसांख्यिकीय स्थिति–संख्या तथा अनुपात, भारतीय प्रवासियों और अन्य प्रवासियों की तुलनात्मक स्थिति, प्रवासी भारतीयों की अल्पसंख्यक/बहुसंख्यक स्थिति, पीढ़ीगत संरचना, गंतव्य स्थलों में इनका संकेंद्रण, इनकी आंतरिक समानता और असमानता, इनके नृजातीय और धार्मिक संगठनों के प्रसार की स्थिति, देशज समाजों में इनके समावेशन और बहिष्कार की स्थिति आदि सम्मिलित हैं।
3. **मेज़बान समाजों में इनकी आर्थिक उपलब्धि और शक्ति समीकरण :** मेज़बान अर्थव्यवस्था के विभिन्न क्षेत्रों में उत्प्रवासियों की संख्या और अनुपात, स्थानीय लोगों की तुलना में रोज़गार की स्थिति, आर्थिक उपलब्धि, सफलता और असफलता, घरेलू अर्थव्यवस्था में इनकी तुलनात्मक भूमिका की स्थिति, घरेलू राजनीतिक व्यवस्था में भागीदारी की स्थिति और स्तर, वैधानिक, प्रशासनिक और न्यायिक ढाँचे में हिस्सेदारी, रोज़गार, विशेषज्ञता, आमदनी तथा प्रभुत्व के क्षेत्रों में स्थानीय लोगों में व्याप्त भय की स्थिति आदि।
4. **मेज़बान समुदायों की सांस्कृतिक और धार्मिक प्रतिक्रिया :** गंतव्य देशों में पूर्व से बसे हुए समुदायों का सामान्य रूप से नव–प्रवासी समुदायों और विशेष रूप से भारतीय समुदायों के प्रति दृष्टिकोण को महत्त्वपूर्ण माना जाता है। उत्प्रवासी समुदायों के प्रति उनकी धारणा सामान्य तौर पर नस्ली और सांस्कृतिक श्रेष्ठता अथवा निम्नता की भावना पर आधारित होती है। इसी प्रकार आप्रवासी समुदायों का देशज संस्कृति के तत्त्वों को अपनाने के प्रति खुलापन और सहिष्णुता बरतना भी महत्त्वपूर्ण होता है। दोनों समुदायों का एक–दूसरे के प्रति

नृजातीय पूर्वाग्रह, लांछन, रूढ़िवादिता और सांस्कृतिक वैमनस्यता, धर्म परिवर्तन के प्रति आग्रही होने की स्थिति, एकीकरण और अनुकूलन की प्रक्रिया को प्रभावित करते हैं।

5. **गंतव्य देशों में विकास का स्तर और मानव शक्ति की माँग की स्थिति :** मेज़बान देश की अर्थव्यवस्था के विकास की स्थिति और स्थानीय उद्योगों द्वारा श्रमिकों की माँग की स्थिति इन देशों में आप्रवासी समुदायों की उपस्थिति को स्वीकृति प्रदान करने में महत्त्वपूर्ण भूमिका निभाती हैं।
6. **आप्रवासियों के संबंध में राजकीय नीति :** आप्रवासियों के समुदायों के प्रति किसी भी गंतव्य देश की राजकीय नीति को सर्वाधिक महत्त्वपूर्ण माना जाना चाहिए। इसके अंतर्गत आव्रजन और आप्रवासी नीति, आप्रवासियों के नागरिक अधिकार, संविदा और अनुबंध, विधि और निषेधाज्ञा, संपत्ति के अधिकार आदि को सम्मिलित किया जाता है। इसके अतिरिक्त मेज़बान देशों में बहुसांस्कृतिकता की स्थिति को बढ़ावा देने में इनकी धार्मिक/सांस्कृतिक नीतियों को भी महत्त्वपूर्ण माना जाता है।

प्रवासी भारतीय समुदायों की सामाजिक-सांस्कृतिक विविधता के संबंध में विभिन्न विद्वतापूर्ण लेखों के अनुशीलन से यह बात स्पष्ट तौर पर उभरती है कि इन समुदायों के स्थानीय अनुकूलन में इनके मूल स्थानों और पृष्ठभूमि की स्पष्ट छाप दिखाई देती है। कैरेबियाई क्षेत्रों के भारतीय समुदायों के धार्मिक विश्वासों और पूजा पद्धतियों में भारतीय सभ्यता की लघु परंपरा के दर्शन होते हैं। लघु परंपरा का मूल स्रोत भारतीय गाँवों में माना जा सकता है। काली माई की पूजा, डीह की स्थापना आदि इसके उदाहरण हैं। इसी तरह उत्तरी अमेरिका के प्रवासी समुदायों में भारत के सांस्कृतिक-हिंदुत्व के तत्त्व अधिक मात्रा में पाए जाते हैं। भारत-भूमि के सामाजिक-सांस्कृतिक आंदोलनों ने भी प्रवासी भारतीय समुदायों की जीवन पद्धति को गहराई से प्रभावित किया है। भारत में हिंदू सुधारवादी आंदोलन आर्य-समाज की स्पष्ट छाप अधिकांश द्वीपीय भारतीय डायस्पोरा में देखी जा सकती है।

गंतव्य देशों में भारतीय संस्कृति की बहुरूपीय उपस्थिति

भारतीय डायस्पोरा समुदाय में धार्मिक और सामाजिक स्वरूपों का विकास गंतव्य देशों की सामाजिक-धार्मिक परिस्थितियों के साथ अनुकूलन की प्रक्रिया में हुआ है और इनमें धार्मिक स्वरूपों के विकास को गंतव्य देशों में इनके पहचान के उभार

से जोड़ा जा सकता है। डायस्पोरा में हिंदू पहचान का मुद्दा अलग-अलग भारतीय प्रवासी समूहों द्वारा प्रारंभ में और निरंतर विभिन्न भू-परिदृश्यों, सांस्कृतिक वस्तुओं और प्रतीकों, विश्वास प्रणालियों और मूल्य व्यवस्थाओं के विकास से जुड़ा हुआ है। इस प्रक्रिया में इन समुदायों ने स्थानीय परिस्थितियों और जीवन पद्धतियों के अनुरूप धार्मिक पद्धतियों को नए रूपों में पुनर्निर्मित किया। इन प्रवासी समुदायों का प्रवासन भारत भूमि से हुआ, जहाँ हिंदू धर्म के साथ अन्य सभी धर्मों का स्थानीयकरण शताब्दियों से निरंतर होता रहा है। इस सतत प्रक्रिया के कारण ही भारत में धार्मिक परंपरा और उपासना के विविध रूप दिखाई देते रहे हैं। हिंदू धर्म के अंतर्गत दशावतारों के विविध स्वरूप से लेकर अय्यप्पा, संतोषी माई, काली माई आदि देवी-देवताओं का अस्तित्व भारतीय समाज में रहा है। धार्मिक स्वरूपों को आकार देने के लिए धार्मिक प्रचारक, स्वामी-साधु-संन्यासी, तीर्थस्थल, तीर्थ-यात्राएँ, मेले इत्यादि सदैव से भारतीय संस्कृति के अंग के रूप में विद्यमान रहे हैं। इसी के अनुरूप भारतीय डायस्पोरा में भी इसी निरंतरता का अनुसरण हुआ है। निश्चय ही डायस्पोरा के समक्ष विदेशी भूमि में अल्पसंख्यक समुदाय के रूप में चुनौतियाँ मौजूद थीं। इन स्थानीय चुनौतियों से सामंजस्य बैठाने के क्रम में ही डायस्पोरा समुदाय ने 'मूल हिंदुत्व' और 'सांस्कृतिक जीवन शैली' के कुछ हिस्सों को बनाए रखा और कुछ का परित्याग कर दिया। यही कारण है कि दक्षिण अफ़्रीका और मॉरीशस में सर्वप्रथम बने मंदिर मरियम्मा, मुरुगन, शिव, द्रौपदी अम्मन के थे और धार्मिक उद्गारों के रूप में 'कावड़ी' तथा आग पर चलने की प्रथा को बनाए रखा गया।

भारत के बाहर प्रवासी भारतीयों और उनके वंशजों को समुदाय के रूप में संगठित करने में हिंदुत्व ने महत्त्वपूर्ण भूमिका निभाई है। भारतीयों का प्रवासन विश्व के अधिकांश हिस्से में होने के कारण हिंदू धर्म का वैश्विक प्रसार हुआ है। भारतीय डायस्पोरा में धर्म के स्वरूप और इसकी आंतरिक बनावट को समझने के लिए कैरेबियाई संदर्भ और विशेष रूप से गयाना, सूरीनाम और त्रिनिदाद में हिंदू धर्म के विकास को एक केंद्रीय उदाहरण के रूप में लिया जा सकता है। कैरेबियाई हिंदुत्व का विकास एक लंबी ऐतिहासिक प्रक्रिया की देन है और इसमें विविधरूपी सामाजिक और धार्मिक परंपराओं से समरूपीय (होमोजेनस) हिंदू समुदाय गठित हुआ है।

कैरेबियाई क्षेत्र के त्रिनिदाद, गयाना और सूरीनाम आदि देशों में पारंपरिक रूप से हिंदू विशिष्ट नृजातीय समूह के रूप में स्वीकार किए गए हैं। यह पहचान नाम और धार्मिक विश्वास के साथ-साथ भाषा, बोली, नातेदारी, मूल्यों, महत्त्वाकांक्षाओं और सामाजिक परिस्थिति के आधार पर निर्मित है। 1834-1838 में ब्रिटिश क्षेत्रों से

गुलामी प्रथा की समाप्ति के पश्चात औपनिवेशिक चीनी उत्पादकों के लिए सस्ते और नियंत्रण में रखने योग्य कृषक श्रमिकों और मजदूरों की आवश्यकता थी। 'महान प्रयोग' के नाम से इस नवीन प्रवासन योजना के तहत भारत से मॉरीशस के लिए श्रमिकों का प्रस्थान 1834 में आरंभ हुआ, जिसे बाद में कैरेबियाई क्षेत्रों के औनिवेशिक शासकों ने भी अपनाया। ब्रिटिश गयाना (वर्तमान गयाना) में 1838, त्रिनिदाद में 1845, और डच गयाना (सूरीनाम) में 1873 में भारतीयों का आगमन हुआ। इन स्थानों पर प्रवासन शर्तबंदी की व्यवस्था के अनुसार हुआ और श्रमिकों की भरती उत्तर एवं दक्षिण भारत के व्यापक क्षेत्रों से की गई। शर्तबंदी की इस प्रणाली के अंतर्गत प्रवासी श्रमिक को विदेशी बागान में निर्धारित पारिश्रमिक के भुगतान, आवास, राशन, चिकित्सा सुविधा और पूर्ण अथवा आंशिक वापसी यात्रा भुगतान की शर्तों पर पाँच वर्ष के लिए कार्य अनुबंध को स्वीकार करना पड़ता था (टिंकर 1974; मगरू 1987)। शर्तबंदी मज़दूर के रूप में 25,00,000 भारतीय विदेशों के लिए रवाना हुए, जिनमें से लगभग एक-चौथाई ही भारत भूमि वापस लौटे (क्लार्क, पीच तथा वर्टोवेक 1990)।

विश्व के विभिन्न औपनिवेशिक हिस्सों में भारतीयों की उपस्थिति अत्यंत विविधतापूर्ण रही है। उदाहरण के रूप में कैरेबियाई क्षेत्रों में भारतीय प्रवासन को निम्न सारणी के रूप में प्रस्तुत किया गया है :

सारणी 1 : कैरेबियाई क्षेत्र में अनुबंधित आप्रवासियों की संख्या

उपनिवेश/देश	अवधि	भारतीय आप्रवासियों की संख्या
ब्रिटिश गयाना (गयाना)	1838-1917	2,38,909
त्रिनिदाद	1845-1917	1,43,928
गुडेल्युपे	1854-1885	42,326
जमैका	1854-1885	36,420
डच गयाना (सूरीनाम)	1873-1916	34,000
मार्टीनिक्यू	1854-1885	25,509
सेंट ल्यूसिया	1858-1895	4,350
ग्रेनाडा	1865-1885	3,200
सेंट विंसेंट	1861-1880	2,472

(स्रोत : राबर्ट्स एंड बायर्न 1966; टिंकर 1974; सिंगारवेलु 1975, 1990; बैरट 1982)

सारणी 2 : सूरीनाम, त्रिनिदाद और ब्रिटिश गयाना में 1874-1917 तक की अवधि में अनुबंधित भारतीय प्रवासियों के धार्मिक और जातिगत समूहों की प्रतिशत स्थिति

धार्मिक/जातिगत समूह	सूरीनाम	त्रिनिदाद	ब्रिटिश गयाना
ब्राह्मण और उच्च जातियाँ	15.7	14.3	11.7
कृषक	30.2	30.0	31.4
शिल्पी	7.0	6.6	7.5
निम्न जातियाँ	31.4	34.9	33.8
कुल हिंदू	84.3	85.8	84.4
मुस्लिम	15.3	13.9	15.1
ईसाई	–	0.1	0.1
योग	**99.6**	**99.8**	**99.6**

स्रोत : एनुअल रिपोर्ट, प्रोटेक्टर ऑफ़ इमिग्रांट्स, कलकत्ता

इस प्रकार बृहद कैरेबियाई क्षेत्र में भारतीय प्रवासियों की पृष्ठभूमि बहुत ही विविधतापूर्ण थी। त्रिनिदाद, गयाना की प्रारंभिक अवधि में और फ्रेंच गुडेल्युपे एवं मार्टीनिक्यू की पूरी अवधि में अधिकांश शर्तबंद श्रमिक दक्षिण के तमिल और तेलुगु भाषी क्षेत्रों से थे। इसके अतिरिक्त डच और ब्रिटिश वेस्टइंडीज़ के प्रवासियों की संख्या का अधिकांश भाग उत्तर-पूर्वी भारत विशेष रूप से बिहार और पूर्वी उत्तर प्रदेश से था। इन क्षेत्रों के उत्प्रवासियों में भी भाषिक, आर्थिक, सांस्कृतिक और धार्मिक विविधता विद्यमान थी। सारणी 2 में तत्कालीन औपनिवेशिक प्राधिकारियों ने कृत्रिम श्रेणियों के आधार पर उत्तरी भारत के प्रवासियों की जातिगत विविधता को दिखाने का प्रयास किया है।

ज़्यादातर श्रमिक जातिगत समूहों अथवा पारिवारिक सदस्य के रूप में नहीं आए थे, बल्कि वे एक व्यक्ति के रूप में आए थे। इस कारण उनकी विविधतापूर्ण पृष्ठभूमि पर आधारित धार्मिक और सांस्कृतिक व्यवहारों का इन परिस्थितियों में एकरूप होना आवश्यक था (वर्टोवेक 1989)। यह सामान्य प्रक्रिया क्रिओलीकृत 'प्लांटेशन हिंदी' (अधिकांशतया भोजपुरी और अवधी बोलियों पर आधारित, विशेष तौर पर सूरीनाम में सरनामी भाषा) से प्रारंभ होती है।

भारतीय डायस्पोरा में लोकप्रिय धार्मिक स्वरूपों के कुछ उदाहरण

मलेशिया में हिंदू तीर्थ यात्रा 'कावड़ी पूजा थाईपुसम'

मलेशिया का संविधान इस्लाम को राज्य धर्म के रूप में स्वीकृति प्रदान करता है। इसके बावजूद मलेशिया को इस्लामी राज्य के रूप में नहीं माना जाता है। मलेशिया के संविधान का अनुच्छेद 11 गैर-मुस्लिमों को भी धार्मिक स्वतंत्रता प्रदान करता है। इसी कारण विभिन्न धार्मिक समूहों को पूजा स्थल निर्मित करने, धार्मिक गतिविधि और अनुष्ठान करने की स्वतंत्रता प्राप्त है। मलेशिया में अधिक संख्या में मस्जिद, चीनी मंदिर, चर्च और हिंदू मंदिर सह-अस्तित्व रखते हैं। इसके अतिरिक्त मलेशिया के प्रभुत्वसंपन्न मलय समूह द्वारा आश्चर्यजनक रूप से अन्य धर्मों के प्रति सहिष्णुता प्रदर्शित की जाती है।

मलेशिया की जनसंख्या का लगभग 8 प्रतिशत भाग भारतीय लोगों द्वारा निर्मित है और इनमें से 80 प्रतिशत तमिल हैं। इनके द्वारा शैव परंपरा आधारित हिंदू धर्म के स्वरूप को विकसित किया गया है। एक प्रसिद्ध तमिल कहावत है-"कोविल इल्ला उरिल कुडि इररुका वेनदम" (उस स्थान पर नहीं रहना चाहिए, जहाँ मंदिर न हो)। इसी को चरितार्थ करते हुए मलेशिया के हिंदुओं ने लगभग 17,000 मंदिरों का निर्माण किया है। सभी शहरों, बागानों तथा गाँवों में मंदिर और मठ बने हुए हैं। इन मंदिरों को तीन श्रेणियों में बाँटा जा सकता है: आगम (वैदिक), गैर-आगम और ग्रामीण/लोक परंपरा के मंदिर। आगम परंपरा के मंदिर शिव, विष्णु, शक्ति, गणेश, मुरुगन आदि देवताओं के हैं। मलेशिया के बहुसंख्यक मंदिर तमिल समुदायों द्वारा स्थानीय विश्वास पद्धति पर आधारित हैं, जिन्हें लघु-परंपरा के लोक स्वरूप के रूप में माना जाता है। इनमें स्थानीय ग्रामीण देवता, आधिभौतिक शक्तियाँ और प्रकृति पूजा का सम्मिलित रूप मौजूद है।

कुल मिलाकर कहा जा सकता है कि मलेशिया में हिंदू धर्म को महत्त्वपूर्ण अल्पसंख्यक धर्म के रूप में पुनर्सृजित किया गया है। इसका मुख्य कारण भारतीय प्रवासन की अनेक धाराएँ रही हैं, जो इस द्वीप (स्टेट) के अठारहवीं शताब्दी के अंत में ब्रिटिश आधिपत्य में आ जाने के उपरांत प्रारंभ हुईं। भारत से प्रवासन का यह क्रम निरंतर बढ़ता रहा और प्रशांत युद्ध के समय यह प्रवासन रुक गया।

अधिकांश भारतीय प्रवासी औपबंधिक श्रमिक के रूप में मलेशिया आए। ये मुख्य रूप से मलेशिया के बागान अर्थव्यवस्था में अकुशल श्रमिक के रूप में और बड़े पैमाने पर निर्माणाधीन सार्वजनिक निर्माण में सम्मिलित हुए। यह श्रम

शक्ति अधिकांशतया मद्रास प्रेसीडेंसी से थी, जिनमें मुख्यत: तमिल और सीमित संख्या में तेलुगु एवं मलयाली भी सम्मिलित थे। इन्ही समूहों द्वारा मलेशिया में ग्रामीण द्रविड़ हिंदू धर्म की स्थापना की गई।

यद्यपि मलेशिया में हिंदू धर्म के विकास में सहयोग करने वाली अन्य प्रवासन धाराएँ भी थीं, जिन्हें महत्त्वपूर्ण माना जा सकता है। इनमें से प्रमुख निम्नवत हैं :

1. **नत्तूकोट्टई चेट्टियार** : तमिल साहूकार जाति, जो 'मुरुगन' को अपने कुल देवता के रूप में मानती है। इस समुदाय के द्वारा मलेशिया और सिंगापुर में अनेक मुरुगन मंदिर की स्थापना और रख-रखाव किया गया। इनके द्वारा भारत से कुरूक्काल (ब्राह्मण पुजारी) को बुलाकर मुरुगन की पूजा पद्धति और इनसे जुड़े त्योहार को भारतीय स्वरूप प्रदान किया गया।
2. **उत्तर भारतीय** : इसमें अधिकांशतया गुजरात और बंगाल के वणिक वर्ग सम्मिलित थे। इसके अतिरिक्त पुलिस और सेना में भरती किए गए सिक्ख और पठान भी इसी समूह में शामिल थे।
3. **सीलोन जाफना तमिल** : पूरे औपनिवेशिक काल में प्रशासकों के रूप में इनकी भरती हुई थी और ये सीलोन तमिल मुख्यत: वेल्लार जाति से थे। ये लोग हिंदू धर्म की बृहद परंपरा आगम को मानने वाले थे।
4. **पेशेवर तथा क्लर्क प्रवासी** : इनमें पढ़े-लिखे द्रविड़ मुख्यत: तमिल और सीमित संख्या में मलयाली लोग भी सम्मिलित थे, जो परंपरागत शैव सिद्धांत आधारित हिंदू धर्म को मानते थे।

मलेशिया में प्रचलित हिंदू धर्म परंपरागत धार्मिक केंद्रों और मठों की सत्ता की अनुपस्थिति में विकसित हुआ था। इसलिए स्थानीय हिंदू धर्म पर द्रविड़ लोक धर्म तथा लघु परंपरा या ग्रामीण हिंदू धर्म का प्रभाव स्पष्टत: देखा जा सकता है। इनके केंद्र में मातृपूजा (अम्मान), लघु देवताओं की पूजा और गैर-आगम मंदिरों की स्थापना, निम्न जाति के पूकारी (पुजारी) और आत्माओं की पूजा, लोक विश्वास और पशुबलि आदि को देखा जा सकता है। कुल मिलाकर यह कहा जा सकता है कि मलेशिया के हिंदू धर्म में स्थानीय पूजा-पद्धति और विश्वासों को समाज के सभी स्तरों पर मान्यता प्राप्त है। फलस्वरूप यह विभिन्न धार्मिक संप्रदायों का एक मिला-जुला स्वरूप प्रस्तुत करता है।

(थाईपुसम् समारोह बातु गुफा, मलेशिया)

मलेशिया के हिंदू धर्म में मुरुगन देवता को केंद्रीय तत्त्व के रूप में माना जा सकता है। शैव सिद्धांत के अंतर्गत मुरुगन की तमिल लोगों में एक बड़ी पहचान बन गई है। इनसे जुड़ी विश्वास प्रणाली और विशिष्टताओं को तमिल समाज के सभी स्तरों द्वारा स्वीकृति प्राप्त है। इस संदर्भ में थाईपुसम् मुरुगन देवता से जुड़ा एक बड़ा त्योहार अत्यंत महत्त्वपूर्ण स्थान रखता है। मलेशिया के हिंदू त्योहार में यह बड़े पैमाने पर मनाए जाने वाले त्योहार के रूप में उभर रहा है। इसकी लोकप्रियता निरंतर बढ़ती जा रही है। उदाहरण के लिए वर्ष 2001 के थाईपुसम्

त्योहार में 10 लाख से अधिक श्रद्धालुओं ने कांवड़ी के साथ बातु गुफा (मलेशिया) में भाग लिया। मलेशिया में थाईपुसम् को पलानी, तमिलनाडु के मिथकों, परंपराओं और पूजा-पद्धतियों के आधार पर विकसित किया गया है, लेकिन पुनर्स्थापना और अनुकूलन के आधार पर इसमें मलेशियाई विशिष्टताएँ देखी जा सकती हैं।

त्रिनिदाद/सूरीनाम में होसे परंपरा

होसे या तज़्ज़ाह एक वेस्ट इंडियन परंपरा है, जिसमें मकबरों के बहुरंगी प्रतिरूप जुलूस के रूप में निकाले जाते हैं। इन्हें समुद्र अथवा किसी तालाब में अनुष्ठानिक रूप से विसर्जित कर दिया जाता है। ब्रिटिश गयाना (अब गयाना) और सूरीनाम में इसे ताज़िया अथवा क्रिओलीकृत नाम तज़्ज़ाह से जाना जाता है। इस त्योहार से जुड़ा ताज़िया जुलूस सर्वाधिक महत्त्वपूर्ण माना जाता है। 19वीं शताब्दी के त्रिनिदाद के समाचार-पत्रों और सरकारी रिपोर्टों में होसे को 'कुली कार्निवाल' के नाम से दर्ज किया गया था।

1950 में पोर्ट ऑफ़ स्पेन में ताज़िया या होसे जुलूस

तज़्ज़ाह सूरीनाम के एक औपनिवेशिक बागान में circa 1890

विश्व भर के शिया मुस्लिम समुदाय द्वारा होसे परंपरा का विभिन्न प्रकार से निर्वाह किया जाता है। कर्बला (इराक) में शोकाकुल लोगों की भीड़/जुलूस मातम मनाती है। मातम के दौरान वे अपना रक्त बहाते हैं। इसके लिए वे तलवार, भाले और बरछे आदि का प्रयोग करते हैं। वहाँ बड़े जोश से ताज़िया (तज़्ज़ाह) ड्रम वाद्य-यंत्रों के साथ शोकाकुल लोगों द्वारा कर्बला के युद्ध का सजीव दृश्य प्रस्तुत करते हुए ले जाया जाता है। यह धार्मिक प्रथा भारतीय प्रवासियों द्वारा उन्नीसवीं शताब्दी में त्रिनिदाद लाई गई। प्रथम अनुबंधित भारतीय के त्रिनिदाद पहुँचने के ग्यारह वर्ष बाद वहाँ पर होसे मनाए जाने की शुरुआत 1854 से मानी जाती है। यहाँ इस परंपरा का निर्वाह अत्यंत कठिन कार्य रहा। 30 अक्टूबर, 1884 को त्रिनिदाद के 'शुगर स्टेट मोन रेपो', सेन फर्नांडो की सड़कों पर हुए दंगों (होसे संहार) के बाद में ब्रिटिश औपनिवेशिक सरकार द्वारा सभी प्रकार के जुलूसों पर प्रतिबंध लगा दिया गया।

वार्षिक रूप से त्रिनिदाद के पोर्ट ऑफ़ स्पेन के पश्चिमी भाग स्थित सेंट जेम्स और दक्षिणी सेड्रास के दो शिया समुदायों द्वारा होसे जुलूस निकाला जाता है। सेंट जेम्स का रंग-बिरंगा जुलूस सबसे बड़ा होता है, जिसमें पाँच ताज़िया सम्मिलित रहते हैं। इन जुलूसों के प्रत्यक्षदर्शी सभी धर्मों के लोग होते हैं। सेंट जेम्स के शिया लोग इन ताज़ियों को निर्मित करने में धन और समय खर्च करते हैं। ये लोग बाँस, लकड़ी और रंगीन काग़ज़ के प्रयोग से इस्लामी परंपराओं के अनुरूप बड़े ढाँचे

(तज़्ज़ाह, होसे, ताज़िया, मकबरा) का निर्माण करते हैं। यह हुसैन का मकबरा माना जाता है। इनका आकार 10 से 30 फीट तक होता है। दो अर्ध-चंद्राकार प्रतीकों से सुसज्जित (एक लाल तथा दूसरा हरा) इन ताज़ियों को ढोल-तासों की गूँज के साथ ले जाया जाता है। इनमें से लाल हुसैन के खून और शहादत का प्रतीक है और हरा हुसैन को इसके ग्यारह वर्ष पूर्व ज़हर दिए जाने का प्रतीक है। ढोल-ताशे और झंडे सातवीं शताब्दी के युद्ध में प्रयुक्त प्रतीकों का प्रतिनिधित्व करते हैं।

भाषा गतिकी और हिंदी संबंध

भारतीय डायस्पोरा एक जटिल और विविधतापूर्ण पहचान को बनाए हुए है। यह विविधता उसके प्रवासन के इतिहास, क्षेत्रीयता, धर्म, आर्थिक और शैक्षणिक पृष्ठभूमि के कारण आज भी विद्यमान है। भारतीय डायस्पोरा का विकास अलग-अलग राजनीतिक तथा आर्थिक संदर्भों में हुआ है और इसी कारण इनका सामाजिक-सांस्कृतिक अनुभव भी विविधतायुक्त है। अलग-अलग क्षेत्रों में सामाजिक अनुकूलन के कारण भारतीय डायस्पोरा समुदायों में भाषा की स्थिति भी विविधतापूर्ण बनी हुई है। इन समुदायों में पूर्वज भाषा को बनाए रखना और उसका पूर्णतया विलुप्त हो जाना दोनों ही विपरीत ध्रुवीय स्थितियाँ दिखाई देती हैं। कुछ परिस्थितियों में जीवन के विभिन्न पक्षों में इनका अस्तित्व बना हुआ है।

श्रीलंका में तमिल इस्टेट, इंग्लैंड में पंजाबी सिक्ख और संयुक्त राज्य अमेरिका में गुजराती हिंदू अपने पूर्वजों की भाषा को अपनाए हुए हैं। ठीक इसके विपरीत जमैका के भारतीय अपनी मूल भाषा खो बैठे हैं। मॉरीशस, फ़िजी और सूरीनाम में भारतीय भाषाओं ने अपना अस्तित्व आज भी बनाए रखा है। इन स्थानों पर भोजपुरी बोली के बतौर जीवन के अनौपचारिक क्षेत्रों में आज भी प्रचलित है लेकिन धार्मिक और सांस्कृतिक गतिविधियों में हिंदी भाषा प्रचलन में है। फ़िजी और मॉरीशस में मानक हिंदी को सरकारी तौर पर महत्त्व प्रदान किया गया है। गयाना और त्रिनिदाद में भोजपुरी लोकगीतों का माध्यम है, जबकि हिंदी जीवन के अन्य क्षेत्रों में प्रचलन में है। इन सभी देशों में स्थानीय रूप से प्रचलित बोल-चाल की (lingua Franca) भी प्रमुख भाषा है। श्रीलंका में सिंहली, मॉरीशस में फ्रेंच और अंग्रेज़ी क्रिओल, फ़िजी में फ़िजी भाषा, सूरीनाम में डच क्रिओल एवं गयाना और त्रिनिदाद में क्रिओल अंग्रेज़ी प्रचलन में है।

भारतीय डायस्पोरा में भाषागत विविधता से संबंधित स्वरूपों को समझने के लिए भारत से लोगों के आवागमन को तीन चरणों में देखा जा सकता है। प्रथम

चरण, वाणिज्यिक बसाहटों और धार्मिक प्रचारकों से जुड़ा हुआ था, जिसे 'सौदागरों का युग' कहा जा सकता है। द्वितीय चरण, 'औपनिवेशिक पूँजी युग' था, जिसमें यूरोपीय कालोनियों के लिए सत्रहवीं सदी के आरंभ से निरंतर गुलामों और औपबंधिक श्रमिकों का बलपूर्वक और विवशतावश प्रस्थान जारी रहा, जो उन्नीसवीं एवं आरंभिक बीसवीं शताब्दी में अपने चरमोत्कर्ष पर पहुँच गया। औपनिवेशिक काल के प्रवासन में समान सामाजिक-ऐतिहासिक परिवेश के कारण भारतीय डायस्पोरा में अपनी पैतृक भाषाओं के अनुकूलन, परिवर्तन, संरक्षण और ह्रास की लगभग समान प्रक्रिया से गुजरना पड़ा। भारतीय डायस्पोरा में विद्यमान भाषाई गतिशील प्रक्रिया को समझने के लिए इन प्रवासी समुदायों की क्षेत्रगत सामाजिक-भाषिक बनावट और विविधता को जानना आवश्यक है। औपनिवेशिक शर्तबंदी मज़दूरों और अन्य प्रवासी समूहों द्वारा बोली जाने वाली बोलियों और भाषाओं की विविधता को श्री राजेन्द्र मेस्त्री ने निम्नानुसार प्रस्तुत किया है :

क. प्रथम प्रवासन छोटा नागपुर (झारखंड), बंगाल, बिहार के आदिवासी क्षेत्रों से हुआ। इस क्षेत्र के लोगों को धांगर/हिल कुली के नाम से जाना जाता था। ये लोग ऑस्ट्रो-एशियाटिक भाषा (संथाली, मुंडा और हो) बोलते थे। इनका प्रथम प्रवासन मॉरीशस और ब्रिटिश गयाना के लिए हुआ था। इन प्रवासन स्थलों में इन बोलियों के रूप और अंश अन्य भारतीय बोलियों और क्रिओल में नहीं पाए जाते हैं।

ख. मद्रास पोर्ट के माध्यम से दक्षिण भारत के तमिल और तेलुगु भाषी प्रवासियों का अधिकता में प्रवासन हुआ। मलयालम और कन्नड़ भाषियों की संख्या लगभग सीमित रही। भारतीय डायस्पोरा में तमिल और तेलुगु भाषाओं का पर्याप्त प्रतिनिधित्व है।

ग. कलकत्ता बंदरगाह द्वारा उत्तर भारतीय इंडो-आर्यन भाषा (भोजपुरी, अवधी, मगही, कन्नौजी, राजस्थानी, ब्रज और ओड़िया) बोलने वाले लोगों का प्रवासन हुआ।

घ. पश्चिमी और मध्य भारत से मुंबई बंदरगाह द्वारा महाराष्ट्र प्रांत के मराठी भाषी लोगों का मुख्य रूप से मॉरीशस में प्रवासन हुआ।

ङ. प्रवासियों का कुछ भाग उर्दू बोलने वाले मुसलमान लोगों का भी था।

च. इन औपबंधिक गिरमिटिया श्रमिकों के साथ ही गुजराती, बंगाली, पंजाबी और कोंकणी बोलने वाले कुछ भारतीय व्यापारियों का प्रवेश इन औपनिवेशिक बागानों में हुआ।

गंतव्य देशों में भारतीय प्रवासियों की स्थिति विशेष प्रकार की थी। औपनिवेशिककालीन अधिकांश प्रवासी भारतीय पढ़े-लिखे नहीं थे। वे न तो गंतव्य बागानों की भाषा जानते थे और न ही वे औपनिवेशिक भाषा (अंग्रेज़ी, डच और फ्रेंच) जानते थे। यहाँ तक कि विभिन्न भारतीय समुदाय आपस में वार्तालाप करने की स्थिति में भी नहीं थे, क्योंकि उत्तर भारतीय इंडो-आर्यन भाषी थे जबकि दक्षिण भारतीय द्रविड़ भाषी थे। कुल मिलाकर विदेशी परिस्थितियाँ मिश्रित भाषा (पिज़ीन/Pidgin) की पृष्ठभूमि बना रही थीं। उदाहरण के लिए फ़िजी में औपनिवेशिककालीन अंतर-नृजातीय संपर्क के कारण दो पिज़ीन भाषाओं का विकास हुआ। इनमें से एक फ़ीजियन भाषा से बनी थी और प्रवासी भारतीयों के आगमन से पहले से विद्यमान थी, जबकि दूसरी का विकास भारतीयों के आगमन के पश्चात हिंदी के आधार पर निर्मित हुआ। इसी प्रकार नताल में भारतीयों के आगमन से पूर्व देशज ज़ुलु तथा झोसा बोलियों और यूरोपीय भाषाओं के आधार पर निर्मित फनाकालो पिज़ीन भारत के उत्तर और दक्षिण भाषियों के बीच संप्रेषण का माध्यम बनीं। इसी प्रकार अन्य क्षेत्रों में भी प्रवासी भारतीय समुदायों द्वारा पूर्व से अस्तित्वमान स्थानीय संप्रेषण की भाषा को द्वितीय भाषा के रूप में अपनाया गया। उदाहरण के लिए जमैका, गयाना, त्रिनिदाद में क्रिओल इंग्लिश और मॉरीशस, रीयूनियन, सेशेल्स में क्रिओल फ्रेंच, सूरीनाम में टोंगो-स्रनन और सिंगापुर एवं मलाया में मलय आदि।

भारतीय डायस्पोरा में प्रचलित भाषिक स्वरूपों के कुछ उदाहरण

"बहुत दिन पहिले क बात ह एगो अदिमी का सात गो बेटा आ एगो बेटी रहे सातो भाई सयान रहलन स वियाह हो चकल रहे। बहिन क सादी अबहीं ना भइल रहे। ऊ सातो भाइन क आखिं क पुतरी रहे। बाकि सातों भउजाई एक दुलरुई ननद से जरलु स।

बाप क मुअला का बाद सातो भाई कार बार अपना हाथ में ले लिहलन। बाप क संबंध में सातो भाईन के परदेस जाये के परल...।"

('सात भाइन क बहिन' भोजपुरी, अंक 9, फरवरी 1973)

तब्बो अरविन अरचना के घरे गइल। अरचना ओके जब देखिस तब बड़ा खुसी भइल। अरविन अरचना के खुस्याली के फाइदा उठाइस और बोलिस "गरम-गरम ककाऊ पियाऊ"। अरचना मुस्करइते ककाऊ बनावे दौड़ पड़ल।

इ बरीस दुनिया भर के नवजवानन के बरीस मानल गइल ह। ओही के खातिर इ कहानी एक नवजवान लोंडा और एक नवजवान लड़की के बारे में बतावल जा है...।

(पृष्ठ 15, सरनामी पत्रिका अंक 1, 1986)

त का करीं अब ओहीं कनतराकके काटै पाँच बरिस भैन। फिर कागद पाएन, त बोले जाओ, तू हियाँ रहिहो तो खेत देइब। आठ दुअन्नी रोज देइब। बोले पाँच चवन्नी, डेढ़ रूपया रोज कमाइत हउ। त किवड़वा से बतिया लगे पर एक खूब बढ़िया आदमी है...।

('पुरखन के याद में' पृष्ठ 42-43, सरनामी पत्रिका अंक 1,1986)

"का करिहो संझाक? फ़ीजीलाल भोजन पानी कर लेई तू घुमाय देना खेतन मा। धुरूप जुटा है जमीन कोड़ियायम। तू देख लेना। छोटा है, केतना करी अकेल। आज नाही तो बिहान, देखना कइसे है। टेम रहित उदित नरायन कै इस्टेट घुमाय देना। दूरेस देखाय देना नाही तो कुत्ता आपफत करिहें। पाल रखे है दुई तीन जबर कटहा कुत्ता। एक कै नाम धरिस है कालीचरन। वही कालीचरनवा सबन से बदमास। सके अदमिन कै जिंदे नोच लेवै। कुत्ता ना होत तो सूरज मिलाय देत ऊनास। ऊना है तो कइबीती लेकिन चाल चलन, रहन सहन एकदम हिंदुस्तानी। अब हिंदुस्तानीक संगे रहे, काहे न रहन सहन बदली। बड़ी अच्छी है लेकिन। अब हम जब जाइत उधर, बड़ा कायदास बातचीत करी। पहिले वालिस तो ऊना बहुत अच्छील है। पहिले वाली, बो ! एक नंबर कै घुरमुसही। बइठना संझाक पूरा खिस्सा बताइब। चलो, फ़ीजीलाल, तू खाना खाव। सूरज, जायक देखो कामिनीक का बात है।"

(डउका पुरान)

"हम पोर्ट लुइस शहर गइल रहनी। वांह परी हम आने कोविलेन जो औरी एगो मद्राजीन औरी एगो खाला संगे रहलन स। हम सब एगो रेस्टोरां में गैनी स औरी आपलों और सालायों खैनी औरी पीनी स। घर आवट बखत, रों पोएं से आगे हमनी के लोटो के ला रू में एगो कुलु गर गय्ल। बीफे के हमनी आका आमय के विंदु में गैनी औरी गोपाल के घरे से हमनी खातिर डोकला औरी मोदक भेजल गइल। वाह कैसन मज़ेदार खायाके के रहल। मॉरीशस त महान ह। उ त स्वरग जयसन बा।"

(**हिंदी अनुवाद :** मैं पोर्ट लुइस शहर गया था। वहाँ पर मेरी भेंट बड़े भाई कोविलेन से हुई, जो एक तमिल महिला और एक फूफी के साथ थे। हम सब एक

रेस्टोरेंट में गए, जहाँ हमने आपलों (मराठी खाद्य पदार्थ) खाए और सालायों (तमिल शराब) का सेवन किया। घर लौटते समय हमारी गाड़ी के पहिए में एक कील गड़ गया। गुरुवार को हम मौसी आमाय के विंदु गए और हमारे लिए गोपाल के घर से ढोकला और मोदक भेजे गए। यह खाने में कितना मजेदार था। मॉरीशस तो महान है। वह तो स्वर्ग जैसा ही है।)

संदर्भ ग्रंथ

1. पीटर वान डर वीर तथा वर्टोवेक, स्टीवेन. ''ब्राह्मिनीज़्म अब्रॉड : ऑन कैरेबियन हिंदुइज़्म एज एन एथनिक रिलीजन''. एथनोलजी (30), पृष्ठ 149-166.
2. रुक्मिणी, टी.एस. 'हिंदू डायस्पोरा ग्लोबल पर्सपेक्टिव्स'. मुंशीराम मनोहरलाल पब्लिशर्स प्रा. लिमिटेड, नई दिल्ली, 2001.
3. गंभीर, सुरेंद्र के. 1981. 'द ईस्ट इंडियन स्पीच कम्युनिटी इन गयाना : ए सोशियो-लिंगुइस्टिक स्टडी विथ स्पेशल रेफरेंस टू कोइन फॉर्मेशन', पी.एच डी. थीसिस।
4. स्पर्ल, सावित्री रामबिसुन. 1980. 'फ्राम इंडियंस टू त्रिनिदादियंस : ए स्टडी ऑफ़ द रिलेशनशिप विटवीन लैंग्वेज बिहैवियर, सोशियो-इकोनॉमिक एंड कल्चरल फैक्टर्स इन ए त्रिनिदाद विलेज'. एम. फिल. डिजर्टेशन।
5. जयराम, एन. (संपा.). 2004. 'द इंडियन डायस्पोरा : डायनॉमिक्स ऑफ़ माइग्रेशन'. सेज पब्लिकेशंस, नई दिल्ली।
6. जैन, आर.के. 1970. साउथ इंडियंस ऑन प्लांटेशन फ्रंटियर इन मलाया. येल यूनिवर्सिटी प्रेस, न्यू हवेन।
7. बेलले, क़ार्ल वाडीवेल्ला. 'मलेशियन हिंदू पिलग्रिमेज : कावड़ी वरशिप एट बांतू केव्स' www.murugan.org/research/belle_malaysian_hindu_pilgrimage.pdf.
8. लाल बी.वी., रीव्स पी., और राय आर (संपा.)। 2007, द एनसॉयक्लोपीडिया ऑफ़ द इंडियन डायस्पोरा। आक्सफोर्ड यूनिवर्सिटी प्रेस, नई दिल्ली।

10

भारतीय डायस्पोरा और आधुनिक संचार माध्यम

प्रशांत खत्री

आधुनिक संचार माध्यमों (इंटरनेट, मोबाइल, सेटेलाइट टेलीविज़न इत्यादि) के आने से पूर्व यदि भारतीय डायस्पोरा और भारत में रहने वाले उनके परिवारों के बीच किसी संपर्क की कल्पना की जाए तो इसका प्रारंभ हमें उनके द्वारा लिखे गए ख़तों में मिलता है जो आज भी कई संग्रहालयों में सँजोकर रखे गए हैं। प्रारंभ से ही भारतीय डायस्पोरा में अपनी संस्कृति और भाषा को लेकर एक सामूहिक चेतना दिखाई देती है, जिसके परिणामस्वरूप विभिन्न सांस्कृतिक संस्थाओं की स्थापना की गई। इसके साथ-साथ संचार माध्यमों का उपयोग करके यानी समाचार-पत्र/पत्रिकाओं के माध्यम से भी भारतीय संस्कृति और भाषा का संरक्षण किया गया। ऐसे बहुत से उदाहरण उपलब्ध हैं जहाँ उन्नीसवीं शताब्दी के मध्य में मॉरीशस में रहने वाले भारतीय मूल के लोगों ने कुछ समाचार-पत्रों की शुरुआत की। 1868 में तमिल समाचार-पत्र 'द मार्केंटाइल एडवर्टाइज़र' (The Mercantile Advertiser) की शुरुआत हुई। इसी प्रकार 1909 में 'हिंदुस्तानी' नाम का समाचार-पत्र प्रारंभ हुआ, जो हिंदी और अंग्रेज़ी दोनों भाषाओं में छपता था। दक्षिण अफ़्रीका में महात्मा गांधी ने 1903 में इंडियन ओपिनियन (Indian Opinion) नाम से बहुभाषीय समाचार-पत्र की स्थापना की। इस प्रकार संचार माध्यमों का उपयोग, उनकी स्थापना और उनके महत्त्व को भारतीय डायस्पोरा के बनने की प्रक्रिया की शुरुआत के बतौर देखा जाना चाहिए। (लाल, 2007)

जब भी भारतीय डायस्पोरा की बात होती है तो वैश्विक स्तर पर इसके फैलाव को समझने के लिए मुख्य रूप से दो कालों में भारतीयों का पलायन समझा जा सकता है-(i) औपनिवेशिक या ब्रिटिश काल और (ii) स्वतंत्र भारत में भारतीयों का पलायन। इन दोनों कालों में दो अलग उद्देश्यों और कारकों के चलते भारतीय डायस्पोरा का निर्माण हुआ। ब्रिटिश काल में यह पलायन मुख्य रूप से ब्रिटिश

शासकों द्वारा अपनी अन्य कालोनियों और खेतों पर श्रम करने के लिए हुआ, जबकि स्वतंत्रता के बाद यह पलायन दूसरे देशों में ख़ास तौर पर अमेरिका और यूरोप में अधिक अवसरों के होने और उन देशों में तकनीकी रूप से सुदृढ़ कर्मियों की बढ़ती माँग के कारण हुआ। विद्वानों का ऐसा मानना है कि चाहे जो भी कारण रहे हों, वस्तुतः डायस्पोरा शब्द में एक अवधारणा किसी सूत्र की तरह देश और काल के परे व्याप्त रहती है और वह है अपने देश लौटने और उससे जुड़े रहने की ललक और लालसा (जयराम, 2004)। कहीं न कहीं भावनात्मक रूप से भारतीय डायस्पोरा अपने देश से जुड़ा हुआ है या जुड़ने का प्रयास करता है। आधुनिक युग में यह प्रयास और भी फलीभूत इसलिए होता है क्योंकि, आज भारत एक वैश्विक आर्थिक शक्ति के रूप में उभर रहा है। भारत न केवल यहाँ के बल्कि, विदेशों के लोगों के लिए भी नए और अच्छे अवसरों को प्रदान करने का एक केंद्र बन कर उभरा है। भारतीय डायस्पोरा और भारत के बीच परस्पर संबंध स्थापित हो चुका है और नित नए संबंधों को स्थापित और सुदृढ़ बनाने का प्रयास निरंतर जारी है। इस दृष्टिकोण से आधुनिक संचार माध्यमों का उपयोग और योगदान बढ़ा है और महत्त्वपूर्ण हुआ है।

टेलीविज़न और फ़िल्म के माध्यम से आज भारतीय सांस्कृतिक मूल्यों का विस्तार विदेशों में भी हो रहा है। ऐसे कई चैनल हैं, जिनका प्रसारण कई देशों में होता है और उन्हें देखने वाले भारतीयों की संख्या भी विदेशों में अधिक है। सैटेलाइट टेलीविज़न के युग में आज वैश्विक स्तर पर प्रसारण संभव हो पाया है। इन सभी संचार माध्यमों का व्यापक असर आज भारतीय डायस्पोरा पर देखने को मिलता है। चाहे वह राजनीतिक क्षेत्र हो, आर्थिक जगत हो, सांस्कृतिक पृष्ठभूमि हो या सामुदायिक पहचान का मुद्दा हो, इन सभी क्षेत्रों में आधुनिक संचार माध्यमों का असर साफ दिखाई देता है।

वैश्वीकरण प्रायः एक आर्थिक प्रक्रिया के रूप में समझा जाता है, परंतु संचार माध्यमों द्वारा आज सांस्कृतिक स्तर पर भी आदान-प्रदान देखने को मिल रहा है। विचारों की तरलता और उनका बहाव संचार माध्यमों द्वारा तेज हुआ है। यही कारण है कि एक वैश्विक सामूहिक चेतना का जन्म हुआ है, जिसने भारतीय डायस्पोरा के मानस पटल पर भी व्यापक प्रभाव डाला है और अपनी मातृभूमि से जुड़ने के प्रतीकात्मक साधनों को उपलब्ध कराया है।

इंटरनेट ने एक ऐसी आभासी दुनिया का निर्माण किया है, जो धीरे-धीरे वास्तविक दुनिया के विकल्प के रूप में सामने आ रही है। माइक्रोब्लागिंग वेबसाइटों जैसे ट्विटर, फ़ेसबुक इत्यादि ने एक नए सामाजिक मीडिया को जन्म दिया है, जिसने भारतीय डायस्पोरा को अपने देश से जोड़ने का काम किया है। न केवल

भावनात्मक स्तर पर बल्कि राजनीतिक और सामाजिक स्तर पर भी इस मीडिया के ज़रिए भारतीय डायस्पोरा की चेतना में बदलाव देखने को मिलता है। आज कितने ही ऐसे राजनीतिक और सामाजिक आंदोलन हैं, जिनसे भारतीय डायस्पोरा दूर होते हुए भी सीधे तौर पर अपने आपको जुड़ा हुआ पाता है, उदाहरण के तौर पर हाल ही में अन्ना हजारे द्वारा किया गया भ्रष्टाचार विरोधी आंदोलन। यह न केवल भारत में रहने वाले लोगों से बल्कि विदेशों में भारतीय मूल के लोगों से भी जुड़ा। ब्रिटेन और अमेरिका जैसे देशों में रहने वाले भारतीय मूल के अनेक लोगों ने सोशल मीडिया के माध्यम से अपने विचार व्यक्त किए, जिससे एक सामूहिक पारदेशीय चेतना का विकास हुआ। इन माध्यमों के ज़रिए भारतीय मूल के विदेशी लोग अपने आपको भारतीय चेतना और सभ्यता से जुड़ा हुआ पाते हैं।

विदेशों में भारतीय डायस्पोरा को ध्यान में रखकर कई ऐसे संचार माध्यमों का विकास हुआ है, जो उनकी विशिष्ट ज़रूरतों पर आधारित हैं। ब्रिटेन के साउथ हॉल में काफी जनसंख्या भारतीय मूल के लोगों की है। यह एक ऐसी जनता का निर्माण करती है, जो अधिक मात्रा में भारत से संबंधित ख़बरों और कार्यक्रमों में रुचि रखता है। कई ऐसे अख़बार हैं, जो मुख्य रूप से भारत और दक्षिण एशिया से संबंधित ख़बरों को छापते हैं। 'देस-परदेस' और 'पंजाब टाइम्स' ऐसे अख़बार हैं, जो साउथ-हॉल में पंजाबी डायस्पोरा को ध्यान में रखकर ख़बरें देते हैं। इसी प्रकार से कई ऐसे रेडियो चैनल भी हैं, जो भारतीय डायस्पोरा को समर्पित हैं। इनमें से एक 'सनराइज़ चैनल' उल्लेखनीय है। यह चैनल भारत और एशियाई मूल के लोगों से संबंधित ख़बरों को प्रसारित करता है। इतना ही नहीं, इस रेडियो चैनल पर अधिकतर हिंदी फ़िल्मों के गाने और भारतीय लोक गीत भी प्रसारित किए जाते हैं। ये संचार माध्यम विदेशों में भारतीयता को जीवित रखने और उसका नई पीढ़ी में विस्तार करने में महत्त्वपूर्ण भूमिका निभाते नज़र आते हैं। हालाँकि मेरी गिल्लेस्पी ने अपने शोध में यह पाया कि नई पीढ़ी में ऐसे चैनलों की कोई खास लोकप्रियता नहीं है, वे अधिकतर मिश्रित संगीत और हिंदी पॉप संगीत ही ज़्यादा सुनते हैं। उनकी यह शिकायत भी रहती है कि सनराइज़ जैसे चैनल ऐसे संगीत को प्रसारित नहीं करते परंतु इन चैनलों और संचार माध्यमों का अपना महत्त्व है। पुरानी पीढ़ी के लोगों में यह अभी भी काफी लोकप्रिय हैं और भारतीयता के तत्त्व को जीवित रखने में इनका बड़ा योगदान है।

हिंदी फ़िल्मों और बालीवुड के गानों का भी एक बड़ा बाज़ार विदेशों में ख़ास तौर पर ब्रिटेन, अमेरिका और खाड़ी देशों में है। हिंदी फ़िल्मों के संदर्भ में यह कहना तर्कसंगत ही होगा कि वह एक ऐसा सशक्त माध्यम है, जिसका योगदान भारतीय मूल के लोगों को भारत से जोड़े रखने में अतुलनीय है। हिंदी फ़िल्मों में

अधिकतर भारतीय परिवार और उसके मूल्यों को दर्शाया जाता है। आदर्श बेटा, आदर्श भाई, आदर्श पिता इत्यादि के रिश्तों को कहानी के माध्यम से संप्रेषित किया जाता है। यदि दूसरे शब्दों में कहा जाए तो यह एक ऐसा माध्यम है जो भारतीय संस्कृति को पुनरुत्पादित कर पुनः प्रस्तुत करता है। मेरी गिल्लेस्पी के अनुसार हिंदी फ़िल्मों की कहानियाँ कहीं न कहीं भारत की महान परंपरा के साथ जुड़ी होती हैं, जैसे अक्सर हमें फ़िल्मों में रामायण या महाभारत के तत्त्व मिल जाते हैं (गिल्लेस्पी, 1995)। इस दृष्टिकोण से हिंदी फ़िल्में भारतीय परंपरा को जीवित रखने का एक सशक्त माध्यम हैं। केवल यही नहीं, वी.सी.आर. और डी.वी.डी. प्लेयर के आने से पूर्व भारतीय मूल के लोगों में सिनेमा हाल में जाकर फ़िल्म देखने का चलन ज़्यादा था। इस प्रक्रिया को एक सामाजिक प्रक्रिया के रूप में समझा जा सकता है। सिनेमा हाल को आपसी भाईचारे और सामुदायिकता की भावना को जगाने और बनाए रखने के एजेंट के रूप में देखा जा सकता है। तकनीकी बदलाव के आने के साथ इस परंपरा में कमी आई और लोग अधिकतर अपने घरों में टेलीविज़न पर फ़िल्में देखने लगे परंतु अब पुनः लोग सिनेमाघरों की तरफ आकर्षित हो रहे हैं। केवल हिंदी फ़िल्में ही नहीं, बल्कि भारतीय डायस्पोरा पर आधारित फ़िल्मों का डायस्पोरा के संदर्भ में जागरूकता फैलाने में एक बड़ा योगदान है। 11 जनवरी, 2008 को नई दिल्ली के इंदिरा गांधी राष्ट्रीय कला केंद्र में तीन दिवसीय आयोजन किया गया, जो यूरोप में रह रहे रोमा प्रजाति की समस्याओं पर आधारित था (द हिंदू, 2008)। इसी कार्यक्रम में सतीश राय की फ़िल्म का भी प्रदर्शन हुआ, जो गिरमिटिया पर फ़िजी गए भारतीयों के जीवन पर आधारित थी। इंदिरा गांधी राष्ट्रीय कला केंद्र एक ऐसा स्थान है जहाँ भारतीय डायस्पोरा से संबंधित संदर्भ पुस्तकों और फ़िल्मों का भंडार है।

वर्तमान परिप्रेक्ष्य में सैटेलाइट चैनलों के संदर्भ में एक क्रांति आई है। आज स्टार, जी, सोनी जैसे तमाम ऐसे चैनल हैं जिनका प्रसारण भारत में ही नहीं, बल्कि विदेशों में भी हो रहा है। विदेशों में भारतीय चैनलों की सफलता की अपनी एक पृष्ठभूमि है। प्रारंभ में यूरोप ख़ास तौर पर ब्रिटेन में ब्रिटिश मीडिया कुछ ऐसे कार्यक्रमों का निर्माण करता था, जिसे अल्पसंख्यक कार्यक्रमों की श्रेणी में रखा गया था और इसके अंतर्गत भारतीयों द्वारा भारतीयों के लिए मनोरंजक कार्यक्रम बनाए जाते थे। पहले इस प्रकार के कार्यक्रमों की संख्या बहुत कम थी। इसी पृष्ठभूमि में ज़ी टी.वी. जैसे चैनलों का जन्म हुआ और भारतीय डायस्पोरा को अपनी पहचान स्थापित करने का एक नया माध्यम मिला। इन चैनलों पर दिखाए जाने वाले कार्यक्रम भारतीय परंपरा का आईना होते हैं। लगभग हर प्रकार के त्योहार और उत्सव इन चैनलों के माध्यम से किसी कहानी के सूत्र में बंधकर विदेशों तक

प्रसारित होते हैं और नई पीढ़ी को भी भारतीय परंपरा के साथ जोड़ते हैं और एक विशिष्ट भारतीय पहचान बनाने में सहायक होते हैं। इस प्रकार की सामूहिक भारतीय चेतना और पहचान को 'नैरेटिव आइडेंटिटी थ्योरी' (Narrative Identity Theory) के परिप्रेक्ष्य में देखा जाना चाहिए। इसमें किसी घटना या कहानी के माध्यम से जिसका वर्णन (Narration) क्रियाओं में बोला जा सकता है, एक विशिष्ट पहचान खोजने और उसका निर्माण करने का प्रयास किया जाता है। विशेषकर ब्रिटेन में ऐसे बहुत से शोध हो चुके हैं, जो नई पीढ़ी में इन चैनलों की लोकप्रियता को सत्यापित करते हैं। इन आधुनिक संचार माध्यमों का भारतीय डायस्पोरा पर गहरा प्रभाव देखने को मिलता है।

भारतीय डायस्पोरा और आधुनिक संचार माध्यमों का अंतर-संबंध इतना महत्त्वपूर्ण और गत्यात्मक है कि यह भारत की विदेश नीति और दूसरे देशों के साथ भारत के संबंधों को भी प्रभावित करता है। इस बात को स्पष्ट रूप में समझने के लिए श्रीलंका में तमिल जनसंख्या का उदाहरण सामने है। अभी हाल ही में एक विदेशी समाचार चैनल द्वारा श्रीलंका में लिट्टे (LTTE) के ख़िलाफ़ युद्ध में तमिलों पर हुए अत्याचारों की एक डाक्यूमेंटरी फ़िल्म प्रसारित की गई थी, जिसको देश के टेलीविज़न न्यूज़ चैनलों और समाचार-पत्रों ने भी अपनी ख़बर बनाया था। इसका परिणाम यह हुआ कि भारत में रह रहे तमिलों की भावनाओं के संदर्भ में भारत सरकार को वैश्विक स्तर पर श्रीलंका के ख़िलाफ़ कुछ निर्णय लेने पड़े। श्रीलंकाई तमिलों और भारतीय तमिलों की आपसी भावनाओं के जुड़ाव के संबंध में भारत की श्रीलंका संबंधी नीति प्रभावित हुई। इतना ही नहीं, अन्य देशों में रह रहे तमिलों ने भी tamilnet.com जैसी वेबसाइटों के माध्यम से श्रीलंका के तमिलों की तरफ विश्व भर में रह रहे तमिलों का ध्यान आकर्षित किया (व्हिटेकर एम.पी., 2004)। यह इस बात का उदाहरण है कि भारतीय डायस्पोरा के संदर्भ में आधुनिक संचार माध्यमों का प्रभाव देखने को मिलता है। इसी क्रम में भारत में चल रहे अन्य आंदोलनों के संदर्भ में भी आधुनिक संचार माध्यमों और भारतीय डायस्पोरा का परस्पर घनिष्ट संबंध देखने को मिलता है। यहाँ पर हम भारत में चल रहे दलित आंदोलनों और दलित विमर्श का उदाहरण ले सकते हैं, जिसमें विदेशों में रह रहे भारतीय दलित बढ़-चढ़कर हिस्सा ले रहे हैं और यह सब इस रूप में आधुनिक संचार माध्यमों ने ही संभव कराया है। आज इस संदर्भ में संचार माध्यम एक वैश्विक दबाव समूह के निर्माण में सहायता कर रहे हैं। वैश्विक स्तर पर मानव अधिकार आयोग का ध्यान भारत में मानव अधिकार से जुड़े मुद्दों की तरफ जाता है और आर्थिक वैश्वीकरण की शक्तियों का सहारा लेकर मानवाधिकार के हनन के संदर्भ में एक दबाव जैसी स्थिति बनाई जा रही है। यह सब इसीलिए संभव हो

पाया है, क्योंकि आधुनिक संचार माध्यमों ने वैश्विक स्तर पर जागरूकता फैलाई है और विश्व भर में रह रहे भारतीय मूल के लोगों को भारत की सभ्यता और संस्कृति से जोड़े रखने का कार्य किया है।

आधुनिक संचार माध्यमों की उपयोगिता का ही परिणाम है कि आज 'डायस्पोरा नॉलेज नेटवर्क' (Diaspora Knowledge Network) जैसी अवधारणाओं के संदर्भ में बात हो रही है। इसके अंतर्गत भारतीय डायस्पोरा को भारतीय विकास के साथ जोड़ने का प्रयास सूचना और संचार तकनीक के माध्यम से किया जाता है। यह एक ऐसी अवधारणा है जिसकी चर्चा 2006 में शुरू हुई थी। विदेशों में भारतीय मूल के लोगों ने सूचना और ज्ञान के क्षेत्र में काफी नाम कमाया है और DKN इसी ज्ञान को भारत के विकास के साथ जोड़ने का कार्य करता है। इसका उपयोग सशक्त भारत निर्माण के लिए किया जा सकता है।

संचार के माध्यमों और वाहकों के उपयोग से सूचना का प्रसारण भी संचार का एक प्रमुख उद्‌देश्य होता है। इन दो प्रकार के प्रमुख उद्‌देश्यों के आधार पर सांस्कृतिक और राजनीतिक-आर्थिक दृष्टि से संचार एक महत्त्वपूर्ण प्रक्रिया बन जाती है। सांस्कृतिक दृष्टिकोण से हम संचार के ज़रिए एक ऐसी अंतर्क्रिया का हिस्सा बन जाते हैं, जहाँ संस्कृति के नित नए अर्थों का निर्माण किया जाता है और सांस्कृतिक तत्त्वों एवं अवधारणाओं को नित नई परिभाषा दी जाती है। इसके साथ-साथ हम अपनी सांस्कृतिक पहचान को भी नित नए आयाम देते हैं। भारतीय डायस्पोरा के संदर्भ में यह प्रक्रिया उनको अपनी संस्कृति के साथ जोड़ने और भारत सहित विश्व के संदर्भ में अपनी पहचान बनाने के परिप्रेक्ष्य में देखा जा सकती है। मीडिया एक प्रकार से पहचान के निर्माण के एजेंट के रूप में कार्य करता है।

सामूहिक और सामुदायिक पहचान के मुद्‌दे के साथ-साथ जब संचार माध्यमों का उपयोग सूचना के प्रसारण की दृष्टि से देखा जाता है तो यह प्रक्रिया राजनीतिक,आर्थिक और धार्मिक दृष्टि से महत्त्वपूर्ण बन जाती है। इस अर्थ में आधुनिक संचार माध्यम राजनीतिक और आर्थिक दृष्टि से सामूहिक चेतना जगाने का कार्य करते हैं। धार्मिक दृष्टि से संचार माध्यम एक संपूर्ण समुदाय (Total Community) का निर्माण करते हैं। उदाहरण के तौर पर जब पंजाब में सिक्खों ने ख़ालिस्तान के निर्माण का प्रश्न उठाया था, तब विदेशों में रहने वाले सिक्ख भी इस आंदोलन से जुड़ गए थे या भ्रमित हो गए थे। इसी प्रकार अयोध्या में बाबरी मस्जिद ध्वंस और राम मंदिर के निर्माण के मुद्‌दे पर भारतीय डायस्पोरा में भी प्रतिक्रिया देखने को मिली थी (वेर्तोवेक, 1999)। भारतीय डायस्पोरा के संदर्भ में संचार माध्यम सांस्कृतिक छवि के पारदेशीय बहाव और निर्माण में सहायक होते हैं। अर्जुन अप्पदुरई के शब्दों में भारतीय डायस्पोरा और संचार माध्यमों के बीच के

अंतरसंबंध को मीडिया-इस्केप (mediascape) के संदर्भ में समझा जाना चाहिए ज़हाँ पर पारदेशीय सांस्कृतिक छवि, सांस्कृतिक और सामुदायिक पहचान, सांस्कृतिक आदान-प्रदान और राजनीतिक-आर्थिक और धार्मिक पक्षों का निर्माण लगातार होता रहता है (अप्पदुरई, 1991)।

संदर्भ

1. लाल बी.वी., रीव्स पी., और राय आर. (संपा.). 2007. द एनसॉयक्लोपीडिया ऑफ़ द इंडियन डायस्पोरा, ऑक्सफोर्ड यूनिवर्सिटी प्रेस, नई दिल्ली।
2. जयराम एन. (संपा.)। 2004.द इंडियन डायस्पोरा: डायनॉमिक्स ऑफ़ माइग्रेशन, सेज, नई दिल्ली।
3. गिल्लेस्पी मेरी. 1995. टेलीविज़न, एथनिसिटी एंड कल्चरल चेंज, रूटलेज, न्यूयॉर्क।
4. द हिंदू, 11 जनवरी, 2008.
5. अप्पदुरई ए. 1991. ग्लोबल एथनो-इस्केप्स : नोट्स एंड क्वेरीज़ फॉर ए ट्रांसनेशनल एंथ्रोपोलॉजी, इन फोक्स आर.जी. संपा। रीकैप्चरिंग एंथ्रोपोलॉजी : वर्किंग इन द प्रेसेंट, स्कूल ऑफ़ अमेरिकन रिसर्च प्रेस, 191-210.
6. व्हिटेकर एम.पी. 2004. तमिलनेट.काम : सम रिफ्लेक्शंस ऑन पॉपुलर एन्थ्रोपोलॉजी, नेशनलिज़्म एंड द इंटरनेट, एंथ्रोपोलॉजिकल क्वाटर्ली, वॉल्यूम 77, नंबर 3, पेज 469-498.
7. वेर्तोवेक एस. 1999, श्री मीनिंग्स ऑफ़ डायस्पोरा, एक्वजंप्लीफाइड अमंग साउथ एशियन रिलीजंस, डायस्पोरा।

11

पंजाबी डायस्पोरा

हरप्रीत कौर

भारत में सबसे ज़्यादा उत्साहपूर्ण जीवनशैली के पक्षधर और इसी के कारण अपने जीवन सत्व को पहचानने वाली पंजाबी संस्कृति के समसामयिक, सामाजिक और आर्थिक परिदृश्य में सबसे अधिक बदलाव उसके अत्यधिक विस्थापन के कारण आया है। सार्वजनिक रूप से 'बल्ले-बल्ले' जैसे मुखर उद्घोष की संस्कृति के साथ पहचाने जाने वाले इस बृहत मानव समूह के परंपरागत जीवन, उसके सामाजिक नीति-निर्वाहक तत्त्व और विशेष तौर पर स्त्रियों के लगातार शोषण की नित नई प्रवृत्तियों के बारे में इधर बहुत कम ध्यान दिया गया है, विशेषकर पंजाबी डायस्पोरा के संदर्भ में।

एक अध्ययन के मुताबिक लंदन में मैट्रो ट्रेन के आगे मात्र दो वर्ष में जितनी आत्महत्याएँ हुई हैं, उनमें 80 फ़ीसदी संख्या पंजाबी महिलाओं की है। पंजाबियों के सर चढ़कर बोलता बल्कि आर्तनाद करता यह 'विलायती पैसा' समाज की जड़ों को कमज़ोर करने में सिद्धहस्त हो गया है। आज समूचे पंजाबी समुदाय के मध्य, उच्च और निम्न वर्ग के परिवारों में लड़कियों के विवाह आप्रवासी सिक्ख समुदाय में करने का प्रचलन जिस तेज गति से बढ़ रहा है, वह भले ही दिखावे के स्तर पर भव्य और अन्य लोगों के लिए आकर्षक हो, लेकिन कहीं गहरे अर्थों में तो यह एक बीमार मानसिकता की यांत्रिक और दिखावटी जीवन शैली ही है। यह कितना विरोधाभासी है कि अन्य किसी जाति से शोषित न होने वाली यह निडर संस्कृति अपने ही समाज में अपनी आधी आबादी यानी महिलाओं को परंपरा और पारिवारिक दायित्व निर्वाह के नाम पर प्रताड़ित करती रही है। पंजाबी डायस्पोरा के संदर्भ में इस प्रवृत्ति ने तेजी से अपना विकास किया है।

पंजाबी डायस्पोरा का सीधा संबंध भारत में पारंपरिक पंजाब क्षेत्र, विशेष कर सिक्ख आबादी का अपनी ज़मीन से कटकर अन्य देशों में जाने से है। दरअसल

जब ब्रिटिश राज ने पंजाब पर सफलतापूर्वक नियंत्रण कर लिया था, उसी समय से पंजाबी डायस्पोरा की शुरुआत हुई। 1849 में सिक्ख रियासत के पतन की शुरुआत तब से होती है, जब महाराजा दिलीप सिंह ने अपना शेष जीवन ब्रिटेन जाकर ब्रिटिश राज में बिताया। दिलीप सिंह पंजाब रियासत के सबसे शक्तिशाली महाराजा रणजीत सिंह के पुत्र थे। 1857 में अंग्रेज़ों ने रणनीति के तहत सिक्खों को 'जुझारू नस्ल' के तौर पर पहचान दी और खास करके 'जट सिखों' को बड़ी संख्या में फ़ौज में भरती कर लिया। यही कारण था कि इस शुरुआती दौर में 'जट सिक्ख' ही इस प्रवास में शामिल रहे। इसी घटना ने सिक्ख प्रवास को सर्वाधिक प्रभावित किया, क्योंकि अंग्रेज़ों ने 'जट सिक्ख ' को ही तरजीह दी और इसमें भी पूर्ण ख़ालसा सिंह को ही लिया गया, जिससे केशधारी सिक्खों की संख्या में इज़ाफ़ा हुआ। ख़ालसा पंथ को बढ़ाने में भी सहयोग मिला। यहीं से पंजाबी डायस्पोरा का इतिहास शुरू होता है। ब्रिटिश कूटनीति का हिस्सा रहे सामाजिक अन्याय को भी पंजाबी समुदाय उस समय भोग रहा था और यह पंजाबी डायस्पोरा के विकास के लिए अत्यावश्यक भूमिका रखता है। ब्रिटेन की महारानी विक्टोरिया के 'डायमंड जुबली' (हीरक जयंती) उत्सव में एक तरह से अपनी 'गुलामी को सलामी' देने के लिए तत्कालीन भारत सरकार ने 'सिक्ख लांसर्स एंड इन्फ़ेंटरी रेजिमेंट' को लंदन भेजा था। इस सफ़र में वे मोंट्रियल से बेंकूवर ट्रेन से गए थे। ज़मीन और उसकी हरियाली से जन्मजात प्रेम करने वाले इस बड़े पंजाबी दस्ते के सैनिकों ने अपनी पूरी यात्रा में ट्रेन से बाहर हरी-भरी ज़मीन, नदियाँ, झरने देखे। इसके साथ ही उन्हें वहाँ का भौगोलिक पर्यावरण यानी ऊँची-नीची पहाड़ियाँ अपनी तरफ खींचने लगे। उन्हें महसूस हुआ कि यह पूरी ज़मीन उनकी मेहनत की भूखी है।

एक अनजाने और अनियोजित उस सपने की शुरुआत यहीं से होती है, जिसे हम पंजाबी डायस्पोरा कहते हैं। इस तरह इतिहास का रोचक तथ्य यह है कि महारानी का डायमंड जुबली समारोह हट्टे-कट्टे पंजाबी जवानों का शेष जीवन बदलने का बहाना बना। उस यात्रा में सैकड़ों सैनिक वहीं बस गए। बड़ी संख्या में जो सैनिक वापस आए, वे भी अपने मुखिया के साथ लगातार यही विचार करते रहे कि उन्हें भी अब भारत छोड़ देना चाहिए। इसके बाद समय-समय पर छोटे-छोटे समूहों में लोग विदेश जाते रहे। पंजाबियों के वहाँ बसने के उपरांत उनकी शारीरिक बनावट, फ़ौजी अनुशासन से प्रभावित होकर उन्हें लकड़ी की मिलों, रेलवे लाइन बिछाने, इमारतें बनाने, फल तोड़ने, डेयरी फ़ार्म आदि में मज़दूर के तौर पर काम मिलने लगे। 1907 तक उन्हें वोट देने और नागरिकता संबंधी अधिकार से वंचित रखा गया। इन प्रवासियों को बेहद मुश्किलों का सामना करना पड़ा। एक ही कमरे में पाँच-पाँच व्यक्ति रहते थे, ताकि वे पैसे बचा सकें। फिर भी इनकी स्थिति

ब्रिटिश उपनिवेश के उन गिरमिटिया मज़दूरों से कहीं बेहतर थी, जो मॉरीशस, दक्षिण अफ़्रीका और फ़िजी आदि देशों में गए थे।

वैसे पंजाबी समुदाय 1857 से ही अपनी रियासत से बाहर तत्कालीन भारत के उन शहरों में गया, जो खेती और अन्य व्यावसायिक धरातल पर उसे अपने लिए सकारात्मक लगे। इनमें रावलपिंडी, शेखपुरा, झेलम, मुलतान, सरगोजा, अमृतसर, लुधियाना, लाहौर आदि आते हैं। अब देखना यह भी है कि इस शुरुआती दौर में अमेरिका और कनाडा जाने वालों में लगभग किसान और फ़ौजी ही शामिल थे। फ़ौज में होने के कारण ब्रिटिश साम्राज्य के अधीन इन्हें कई देशों में घूमने के अवसर मिल जाते थे, इसलिए नौकरी के बाद वे पूर्वी एशिया के देशों में ज़्यादा गए, जहाँ अंग्रेज़ों के उपनिवेश थे या उनका प्रभाव था। उस समय ये लोग मलाया, थाईलैंड, बर्मा, सिंगापुर, हांगकांग और शंघाई (चीन) में जाकर बस गए। इनमें ज़्यादातर को चौकीदार की नौकरी मिली।

कनाडा में पहुँचे पंजाबी बैंकूवर में बस गए। इनके पहले दो दशक बेहद संघर्षमय रहे। ब्रिटिश कोलंबिया प्रांत में एशिया से अधिक संख्या में लोगों ने उस दौरान प्रवास किया। इस प्रांत में लकड़ी का काम बहुत ज़्यादा था और लोगों को नौकरी मिल जाती थी। इसके अलावा 'फ्रेज़र घाटी' में चल रही खेती में भी मज़दूरी का काम मिल जाता था। कामागाटामारू की घटना से फैले असंतोष के चलते हुए दंगों और 'लगातार यात्रा' के नियम बनने से यह प्रवासन प्रभावित हुआ। इसमें कोई दो राय नहीं कि जल्दी ही मेज़बान लोगों में एशियाई मूल के लोगों के प्रति नफ़रत पैदा हो गई, और उनके विरुद्ध दंगे होने लगे। कामागाटामारू की घटना के कारण कनाडा में देश की आज़ादी के संघर्ष के प्रति लोगों में रुझान पैदा हुआ। गोरों के इन व्यवहारों के चलते काफी संख्या में पंजाबी अमेरिका जाकर बस गए। दो मुख्य स्थानों इंपीरियल वैली और युवा सिटी में पंजाबियों ने अपने घर बसाए। इनमें ज़्यादातर फ़ौजी और किसान ही शामिल थे। बाद में उनके दोस्त और रिश्तेदार भी इस प्रवासन में शामिल हो गए। युवा सिटी आज भी पंजाबियों की पसंदीदा जगहों में से एक है।

इन शुरुआती प्रवासियों की अन्य समस्यायों के साथ एक प्रमुख समस्या यह भी रही कि इन्हें अपनी पत्नी और बच्चे लाने के अधिकार नहीं थे। ऐसे में अमेरिका में, खास तौर से इंपीरियल वैली में रहने वाले पंजाबियों ने मैक्सिकन औरतों से विवाह कर लिए। अमेरिका का कैलिफ़ोर्निया क्षेत्र मैक्सिको का सीमावर्ती प्रांत है। यहाँ से उस दौरान खेती करने के लिए स्त्रियाँ और पुरुष आते थे। साथ-साथ काम करने से उपजे इन संबंधों ने ज़्यादातर विवाह का रूप ले लिया। ये मैक्सिकन रोमन कैथोलिक थे और इस विवाह से उत्पन बच्चों का समाजीकरण भी रोमन कैथोलिक

में हुआ। इससे जाति बंधन टूटने लगे, जो एक स्वस्थ सामाजिक जीवन की तरफ इशारा करता है। रेखांकित करने वाला एक तथ्य यह है कि 1929-32 के विश्वव्यापी आर्थिक संकट में भी ये पंजाबी डटे रहे।

इन देशों के अलावा सिक्खों का प्रवास भी बहुत पहले ही शुरू हो गया था। इंग्लैंड में इनका बसना दो महायुद्धों के बीच के समय में शुरू होता है। सबसे पहले 'भाटडे सिक्ख' यहाँ जाकर बसने लगे, जो फेरी लगाकर सामान बेचने का काम करते थे। 'भाटडे सिक्खों' की सबसे बड़ी भूमिका यह रही कि 1950 के बाद के प्रवास में आने वाले हमवतनियों को इन्होंने सँभाला और उन्हें रहने के लिए जगह दी।

1907 में ख़ालसा दीवान, 1908 में बैंकूवर में पहले गुरुद्वारे की स्थापना हुई, जो पंजाबियों के लिए सामाजिक, धार्मिक और सभ्याचारण केंद्र बना। यहाँ उनकी समस्याओं को केंद्र में रखकर समाधान खोजे जाते थे। इस तरह विचार-विमर्श की कई संभावनाएँ उस समय नज़र आईं।

1947 में भारत-पाक विभाजन पंजाबी डायस्पोरा का सबसे भयावह सत्य रहा। उस समय मुस्लिम समुदाय ने पश्चिमी पाकिस्तान के गाँवों और शहरों में रह रहे सिक्खों पर हमले और अत्याचार किए थे। ज़ाहिर है कि पंजाबी समुदाय की तरफ से भी ऐसी ही प्रतिक्रियाएँ उस दौरान की गई थीं। उस समय सिक्खों का विचार था कि ये हमले अस्थायी हैं और खत्म हो जाएँगे, लेकिन उनके लिए 1947 की 14 अगस्त चौंकाने वाली थी, जब उन्हें पता चला कि पाकिस्तानी पुलिस और सेना उस सिक्ख समुदाय को बचाने में विफल हो गई थी, जो नए बने पाकिस्तान में रह गया था। उस समय उनके साथ लूटपाट की गई, बालिग-नाबालिग लड़कियों के साथ बलात्कार हुए और बड़ी संख्या में सिक्ख मार दिए गए। ननकाना साहिब गुरुद्वारा पाकिस्तान में रह गया, जिससे सिक्खों की धार्मिक भावनाएँ जुड़ी हुई थीं। यह पश्चिमी पकिस्तान का हिस्सा था। लाखों की संख्या में सिक्ख अपनी आज़ादी और सुरक्षा के लिए पूर्वी पंजाब (भारत) भागे। उस समय गुरदासपुर, फ़रीदकोट, अंबाला, मोगा, जालंधर, बटाला में बड़ी संख्या में मुस्लिम मारे गए थे। यह वह दौर था, जब पंजाबियों का एक बड़ा हिस्सा अपने आपको उस ज़मीन पर खड़ा पा रहा था, जहाँ उसे किसी तरह की सुरक्षा नहीं थी।

1984 में हुए 'ऑपरेशन ब्लू स्टार' को बीबीसी के भारत स्थित संवाददाता मार्क टुली ने अमेरिका में हुए 9/11 की तरह देखा है। यह एक ऐसा भयावह दृश्य था, जो टीवी के परदे के बाहर खेला गया था। दरअसल इस अनहोनी की शुरुआत बहुत पहले हो गई थी। पंजाब में अल्प समय के लिए बनी अकाली सरकार के एक पूर्व मंत्री ने 12 अक्टूबर, 1971 में 'न्यूयार्क टाइम्स' में आधे पृष्ठ का विज्ञापन दिया

था, जिसमें पंजाब को एक अलग राष्ट्र बनाने की हिमायत की गई थी। इस पूरे घटनाक्रम का सबसे दुःखद पहलू यही रहा कि अमानवीय और आतंकवादी गतिविधियों के चलते पंजाब का बड़ा युवा वर्ग ख़ालिस्तान की माँग कर रहा था। उसमें लगने वाला अंतहीन पैसा वे पंजाबी प्रवासी दे रहे थे, जो पूँजीपति बन गए थे। ये तथ्य डायस्पोरा का एक अलग मनोविज्ञान प्रस्तुत करते हैं, जिससे यह स्पष्ट होता है कि किस तरह अपनी ज़मीन से दूर ये प्रवासी अपने राष्ट्र के ख़िलाफ़ खड़े हुए थे। इसके एकाधिक कारणों में एक मुख्य कारण पंजाबी प्रवासी समाज में दूरगामी नुकसानदायी प्रवृत्तियों को न समझ पाने की बौद्धिक दरिद्रता थी। इसमें तात्कालिक सुख पाने की लालसा भी रही होगी। उसी दौरान अल्पसंख्यक समुदाय के नारे के तहत 'इंटरनेशनल सिक्ख यूथ फ़ेडरेशन' का गठन भी किया गया, जो 'बब्बर ख़ालसा' और तथाकथित ख़ालिस्तान की कार्य परिषद के साथ काम कर रहा था। यह पूरा खेल प्रवासी नवपूँजीवाद के पैसे की ज़ोर आज़माइश थी। वे लोग अपने व्यापार-धंधे में मेहनती, लेकिन शातिर दिमाग थे। वे जान रहे थे कि उनकी मेहनत का एक बड़ा हिस्सा प्रवासी ज़मीन की सरकार के पास चला जाता है। वे उसे बचाना भी चाह रहे थे। इसका मतलब एक अलग राष्ट्र, अपना कानून और अपने व्यावसायिक हितों को साधती व्यवस्था का निर्माण करना था। एक तरह से देखा जाए तो ख़ालिस्तान की माँग नवपूँजीवाद द्वारा अपनाया गया एक घिनौना आर्थिक विनियोग था। इसमें पंजाब में रह रहे युवाओं की बेरोज़गार और अंधकारमय भविष्य की व्यापक उपस्थिति ने महत्त्वपूर्ण भूमिका निभाई। उस समय कुछ मामलों में पंजाब का असुरक्षित मानस इस पूरे खेल का आधार बना।

उस समय इटली सिक्ख प्रवासियों की पहली पसंद थी। इटालियन पंजाबी प्रवासियों ने सामान्यत: वहाँ मशीनी उपकरण, खेतिहर व्यवस्था और भूमि उत्पादन से जुड़े कार्य किए। उस समय कनाडा की आप्रवासन नीति भी उदार थी, इसलिए सिक्ख समुदाय कनाडा में वहाँ की जनसंख्या में दूसरी बड़ी जाति के रूप में सामने आया। इक्कीसवीं सदी के शुरुआती दशक में सबसे अधिक पंजाबी ऑस्ट्रेलिया गए, जिसमें 'स्टुडेंट वीज़ा' की मुख्य भूमिका रही।

पंजाब को मूलत: माझा, दोआबा, मालवा तीन हिस्सों में बाँटकर देखा जाता है। माझा क्षेत्र में गुरदासपुर, अमृतसर, तरनतारन आते हैं, जो पाकिस्तानी सीमा से सटे जिले हैं। मालवा में फ़िरोजपुर, लुधियाना, फ़रीदकोट, भटिंडा, मानसा, संगरूर, पटियाला, फ़तेहगढ़, आदि आते हैं। दोआबा में जालंधर, होशियारपुर, कपूरथला, नवाँ शहर, फगवाड़ा आदि आते हैं। गौर करने वाला तथ्य यह है कि विस्थापन के शुरुआती वर्षों में पंजाब में सबसे अधिक विस्थापन दोआबा क्षेत्र से हुआ है। भारत-पाक विभाजन के कारण पंजाब के वर्तमान पाकिस्तान क्षेत्र से आए जो सिक्ख

दोआबा में आकर बसे, उन्हें इस क्षेत्र की कम उपजाऊ ज़मीनें संतुष्ट नहीं कर पाईं, क्योंकि इस क्षेत्र से खदेड़े गए मुसलमानों में बहुत बड़ी संख्या उन लोगों की थी, जिनके पास ज़मीनें नहीं थी। इसलिए यहाँ बसने वाले लोगों को आर्थिक विपन्नता का सामना करना पड़ा। दूसरे विश्वयुद्ध के बाद ब्रिटेन पंजाबियों के सामने बदलाव का एक विकल्प लेकर उपस्थित था। विश्वयुद्ध खत्म होते ही हजारों की संख्या में एशियाई मज़दूर अपनी मज़दूरी बेचने के लिए ब्रिटेन में मिल मालिकों के पास पहुँचे। इनमें बहुत बड़ी संख्या पंजाबियों की थी, बेशक प्रवास झेलती यह पीढ़ी अपनी भाषा के कारण वहाँ के निवासियों के सीधे संपर्क में नहीं आ पाई।

एक बार वर्ष 1850 पर नज़र डाली जाए। उस समय पंजाबी एक तरह से ब्रिटिश सरकार का सहयोग ही कर रहे थे। इसके फलस्वरूप वे ब्रिटिश साम्राज्य के अन्य देशों जैसे मलेशिया, फ़िजी, थाईलैंड ऑस्ट्रेलिया, न्यूज़ीलैंड में भी आने-जाने लगे थे। इन जाने वालों में मुख्यत: ग्रामीण अंचलों के लोग थे, इनमें से अधिकतर सेना में होने के कारण अपने तबादले या बहाली के तहत गए, कुछ पुलिस सेवा में और कुछ आर्थिक गतिविधियों आदि के तहत गए।

बीसवीं शताब्दी की शुरुआत में इस डायस्पोरा को नए आयाम मिले। उस समय औद्योगिकीकरण और विशेषकर रेलवे के फैलते जाल के कारण रोज़गार और काम-धंधों की भरमार थी। इनमें भी ज़्यादातर पंजाबियों ने अमेरिका और कनाडा को चुना, लेकिन यहाँ बीसवीं शताब्दी के इर्द-गिर्द का पंजाबी डायस्पोरा उस सुनियोजित विस्थापन से सर्वथा भिन्न था, जो ब्रिटिश साम्राज्य की ड्यूटी पूरी करने के लिए किया जाता था। 1961 से 1976 तक कनाडा में पंजाबियों की संख्या पहले से बीस गुना बढ़ गई थी। 1970 में टोरंटो और बैंकूवर में पंजाबियों की संख्या पचास हजार से अधिक थी। आज़ादी के संघर्ष के दिनों में भी पंजाब के दोआबा क्षेत्र से सबसे अधिक विस्थापन हुआ। आज़ादी के बाद जब स्थितियाँ कुछ अनुकूल हुईं तो उस समय भी इस क्षेत्र से विस्थापन जारी था। विशेषकर, उत्तरी अमेरिका और ब्रिटेन में वर्ष 1973-74 में जब तेल की कीमतों में विश्वव्यापी उछाल आया, तब 'खाड़ी' के कई देशों ने पंजाबियों को काम के लिए आमंत्रित किया था। इसमें कोई आश्चर्य की बात नहीं है कि 'दोआबा' के पूरे अंचल ने अपने देश से बाहर नई किस्म की बस्तियाँ और गाँव बसाने की शुरुआत की। इसमें न केवल आर्थिक-सामाजिक विकास शामिल है बल्कि ऐतिहासिक अनुभवों को वैश्विक परिदृश्य में स्थापित करना भी शामिल है।

पंजाबी युवाओं में विदेश के प्रति आकर्षण के चलते कानूनी-गैरकानूनी तरीकों से वीज़ा प्राप्त करने का चलन बढ़ा है। खेल गतिविधियाँ,सांगीतिक-साहित्यिक यात्राएँ, सांस्कृतिक और धार्मिक कारणों के साथ-साथ विवाह जैसी संस्था भी इस

पूरे चक्र में शामिल रही हैं। वैश्विक आर्थिक परिदृश्य पर बढ़ते जा रहे डायस्पोरा के महत्त्व को 'वर्ल्ड बैंक' की एक रिपोर्ट इस तरह बताती है–'आज की पूँजी और योग्यता की जानकारी डायस्पोरा से मिलती है। आधुनिक डायस्पोरा ने अपनी व्यावसायिक गतिविधियाँ बढ़ाई हैं। इसी के तहत आने वाली कई समस्याओं को दूर किया है, अवसरवादिता को घटाया है और अपनी अलग और विशिष्ट साख का निर्माण किया है।' कई दशकों के ऊहापोह भरे संघर्ष के बाद, कई तरह की कानूनी लड़ाइयों को जीतने और समान नागरिकता प्राप्त करने के बाद विदेशों में बसे पंजाबी अब अपनी सांस्कृतिक पहचान के साथ वहाँ जीती हुई उस नई ज़मीन पर यथार्थवादी खुशहाली में अपनी जीवंत जीवनशैली के साथ गुज़र–बसर कर रहे हैं। वे इसी तरह पंजाबी खानपान, फ़िल्में, संगीत, टेलीविज़न, रेडियो और साहित्य के स्वनिर्मित दायरे में मशगूल हैं जो उन्हें अपनी ज़मीन से जोड़ता है। कई देशों में वहाँ की राजनीति में शामिल होना उन्होंने शुरू कर दिया है। गहराई से देखने पर यह पता चलता है कि विभिन्न देशों में रह रहे पंजाबी 'इंट्रा डायस्पोरा' द्वारा नए संबंधों का दायरा तलाश रहे हैं। मसलन ऑस्ट्रेलिया में रह रहे पंजाबी अमेरिका, ब्रिटेन, कनाडा से अपना संबंध बनाए रखते हैं। इन दिनों तो इंटरनेट पर सिक्ख डायस्पोरा को लेकर कई सारे 'विमर्श समूह' बन गए हैं, जिनमें पूरे विश्व में फैले पंजाबी समुदाय और उनकी स्थानीय गतिविधियों को लेकर बहस–मुबाहिसा चलता रहता है। फ़्रांस सरकार पंजाबी छात्रों के पगड़ी पहनने पर पाबंदी या ब्रिटेन में मंचित हो रहे नाटक 'बेइज़्ज़ती' को लेकर इस तरह के विमर्श समूहों में बहस चलती रही।

बर्नार्ड शॉ ने कहा था–'फ़िल्म सेंसरशिप सहित सभी प्रकार की सेंसर व्यवस्थाएँ केवल ऐसे कार्यों को दबाने की कानूनी और गैरकानूनी शक्ति अपने पास रखने का बहाना हैं, जिन्हें व्यवस्थाएँ नापसंद करती हैं।'

लंदन के उन अंग्रेज़ व्यवसायियों के पूरे व्यवसाय पर नकारात्मक प्रभाव पड़ता, अगर एलिज़ाबेथ बक्स्टर की फ़िल्म 'द नाइट पैट्रोल' को सेंसर बोर्ड पास कर देता। उन हजारों लोगों के सपनों का कड़वा यथार्थ यह फ़िल्म दिखाती है, जिसमें उन्हें लगता है कि लंदन में उन्हें अच्छा पैसा मिलेगा और रोज़गार भी। निस्संदेह उस समय ब्रिटेन में बड़ी संख्या में इतालवी किसान और ऑस्ट्रेलियाई भेड़पालकों के साथ पंजाबियों का नाम भी शुमार था। हिंदी और पंजाबी फ़िल्में ही नहीं, पंजाबी डायस्पोरा को लेकर अंग्रेज़ी में भी कई फ़िल्में बनी हैं जिनमें 'बेंड इट लाइक बेखम' (bend it like bécham) का नाम लिया जा सकता है। इस फ़िल्म में दर्शाया गया है कि लंदन में रह रहे पंजाबी परिवार की लड़की हर चीज को फुटबॉल की तरह ऐसे मोड़ना चाहती है, जैसे बेखम अपने शरीर को मोड़ते हुए फुटबॉल की दिशा बदल देता है। इस फ़िल्म में हीरोइन परमिंदर नागरा हैं।

'ब्राइड एंड प्रीज्यूडिस' (Bride and prejudice) फ़िल्म जॉन आस्टिन के उपन्यास 'प्राइड एंड प्रीज्यूडिस' (Pride and prejudice) को आधार बनाकर बनाई गई है। इसमें अंग्रेज़ी के अलावा कुछ संवादों में पंजाबी और हिंदी का प्रयोग है। इस फ़िल्म में मार्टिन हैंडरसन, ऐश्वर्या राय, नादिरा बब्बर, अनुपम खेर और नवीन ऐंड्रूज ने काम किया है। यह पश्चिमी क्लासिक कथानक का भारतीय देशी रूपांतरण है। इसी तरह 'मानसून वेडिंग' अंग्रेज़ी फ़िल्म है। मीरा नायर की इस फ़िल्म में पंजाबी शादी और पंजाबी परंपराओं का चित्रण है। इसमें पंजाब का विरसा दिखाई देता है। नसीरूद्दीन शाह ने इस फ़िल्म में पिता की भूमिका निभाई है जो फ़िल्म में दर्शाई गई शादी पर शाही खर्च करता है ताकि दुनिया भर में फैले आप्रवासी उसमें शामिल होकर अचंभित हों। इसी तरह 'नमस्ते लंदन' को भी याद किया जा सकता है।

पंजाबी भाषा में बनी डायस्पोरा आधारित फ़िल्मों की बात अगर की जाए तो कई सारी फ़िल्मों के नाम याद आते हैं। 'कंबदी कलाई' पंजाबी डायस्पोरा की एक बेहतरीन फ़िल्म है। भाई बीर सिंह के लिखे प्रसिद्ध काव्यांश–*'सुपने विच तुसीं मिले असांनू/असीं आ गल्लवकड़ी पाई/निरा नूर तुसीं हत्थ ना आए/साडी कंबदी रही कलाई'* को टाइटल साँग के रूप में लिया गया है। यह फ़िल्म न्यूयार्क की पृष्ठभूमि पर बनी है। इस फ़िल्म को अमेरिका में जब गैर-पंजाबियों ने देखा तो वह यह कहने लगे कि यह फ़िल्म पंजाबियों को देखने की एक नई दृष्टि देती है। इस फ़िल्म की शूटिंग के दौरान सुखद रूप से चकित कर देने वाले मानवीय संबंधों को देखा गया। इस फ़िल्म के क्रू मैंबर्स की पूरी यूनिट गैर पंजाबी थी। यूनिट के कई सदस्यों ने माना कि उन्हें सरदारों पर चुटकुले नहीं सुनने चाहिए, क्योंकि इस फ़िल्म में एक बुजुर्ग आप्रवासी भारतीय अपनी बेटी को इसलिए डाँटता है कि वह अपने बच्चे को 'एंटी सिक्ख जोक्स' (सिक्ख विरोधी चुटकुले) सुना रही है। फ़िल्म निर्देशक ईश अमितोज ने इस फ़िल्म के जारी होने से पहले कहा–"मैं फ़िल्मों से प्यार करती हूँ, फ़िल्में मेरा जुनून हैं। मैं उस तरह के नाटक और साहित्य को पसंद करती हूँ जो मुझे पंजाबी डायस्पोरा पर फ़िल्म बनाने के लिए प्रेरित करे। आज दुनिया में लाखों पंजाबी फैले हुए हैं। उनकी पाँच सौ साल पुरानी परंपराओं और संस्कृति को दिखाने के लिए कोई फ़िल्म ही नहीं है, डॉक्यूमेंटरी (वृत्त-चित्र) या ठेठ धार्मिक फ़िल्में बनाना दूसरी बात है। आख़िर हम कब तक पंजाबियों की वह संस्कृति दिखाते रहेंगे, जिसके पीछे का पूरा इतिहास दर्शक नहीं जानते।"

डायस्पोरा से संबंधित एक अन्य फ़िल्म 'लंदन टू अमृतसर' है, जिसमें एक आप्रवासी भारतीय पंजाबी लड़की अपनी माँ के साथ पंजाबी संस्कृति का अध्ययन करने के लिए पंजाब आती है। फ़िल्म के निर्देशक टी.जी. सिंह कहते हैं–"आज

पंजाबी नौजवानों में विदेश जाने की होड़ लगी है। ऐसे में हमने इस फ़िल्म में दिखाया है कि भारत में भी ऐसे कई अवसर और संसाधन हैं, जिनसे विदेश जाने के बजाय यहीं बेहतर जीवन बिताया जा सकता है।''

पंजाबी फ़िल्म 'असां नूं मान वतनां दा' मनमोहन सिंह निर्देशित है। इस फ़िल्म में पंजाबी डायस्पोरा से संबंधित कुछ ऐसे महत्त्वपूर्ण सवाल हैं, जिनका उत्तर खोजा जाना अभी शेष है। क्या इन प्रवासियों का अपनी मातृभूमि में वैसा ही स्वागत किया जाता है जैसा किया जाना चाहिए? क्या लौटकर आने वालों को लगता है कि यह वही ज़मीन है जिसे वे छोड़ गए थे और जिसे वे अपने बच्चों को दिखाना चाहते हैं? क्या उन्हें यह भ्रम है कि वापस लौटकर उस ज़मीन पर फिर से रह सकते हैं? क्या वह ज़मीन उसी तरह की सांस्कृतिक परंपराओं को अब तक सँभाले हुए है, जिन्हें वे छोड़ गए थे और जिन्हें अब अपने बच्चों को दिखाना चाहते हैं? अंततः यह फ़िल्म यह सोचने पर विवश करती है कि पश्चिम और पूर्व का क्या यही आदान-प्रदान है? निर्देशक मनमोहन सिंह ने जिम्मी शेरगिल और जूही बब्बर को लेकर 'यारां नाल बहारां' पंजाबी डायस्पोरा संबंधी फ़िल्म बनाई। मनमोहन सिंह ने अन्य दो सफल फ़िल्में बनाईं 'जी आयां नूं' और 'असां नूं मान वतनां दा'। ये दोनों फ़िल्में विदेशों में बसे प्रेमी या पति-पत्नी के पुनर्वसन की कहानी कहती हैं, जो डायस्पोरा का एक महत्त्वपूर्ण हिस्सा है।

आज हिंदी फ़िल्मों के बड़े प्रोडक्शन हाउस, अपनी शर्तों पर काम करने वाले निर्देशक, मुँहमाँगा दाम लेने वाले सुपरस्टार, प्राचीन संस्कृति के वर्तमान से टकराने की पटकथाएँ और संवाद लिखते स्टार लेखक की ख्याति में वे फ़िल्में भी प्रमुख हैं, जो पंजाबी डायस्पोरा आधारित हैं। ये फ़िल्में भले ही डायस्पोरा से संबंधित मूलभूत समस्याओं को रेखांकित नहीं करती हों, लेकिन विषम परिस्थितियों और जीवनशैली को गहरे भावनात्मक रूप से प्रस्तुत ज़रूर करती हैं। इसमें एक बृहत्तर गैर-पंजाबी समाज भी जाने-अनजाने पंजाबी डायस्पोरा से थोड़ा-बहुत परिचित हो जाता है।

प्रवासी पंजाबी अपनी संस्कृति को याद करने के बहाने या उसे संरक्षित करने के लिए जो उपक्रम कर रहे हैं, उनमें साहित्य लेखन और पत्रकारिता भी हैं। यहीं जार्ज लुकाच की वह बात याद आती है, जो उन्होंने 'थ्योरी ऑफ़ नॉवेल' में लिखी है-'क्लासिकी साहित्य का जन्म ऐसी सुस्थिर संस्कृतियों में होता है जिनके मूल्य स्पष्ट होते हैं; जिनकी अस्मिताएँ स्थिर होती हैं, जहाँ जीवन गति में कोई परिवर्तन नहीं होता।' पंजाबी डायस्पोरा साहित्य को सीधे-सीधे दो ज़मीनों में बाँटा जा सकता है। पहला, जो प्रवासी ज़मीन पर लिखा जा रहा है और दूसरा, जो भारत में रहकर लिखा जा रहा है। वैसे यह ज़रूरी बहस का मुद्दा है कि क्या विदेशों में लिखे जा रहे पंजाबी साहित्य के समूचे लेखन को प्रवासी साहित्य कहा जा सकता

है? क्या इन तमाम साहित्यकारों को प्रवासी साहित्यकार की श्रेणी में रखा जा सकता है? इस युग में जहाँ समूचा मानव जीवन एक छोटे से गाँव की मंडी में तब्दील हो गया हो, वहाँ प्रवासी के मायने पुराने नहीं रह जाते। आज पूरे विश्व में डायस्पोरिक साहित्य लिखा जा रहा है, उसमें भारतीय डायस्पोरिक साहित्य भी शामिल है। निस्संदेह पंजाबी डायस्पोरिक साहित्य इस धारा में शामिल है। दरअसल, भारतीय डायस्पोरिक साहित्य का अधिकांश एक तरह से पंजाबी डायस्पोरिक साहित्य ही है। इस तरह से देखा जाए तो भारत में लिखा गया यह साहित्य ज़्यादा प्रामाणिक, ज़्यादा तथ्यात्मक और ज़्यादा प्रत्यक्ष है। इसके विपरीत प्रवासी बहुत भिन्न हैं, वहाँ लिखे जा रहे साहित्य में पंजाबी समाज द्वारा किए गए समझौते ही यदा-कदा दिखते हैं। उनमें कथानक का धरातल उस देश की तीव्र गति, रोजमर्रा का जीवन और तकनीकी पर्यावरण को समेटे रहता है। यह भी साहित्य में दर्ज होना चाहिए, पर पंजाबी साहित्य जीवन की जड़ों के बारे में लिखने से बचता रहा है। यह अलग बात है कि इस विषय में न लिखे जाने का कारण भी तात्कालिक देश-काल की परिस्थितियाँ या विषय पर गंभीर न होना ही है।

कोई भी लेखक जब लिखता है तो उसकी संस्कृति ही उसकी भूमि होती है, लेकिन प्रवासी लेखकों के अनुभवों में एक उपसंस्कृति भी स्पष्ट दिखाई पड़ती है, जो उनकी अपनी बनाई हुई है। प्रस्तुत है कवि जगीरू सत्ता की एक कविता; जिसमें अपने विरसा से दूर जाने का दर्द है :

हम पैसे के भूखों ने बेशक पोंड़ कमा लिए
इज़्ज़त, अणख, धर्म और गैरत
औलाद सब गँवा लिए

एक अन्य कविता में :

हम काले तुम्हारी इंसाफ नगरी के वाशिंदे
गुलामी सहने का पाप भी हमसे हुआ
तुम्हारी दहशत का नंगा नाच किस कूचे नहीं हुआ?

भारत-पाक विभाजन के आस-पास का इतिहास समूचे परिदृश्य में घटा एक दारुण और आक्रांत करने वाला हिस्सा है, जब बड़ी संख्या में शरणार्थियों के लिए हिंसा और घृणा की प्रयोगशालाएँ बन गई थीं। एक मोटे अनुमान के अनुसार लगभग एक करोड़ साठ लाख लोग बेघर हो गए थे और छह लाख लोगों का कत्ल किया गया था। उस समय भारतीय साहित्यिक परिवेश में इसकी सामाजिक और मानवीय प्रतिक्रियाएँ जगह पाने लगी थीं। लेकिन जितना व्यापक साहित्य लिखे जाने की उम्मीद ऐसे समय में की जा सकती है, पंजाबी साहित्य में उससे थोड़ा कमतर लिखा गया, जबकि हिंदी साहित्य में 'तमस' जैसी रचना सामने आई और

सआदत हसन मंटो, यशपाल, कमलेश्वर आदि की रचनाएँ सामने आईं। पंजाबी में अमृता प्रीतम ने 'पिंजर' में इस त्रासदी को अभिव्यक्त किया। यही वह समय था जब विभाजन के बाद भी पाकिस्तान में हिंदुओं और भारत में मुसलमानों को मारा जा रहा था। पंजाबी साहित्य का श्रेष्ठतम अंश आज भी 'विभाजन की त्रासदी' और 'ऑपरेशन ब्लू स्टार' आदि से संबंधित ही है। पाश, लाल सिंह दिल, अमरजीत चंदन आदि को क्या विस्मृत किया जा सकता है?

समकालीन पंजाबी डायस्पोरिक साहित्य के विविध रूपों में कुछ प्रमुख बिंदुओं की तरफ साहित्यकारों का ध्यान अधिक गया है। स्त्री संबंधी प्रश्नों को लेकर इधर बहुत-सी कहानियाँ लिखी गई हैं, जिनमें पहली प्रवासी पीढ़ी अपनी दूसरी पीढ़ी के सामने परंपरा, मर्यादा और विरसे के आदर्श रखती है। लेकिन वहाँ जन्मी नई पीढ़ी इस उलझन में है कि वह विदेश की ज़मीन से जुड़े या अपनी पंजाब की परंपराओं को सहेजे? पितृसत्तात्मक व्यवस्था में पले पुरुष पात्र स्त्री के व्यावहारिक खुलेपन को अस्वीकार करते हैं। विदेश के प्रति देखे गए जादुई स्वप्न और खुलेपन की आकांक्षा तब ध्वस्त होती है, जब विदेशी धरती पर स्त्री को बंदिशों, परंपराओं के नाम पर मानसिक तनाव झेलना पड़ता है। स्वर्ण चंदन की कहानी 'फ़्री सोसायटी' और 'अगला कदम' भारतीय प्रवासी लड़कियों के 'सभ्याचारक दमन' (सांस्कृतिक दमन) को रेखांकित करती है। पंजाबी समाज की लड़कियों पर विदेशी संस्कृति के प्रभावों को ये कहानियाँ रेखांकित करती है। 'फ़्री सोसायटी' कहानी में सीमा नामक लड़की है जो देर रात तक 'वयस्क' फ़िल्में देखती है। पुरुष मित्रों के साथ रहना चाहती है। भारतीय माँ-बाप के विचारों से उसका टकराव होता है। इस तरह पंजाबी प्रवासी साहित्य में ज़्यादातर स्त्री पात्रों पर विदेशी संस्कृति के नकारात्मक प्रभाव को दर्शाया गया है, जो एकतरफा सोच को भी इंगित करता है।

वीना वर्मा की कहानियों में विदेशी संस्कृति के प्रति इस आकर्षण और पंजाब के विरसे से जुड़े रहने की इच्छा में चेतन-अचेतन के संघर्ष को रेखांकित किया गया, है जो प्रवासी स्त्री की वास्तविक मानसिक स्थिति को उजागर करती हैं। 'मुल्ल दी तीवीं' में स्त्री घर बनाने का स्वप्न देखती है तो 'फ़िरंगियां दी नुं' में शरीर को भोगवादी दृष्टि से देखती है और देह भोग के तरीके खोजती है। 'रूममेट' कहानी में पति-पत्नी रूममेट की तरह औपचारिक जीवन जीते दिखाई देते हैं।

इस तरह प्रवासी साहित्य में उन मूल समस्याओं को केंद्र में रखा जाता है, जिन्हें हम दो पीढ़ियों का वैचारिक संघर्ष कह सकते हैं। इसके अलावा नस्लवाद पर भी साहित्य लिखा जा रहा है, जो इन प्रवासियों के साथ दोयम दर्जे के व्यवहार को रेखांकित करता है। नस्लवाद के चलते नफ़रत झेलती पहली पीढ़ी उस संस्कृति से कभी नहीं जुड़ पाती और वतन वापसी के स्वप्न देखने लगती है। प्रवासी जीवन की

इस उथल-पुथल में उन बिंदुओं को भी रेखांकित किया जा सकता है, जिनमें वेश्यावृत्ति प्रमुख और विचारणीय तथ्य है।

स्वर्ण चंदन के दो उपन्यासों 'कंजकां' और 'कख कान ते दरया' में प्रवासी स्त्री की इन समस्याओं को रेखांकित किया गया है। समकालीन पंजाबी डायस्पोरा में ऐसी कई विकट और विषम परिस्थितियाँ हैं, जिन पर गौर करते हुए आज रचे जा रहे इतिहास की उस सिहरन को महसूस किया जा सकता है, जिसके प्रभाव से व्यक्ति में शर्मसार मानसिकता जन्म लेती है। इसका एक कड़वा सच यह है कि विदेशों में जाने वाले युवाओं की बड़ी संख्या दिन में मज़दूरी और रात में गुरुद्वारों में लंगर और आश्रय ढूँढ़ती दिखाई देती है। डायस्पोरा के इस मानचित्र का दारुण पक्ष यह भी है कि महिलाओं के साथ विदेशों में शोषण अधिक हो रहा है। वहाँ रहन-सहन के समकक्ष खड़ा होने की स्थिति पंजाबियों के साथ नकारात्मक और चारित्रिक पतन के रूप में उद्घाटित हो रही है और क्लब संस्कृति के अन्य रूपाकारों में वहाँ देह व्यापार भी शुरू हो गया है। बीसवीं सदी का अंत एक व्यापक परिप्रेक्ष्य में डायस्पोरा द्वारा देखे गए उन तमाम सपनों का अंत था, जब मीडिया में यह ख़बरें आनी शुरू हो गईं कि पंजाबी प्रवासियों का अच्छा ख़ासा प्रतिशत विदेशी धरती पर अपनी रोजी-रोटी कमाने के लिए समलैंगिक बन गया था। 'पंजाब केसरी' में समय-समय पर प्रकाशित होने वाले समाचार पंजाबी प्रवासियों के भयावह सच को सामने लाते रहे हैं। दरअसल पंजाब में पिछले कुछ दशकों से इन नौजवानों को विदेश भेजने का व्यापार बड़े पैमाने पर चल रहा है। इसमें विभिन्न एजेंटों द्वारा शिक्षा और रोज़गार का सब्ज़बाग दिखाती फ़र्मों और कंपनियों की प्रमुख भूमिका है। 'पंजाब केसरी' के मुताबिक-'जालंधर के एक निवासी ने केंद्र सरकार और राज्य सरकार को पत्र लिखकर कहा है कि उसने अपने बेटे को एक एजेंट के माध्यम से डेढ़ लाख रुपए का भुगतान कर रोज़गार के लिए इराक भेजा था, लेकिन उनके बेटे को इराक में विध्वंसकारी ताकतों के हवाले कर दिया गया है जो उससे बम बनवाने का काम करवाते हैं।' यह छोटी-सी ख़बर उस नेटवर्क की तरफ इशारा करती है जो पंजाबी युवकों को विदेश ले जाने के नाम पर उन्हें बंदी बनाता है और गैरकानूनी काम करने के लिए बाध्य करता है।

'ऑपरेशन ब्लू स्टार' के कुछ बरसों बाद पंजाब फिर से अपनी मिट्टी के प्रेम में डूब गया, सामाजिक सुरक्षा और जन व्यवहार धीरे-धीरे सामान्य होने लगा, लेकिन अब सरसों के साग मक्के की रोटी का प्रवासी मुहावरा बदलने लगा। प्रवास करना और कैरियर बनाना एक ही शब्द के दो अर्थ हो गए। युवा पीढ़ी को अब पंजाब के प्रति संस्कारित करने के बदले बचपन से ही उन्हें विदेशी ज़मीन के रंग-बिरंगे और विस्मित कर देने वाले जादू भरे सपने दिखाए जाने लगे। यही कारण था

कि पिछली सदी के आख़िरी दशक से काफी संख्या में शिक्षा के लिए छात्र वीज़ा प्राप्त करने के लिए युवाओं की कतारें लगने लगीं। इसके लिए 'IELTS' नामक जाँच परीक्षा (टेस्ट) पास करनी होती है, जिसमें उन शिक्षण संस्थाओं को न सिर्फ़ मोटी रकम मिलती है, बल्कि सस्ता श्रम भी आसानी से उपलब्ध हो जाता है। 'बैंड सिस्टम' आधारित इस जाँच (टेस्ट) में औसत अंक आने पर ऑस्ट्रेलिया और न्यूज़ीलैंड का वीज़ा मिल जाता है जिसे प्राप्त कर यह युवा समुदाय फिर इंग्लैंड और कनाडा के लिए प्रयास करने लगता है, क्योंकि इस में ज़्यादा अंक पाने पर इन देशों का वीज़ा आसानी से मिल पाता है। इसी के चलते पंजाब का अधिकतम युवा वर्ग अपने जीवन का अमूल्य समय इस परीक्षा की तैयारी में लगा देता है। कुछ युवा तो इस जाँच परीक्षा को जीवन भर भी पास नहीं कर पाते। इस तरह उम्र के सुनहरे वर्ष हाथ से निकल जाते हैं, क्योंकि इस दौरान वे न तो अपने खेतों से जुड़ पाते हैं और न किसी कॉलेज में दाख़िला लेते हैं।

पंजाब में सबसे पहले प्रवासन दोआबा क्षेत्र से आर्थिक दरिद्रता के कारण हुआ था। धीरे-धीरे दोआबा का यह क्षेत्र समृद्ध होने लगा; विलायती पैसा उसे सँवारने लगा। तब माझा और मालवा क्षेत्र से भी विस्थापन शुरू हो गया। पंजाब के गाँवों की प्रगति में लगे इस 'विलायती पैसे' के कारण यह इलाका कोठियों और ज़मीनों से आबाद हो गया है। विदेशों में मेहनत से कमाए गए इस पैसे को दिखावे के स्तर पर उपयोग में लाते इस क्षेत्र के लोग अंधाधुंध कोठियाँ बनाने में लगे हुए हैं। अब इस क्षेत्र की सीमा से लगे इलाकों से भी प्रवासन होने लगा है।

एक बिहारी नौकर ने एक किस्सा सुनाते हुए कहा-'एक बार एक सरदार ने मुझे कहा-तुम मेरी कोठी की भी देखभाल कर दिया करो मैं तो तीन साल में एक बार इंडिया आता हूँ।' मैने उत्तर में कहा-'सरदार जी, मेरे पास पहले से ही चार कोठियाँ हैं, उनके मालिक भी चार-पाँच साल में एक बार आते हैं।' पंजाब में कई-कई घरों में सिर्फ़ वे बिहारी नौकर रहते हैं, जो उनके खेतों में काम करते हैं। वे अब अपने मालिकों की समृद्धि से खुश हैं, जबकि उन्हें कभी भी बेदख़ल किया जा सकता है। यह एक विचारणीय तथ्य है कि यह इस प्रदेश का भौतिक विकास है या दारुण स्थितियाँ? कई-कई गाँवों में सिर्फ़ कोठियाँ हैं और उनको सजाते-सँवारते नौकर हैं। बच्चों, गब्वरुओं और मुट्यारों की यह धरती सूनी है। घरों की छत पर बनी पानी की टंकियों का हवाई जहाज़नुमा आकार देखकर पंजाबियों के विदेश के प्रति इस आकर्षण को सहज ही जाना जा सकता है।

"आपणी ज़मीन है, आपणी कोठी है कभी पराए मुल्क में जी ना लगा तो यहीं आएँगे ना, यही हमारी मिट्टी है और फिर सिवे (श्मशान) भी तो यहीं है ना।" यह कहते हुए बुजुर्ग अपनी मिट्टी से प्यार के न जाने किन किस्सों को दोहराते रहते हैं,

जबकि वे यहाँ रहना नहीं चाहते। पिछले दस-पंद्रह वर्षों से स्थितियाँ कुछ बदल रही हैं। इसमें प्रवासी पूँजी के बलबूते विभिन्न समाजोपयोगी उपक्रमों की शुरुआत भी हुई है। कई सारे ऐसे दरवाजे पंजाब की धरती पर खुले हैं जिनमें विभिन्न अनुदानों, शैक्षणिक व्ययों, ग्रामीण विकास, स्वास्थ्य सेवाएँ, स्कॉलरशिप, खेल गतिविधियाँ और आई.आई.टी. से संबंधित उपकरणों का वितरण आदि है।

आज पंजाब में इसी प्रवासी पूँजी से कई परियोजनाएँ चल रही हैं, जिनमें 'गुरुनानक मिशन मेडिकल एंड एजुकेशन ट्रस्ट' (नवाँ शहर) के वाघा गाँव के निकट काम करता है। 'नेशनल रूरल डेवलपमेंट सोसायटी पलाही' अपना कामकाज कपूरथला जिले के फगवाड़ा में करता है। होशियारपुर जिले के 'महलपुर' के निकट 'खरौदी' में 'विलेज लाइफ़ इंप्रूवमेंट बोर्ड' सक्रिय है। इस तरह की अनेक संस्थाओं द्वारा दान संरचना का निर्माण, मानव संसाधन विकास और लाभप्रद स्कीमों में विनियोग किया जा रहा है। इन्हीं में ज़मीन के लिए ज़रूरी पानी के अपव्यय से बचने और फ़ालतू पानी को पुनरोपयोगी बनाने की तकनीक से संबंधित कई कार्य निहित हैं। विकास का यह ज़ज़्बा कुछ गलत ढंग से भी फलीभूत हुआ है। ज़्यादा उपज की लालच में प्रयुक्त की गई रासायनिक खादों के दुष्प्रभाव के रूप में देखा जा सकता है कि पिछले कुछ वर्षों से पंजाब के कुछ खेतिहर इलाकों में सुंडी से बचने के लिए प्रयुक्त की गई जहरीली स्प्रे के इस्तेमाल से वहाँ के ग्रामीण अंचलों का भूमिगत पानी जहरीला हो गया। इसके फलस्वरूप बीमारियाँ फैल रही हैं। गाँव के गाँव कैंसर के शिकार हो रहे हैं, कहीं-कहीं तो सारे घर खाली हो गए हैं। ये गाँव भयावह, खामोश और निर्जीव जगहों में बदल गए हैं।

पिछली दो शताब्दियों में घटित और वर्तमान में जारी पंजाब से प्रवास को आज कई दृष्टियों से देखा जा सकता है। अमृतसर से 'दोहा' की कतर एयरवेज की कई उड़ानें कनाडा, शिकागो, वाशिंगटन, न्यूयार्क, मेलबोर्न जाती हैं। पहले, इसके लिए दिल्ली जाना पड़ता था। कनाडा में कई शहरों में पंजाबी ख़ालसा स्कूल खोल दिए गए हैं, जहाँ पंजाबी भाषा, संस्कृति और विरसा भी सिखाया जाता है।

यह संस्था नई पीढ़ी को पंजाब की परंपराओं से जोड़ने का सशक्त माध्यम है। इनके पाठ्यक्रमों में पंजाबी भाषा के साथ-साथ सिक्ख धर्म का इतिहास, गुरुवाणी और कीर्तन आदि भी रहता है। 'पंजाबी पोस्ट' और 'सिक्ख विरसा' जैसे समाचार-पत्र पढ़े जाते हैं। पंजाबी लेखकों के व्याख्यान स्कूल करवाते हैं। कनाडियन पार्लियामेंट में अंग्रेज़ी, फ्रेंच के बाद पंजाबी पाँचवीं मान्य भाषा है।

इन सबके बीच पंजाबी संस्कृति अपने 'भांगड़ा' के साथ पॉप संगीत को या ब्रेक डांस को जोड़कर एक नई तरह का संगीत रच रही है, जो संगीत की लयात्मकता को खत्म कर एक तरह का यांत्रिक, उपकरणीय और लाउड म्यूज़िक है। आज

प्रवासी ज़मीन पर सिक्ख फ़ोरम और नामधारी संगत जैसे बड़े संगठन काम कर रहे हैं। इनमें कई संगठन ऐसे हैं, जो भारत के मुख्य राजनीतिक दलों से जुड़े हुए हैं– जैसे 'फ्रेंड्स ऑफ़ बी.जे.पी.' आदि। आज दुनिया के तेल, बैंकिंग, टेलिकॉम, शक्कर और इलेक्ट्रिक वस्तुओं के उच्च स्तरीय कार्पोरेट घरानों और होटलों की शृंखला में प्रवासी सिक्खों के नाम भी शामिल हैं। आज़ादी के बाद जब अन्य भारतीयों के साथ सिक्खों का प्रवास हुआ तो उस समय पासपोर्ट और वीज़ा को लेकर काफ़ी बहस हुई थी। सुप्रीम कोर्ट के आदेश में कहा गया था कि 'भारतीय संविधान के अनुसार भारतीय नागरिक को यात्रा का मूलभूत अधिकार है।' 1967 में भारतीय संसद द्वारा नया पासपोर्ट कानून बनाया गया, जिसमें पासपोर्ट नहीं देने के कुछ अधिकार भी जनता के हित के नाम पर सरकार ने अपने पास रख लिए। आज़ादी के बाद पहले दशक में योग्य-अयोग्य, व्यवसायी-मज़दूर ब्रिटेन गए, जिनमें ज़्यादातर सिक्ख पुरुष थे। उस समय ब्रिटेन को भी कम दरों पर काम करने वाले मज़दूरों की ज़रूरत थी। उपनिवेशवाद के बाद ब्रिटेन ने 'कॉमनवेल्थ इमीग्रेशन पॉलिसी' बनाई, जिसमें ब्रिटेन आकर कॉमनवेल्थ देशों के लोग रह सकते थे और काम कर सकते थे। नियमों के अधीन उन्हें अपने कार्यालय खोलने और वोट देने के अधिकार भी दिए गए। उस समय वे 'लिसेस्टर' और बर्मिंघम जैसे औद्योगिक शहरों में गए थे।

सबसे ज़्यादा प्रवास 1968 में हुआ। आँकड़ों के मुताबिक 1970 और 1996 के बीच ब्रिटेन जाने वाले प्रवासियों की संख्या प्रतिवर्ष 5 हजार 8 सौ थी, जिसमें बड़ा हिस्सा सिक्खों का था। प्रसिद्ध अर्थशास्त्री लिंडेसे लोवेल ने यह पाया कि 1989 के बीच भारतीय H-1B वीज़ाधारकों की संख्या ब्रिटेन में पाँच गुना बढ़ गई थी। वर्ष 2001 में लगभग डेढ़ लाख वीज़ाधारक थे, जिनका बड़ा प्रतिशत कंप्यूटर संबंधित कार्यों को करने के लिए गया था। अक्टूबर 2008 में कनाडा के 'हाउस ऑफ़ कॉमंस' में आठ भारतीयों का चुनाव किया गया, जिसमें सारे सिक्ख थे।

पिछले दशक में आई विश्वव्यापी आर्थिक महामंदी ने लाखों प्रवासियों को भारत वापस आने पर मज़बूर किया है। दूसरी तरफ तेजी से बढ़ती भारतीय अर्थव्यवस्था ने आई.टी. क्षेत्र में भी संतुष्टिदायक वेतन के साथ नौकरियों की व्यापक संभावनाएँ पैदा की हैं। 1991 में भारत में शुरू हुए आर्थिक सुधारों का आज एक सुखद और विकासात्मक भारतीय चेहरा विश्व के सामने है, हालाँकि प्रवासियों का वापस भारत आना अन्य कई सारे मुद्दे समेटे हुए है, अपनी ज़मीन, अपना समाज और अपनी संस्कृति में वापस जाने का मनोविज्ञान भी इसमें निहित है। एक बड़ा कारण पारिवारिक जिम्मेदारियाँ निभाना भी रहा है, जिसमें बुजुर्गों के साथ पैतृक संपत्ति की देखरेख करना भी निहित है। अधिकतर सिक्ख आप्रवासियों

के पारिवारिक या जायदाद संबंधी संदर्भ भारत से ही जुड़े हुए हैं। इसमें एक कारण भारत में तेजी से बढ़ती अर्थव्यवस्था में किसी तरह अपनी पूँजी का विनियोग करना भी शामिल है।

यद्यपि एक तरफ जहाँ प्रवासी धरती पर सिक्ख आप्रवासियों का आर्थिक और शैक्षणिक स्तर बढ़ता जा रहा है, वहीं उसी ज़मीन पर उन्हें स्थानीय नागरिकों का आक्रोश भी सहना पड़ता है। जैसे ऑस्ट्रेलि॥ में भारतीय छात्रों के साथ होने वाले दबंग व्यवहार और हत्याएँ भी एक सच्चाई हैं, जिस कारण वे भारत लौटना चाहते हैं।

पंजाब में तलाक और विधवा का प्रतिशत बढ़ा है। इसमें कोई दो राय नहीं है कि शराब इसका प्रमुख कारण है। पंजाब में हरित क्रांति के बाद शराब की खपत में बढ़ोत्तरी हुई है। भारत के अन्य राज्यों से तुलना करने पर हम पाते हैं कि शराब का सबसे अधिक सेवन पंजाब में होता है, शराब के अत्यधिक सेवन से युवकों में लीवर संबंधी रोगों के चलते मृत्यु का प्रतिशत बढ़ा है। शराब का प्रचलन प्रवासी पंजाबियों में भी यथावत् है। ये प्रवासी शराब पीकर अपनी पत्नी को पीटते हैं। लगातार शोषण सहने के बाद ये महिलाएँ तलाक का रास्ता अपनाती हैं, तो कुछ विधवा हो जाती हैं। पंजाब में विधवाओं की संख्या में भी बढ़ोत्तरी हुई है। ये तलाक प्राप्त प्रवासी महिलाएँ अपने बच्चों या माँ-बाप के साथ रहती हैं। प्रवास की सबसे बड़ी समस्या अनमेल विवाह है। विदेश जाने की मध्यवर्गीय लालसा के चलते बहुत सी लड़कियाँ अपनी उम्र से दुगुने पुरुष से विवाह करने को केवल इसलिए तैयार हो जाती हैं कि ऐसा करके वे अपने माँ-बाप का कर्ज़ उतार सकेंगी और ऐसे में वे कर्ज़ उतारने के शॉर्टकट के रूप में अनमेल विवाह को स्वीकार कर लेती हैं। लेकिन इस घटना से उनका व्यक्तिगत जीवन बुरी तरह से प्रभावित होता है। वे उस पुरुष से वैचारिक तालमेल बैठा पाने में असमर्थ रहती हैं, जिससे तलाक या समझौता दो ही रास्ते स्त्री के सामने रहते हैं। यहाँ एक तथ्य यह भी है कि अविवाहित प्रवासी लड़कियों से विवाह करने को उत्सुक पंजाबी युवा पैसे देकर विवाह करने को तैयार हैं। इससे दहेज प्रथा दम तोड़ रही है। परंतु, यह भी ख़रीद-फ़रोख्त की तरफ ही इशारा करता है। विदेश में विवाह को कुछ लोग सामाजिक रुतबे से जोड़कर देखते हैं। एक घटना प्रासंगिक है कि विदेश जाने की इसी लालसा के चलते राजस्थान के पद्मपुर के पास एक गाँव 30 आर.बी. की लड़की बलजीत कौर (21 वर्ष) एक ऐसे पुरुष से शादी करती है, जो आश्चर्यजनक रूप से मोटापे की बीमारी से ग्रस्त है। पति से अनबन के चलते वह उसके साथ तालमेल नहीं बैठा पाती और विदेश में उसके साथ केवल इसलिए रहती है कि उसे उस देश की नागरिकता तभी प्राप्त होगी जब वह दो साल उसके साथ रहेगी। एक वर्ष बाद वह अपने गाँव लौटती है

और अपने किसान पिता का सारा कर्ज़ उतार देती है। पूरे घटनाक्रम की तह तक जाने पर पता चलता है कि वह अपने पति के सारे डॉलर और सोना ले आई है ताकि कोई यह नहीं कहे कि विदेश से पैसे नहीं लाई है।

हास्यास्पद लगने वाला यह घटनाक्रम उस मानसिकता को उजागर करता है। यहाँ दिखावे के स्तर पर विदेश को 'हौवा' बनाया जाता है। अत: अनमेल विवाह भी तलाक को जन्म देते हैं। एक अन्य तथ्य है 'कांट्रेक्ट मैरिज' का। ज़्यादातर लड़के-लड़कियाँ ग्रीन कार्ड प्राप्त लड़के-लड़कियों को पैसा देकर कांट्रेक्ट मैरिज कर लेते हैं, जिसका अंत तलाक होता है। लगातार हो रही ऐसी घटनाओं के चलते अब अमेरिका और कनाडा ने कानूनों को अधिक कठोर कर दिया है, जिसमें विवाह के बाद दो साल तक पति-पत्नी का साथ रहना, एक बैंक अकाउंट होना, यहाँ तक कि रिश्तेदारों को किए गए फ़ोन कॉल्स तक की जाँच की जाती है। इन्हीं सबके चलते 'कांट्रेक्ट मैरिज' कम हो रही हैं।

पंजाब में अन्य प्रकार की घटनाएँ भी सामने आई हैं। उदाहरण के लिए यहाँ विदेशी पर्यटकों ने पंजाबी लड़कियों को विदेश ले जाने का लालच दिखाकर शादी कर ली और दो-तीन साल साथ रहने के बाद वापस अपने देश चले गए। ऐसी घटनाएँ इज़्ज़त का हवाला देकर गुप्त रख ली जाती हैं। इसी तरह विदेशों में पंजाबी बुजुर्गों की स्थितियाँ भी ठीक नहीं हैं। ये बुजुर्ग दिन भर या तो घर में बच्चों की देख-रेख करते हैं या पार्क आदि जगहों पर बैठकर अपने बेटों-बहुओं के काम पर से लौटने का रास्ता देखते हैं। कई बेटे अपने माँ-बाप को काम पर जाते समय मॉल्स के आगे छोड़ देते हैं और शाम में अपने साथ ले जाते हैं। उपेक्षा और अनादर झेलते ये बुजुर्ग वतन वापसी के स्वप्न देखते रहते हैं।

इतिहासकार रोमिला थापर ने कहा था-'डायस्पोरा के लोग अल्पसंख्यक मानसिकता और अस्मिता की असुरक्षा से इतने आक्रांत रहते हैं कि उसे ही अंतिम सत्य मान लेते हैं।' पंजाबी डायस्पोरा का सबसे बड़ा सच यही है कि सारे पंजाबी 'पहचान संघर्ष' के द्वंद्व में उलझे हुए हैं। वे वहाँ अपनी पारंपरिक पहचान बनाए रखने की जद्दोजहद में रहते हैं और दूसरी तरफ देश-काल उन्हें एक नई पहचान देता रहता है।

उपयोगी पुस्तक सूची

1. जज, परमजीत, (2002) पंजाबीज इन इंग्लैंड : द आदिधर्मी एक्सपीरियंस इकॉनॉमिक एंड पॉलिटिकल वीकली।
2. जज, परमजीत, शर्मा, एस एल एंड सतीश के : डेवलपमेंट जेंडर एंड डायस्पोरा, रावत पब्लिकेशन : जयपुर एंड न्यू दिल्ली।

3. मीना घानदा, डेव मोरलेंड, स्टीव टेलर 'ईस्टर्न पंजाबी दलित्स एंड रिलीजियस कंवरजंस.; ए केस स्टडी ऑफ़ वावरेन्हैम्प्टन।'
4. टेलर, एस सिंह, एम एंड बुथ, डी (2007) 'माइग्रेशन, डेवलपमेंट इनिक्वॉलिटी : ईस्टर्न पंजाबी ट्रांसनेशलिज़्म; ग्लोबल नेटवर्क्स, अंक 7 (3) 328-47.
5. अटल, योगेश तथा गुरप्रीत बाल (1997) माइग्रेशन ऑफ़ सिक्ख वूमेन इन कनाडा : ए सोशल कॅन्ट्रक्शन ऑफ़ जेंडर।'
6. जैन, प्रकाश सी. (1989) इमिग्रेशन एंड सेटलमेंट ऑफ़ इंडियंस एब्रॉड, सोशियोलॉजिकल बुलेटिन 38.
7. जज, परमजीत एस. (1992) पैटर्न्स ऑफ़ माइग्रेशन एंड इंटरा-फैमिली कॅनफ्लिक्ट्स एमंग पंजाबीज इन इंडिया,' गुरुनानक जरनल ऑफ़ सोशियोलाजी, 13 (2).
8. चंदा, रूपा तथा घोष, श्रीपर्ण (2012) द पंजाबी डायस्पोरा इन द यूके : एन ओवरव्यू ऑफ़ कैरेक्टरीस्टिक एंड कंट्रिब्यूशन टु इंडिया, भारतीय प्रबंध संस्थान, बेंगलूर।

12

हिंद से बाहर हिंदी

राकेश पाण्डेय

हिंदी आज विश्व में अपने महत्त्व को रेखांकित कर रही है। हिंदी को समृद्ध करने में देश के विद्वानों के साथ-साथ अनेक विदेशी और प्रवासी भारतीयों की अहम भूमिका रही है। विदेशी विद्वानों का हिंदी के प्रति प्रेम का दीर्घ इतिहास रहा है। हिंदी को समृद्ध करने मे ब्रिटेन के जॉन गिलक्रिस्ट, थामस डूएर ब्रूटेन, फ्रेडरिक पिंकाट, जॉर्ज अब्राहम ग्रियर्सन, जॉन फ़र्गुसन, डॉ. मैकग्रैगर, फ्रांस के गार्सा द तासी, अमेरिका के सैमुएल हेनरी केलाग, प्रो. एनस्ट वेन्डर, सारा कोहिम, इटली के एल. पी. तेस्सीतॉरी, जर्मनी के डॉ. ईनेस फोर्नेल, पोलैंड के प्रो. रिब्रस्तोफ़ ब्रिस्की, रूस से प्रो. चेलीषेव और बारान्निकोव, जापान के डॉ. तोमियो मिज़ोकामि और बेल्जियम के विद्वान फ़ादर कामिल बुल्के (जो स्वयं को विदेशी नहीं मानते थे) का योगदान महत्त्वपूर्ण है। इसी प्रकार दूसरी ओर वे भारतवंशी हैं, जो गिरमिटिया के रूप में लगभग 175 वर्ष पूर्व मॉरीशस, फ़िजी, त्रिनिदाद, गयाना और सूरीनाम पहुँचे थे। ये लोग विद्वान तो नहीं थे, लेकिन अपने साथ रामायण, हनुमान चालीसा, आल्हा आदि ले गए थे। ये अपनी भावी पीढ़ियों के लिए विरासत के रूप में उन्हें संरक्षित भी करते रहे, जिसके परिणामस्वरूप आज इन देशों में हिंदी और भारतीय लोक भाषाएँ लोकप्रिय और सुरक्षित हैं। इन देशों में हिंदी के भारतवंशी विद्वानों का आज उल्लेखनीय स्थान है, जिनमें फ़िजी के पं. तोताराम सनाढ्य, पंडित कमला प्रसाद मिश्र, मॉरीशस के राष्ट्रकवि बृजेन्द्र भगत मधुकर, सोमदत्त बखौरी, मुनीश्वर लाल चिंतामणि, अभिमन्यु अनत, अज़ामिल माताबदल, रामदेव धुरंधर, धनराज शंभु आदि प्रमुख हस्ताक्षर हैं।

हिंदी को वर्तमान स्थिति में पहुँचाने के लिए इस ऐतिहासिक तथ्य को रेखांकित करना उचित रहेगा कि भारत में औपनिवेशिक काल के दौरान विदेशी विद्वानों ने भी अपना योगदान दिया था। भारत में ईस्ट इंडिया कंपनी को अपना तंत्र चलाने में भाषा

को लेकर अनेक समस्याएँ आने लगी थीं, क्योंकि भारत में अनेक भाषाएँ और बोलियाँ प्रचलित थीं। उस समय मुगल शासन होने के कारण फ़ारसी ही राजकाज की भाषा थी, जिसे न तो कंपनी के अधिकारी समझते थे और न ही आम जनता। ऐसी स्थिति में जॉन गिलक्रिस्ट ने देसी भाषाओं का समन्वय कर एक ऐसी भाषा का निर्माण किया, जिसे हिंदुस्तानी भाषा का नाम दिया गया। जॉन गिलक्रिस्ट ने हिंदुस्तानी शब्दों का ज्ञान प्राप्त करने के लिए गाज़ीपुर में अफ़ीम की खेती से जुड़े कर्मचारियों के बीच में रहकर यह ज्ञान प्राप्त किया। उन्होंने 'डिक्शनरी ऑफ़ इंग्लिश एंड हिंदुस्तानी' की रचना की। इस कोश में तत्कालीन प्रचलित अरबी और फ़ारसी के अनेक शब्दों को स्थान दिया गया। इसके साथ ही उन्होंने 1796 में हिंदुस्तानी भाषा के व्याकरण पर भी एक पुस्तक प्रकाशित की। गिलक्रिस्ट का यह ग्रंथ तत्कालीन अंग्रेज़ों को हिंदी सिखाने के लिए अत्यंत उपयोगी सिद्ध हुआ। उनकी पहल पर भारतीय साहित्य के अनुवाद कार्य भी हुए। जॉन गिलक्रिस्ट की भाँति ही गार्सा द तासी की विश्व में हिंदी के महत्त्व को रेखांकित करने में अहम भूमिका रही है। उनके द्वारा हिंदी साहित्य के इतिहास की रूपरेखा का निर्माण सदैव याद किया जाता है। फ़्रांसीसी में लिखी गई उनकी पुस्तक 'हिंदुई और हिंदुस्तानी साहित्य का इतिहास' हिंदी साहित्य की प्रथम कड़ी मानी जाती है, जिसमें कि उन्होंने तुलसी, कबीर, जायसी, सूरदास सहित हिंदी और उर्दू के लगभग सात सौ से अधिक रचनाकारों का उल्लेख किया है।

बेल्जियम के विद्वान फादर कामिल बुल्के के हिंदी प्रेम से सारा हिंदी जगत परिचित है। वे 1935 में एक अध्यापक के रूप में भारत आए थे और यहीं रम गए। रामचरित मानस से इस कदर प्रभावित हुए कि उन्होंने 'रामकथा: उत्पत्ति और विकास' नामक शोध प्रबंध लिख कर इलाहाबाद विश्वविद्यालय से डॉक्टरेट की उपाधि ग्रहण की। उन्होंने हिंदी–अंग्रेज़ी कोश बनाया, बाइबिल का अनुवाद किया, इनके अतिरिक्त टेक्निकल इंग्लिश हिंदी ग्लोसरी, नीलपंछी, रामकथा और तुलसीदास, मानस कौमुदी और मुक्तिदाता जैसी कृतियों की रचना कर हिंदी साहित्य को समृद्ध किया, साथ ही वे हिंदी जगत के लिए प्रेरक भी बने।

भारत के भाषा–सर्वेक्षण के अनुसार जॉन ग्रियर्सन ने अपनी पुस्तक 'द मॉडर्न वरनाक्यूलर लिटरेचर ऑफ़ हिंदुस्तान' की रचना के समय गार्सा द तासी द्वारा लिखित विवरणों का भी उपयोग किया था। इसी प्रकार फ्रेडरिक पिंकाट का हिंदी कविता से लगाव था। वह ब्रज भाषा में भी लिखते थे। उन्होंने अपने समय के महत्त्वपूर्ण साहित्यकार भारतेंदु हरिश्चंद्र, श्रीधर पाठक आदि के साथ भी अपने संबंध स्थापित किए। हिंदी के लिए वे औरों से विवाद भी ठान लेते थे। उन्होंने हिंदी के अतिरिक्त अन्य भारतीय भाषाओं का भी अध्ययन किया था। उनके अनेक ग्रंथों

के लेखन के साथ उनके 'हिंदी मैन्युअल' का उल्लेख करना भी आवश्यक है। इसी कड़ी में जॉर्ज अब्राहम ग्रियर्सन एक चर्चित नाम है। वे भारत में एक अंग्रेज़ अधिकारी के रूप में आए और उन्होंने हिंदी साहित्य से संबंद्ध अनेक शोध कार्य किए, जिसके लिए तत्कालीन अंग्रेज़ी हुकूमत ने उन्हें 'फ़ादर ऑफ़ लेंग्वेज ऑफ़ अवर टाइम' की उपाधि से भी सम्मानित किया। अपने प्रशासनिक दायित्वों के साथ-साथ उन्होंने भारत की विभिन्न बोलियों पर भी कार्य किया। इसी प्रकार विदेशी विद्वानों की एक लंबी शृंखला है। इन सभी की हिंदी को विश्व में स्थापित करने में एक अहम भूमिका रही है। यह परंपरा जापान के प्रो. के. दोई, प्रो. तोशियो तनाका, तोमियो मिज़ोकामि और रूस के वारान्निकोव, डॉ. ल्युदमिला खोखोलोवा और पोलैंड के प्रो. रिब्रस्ताफ़ ब्रिस्की द्वारा आज भी जारी है, जिनके शोध कार्यों के आधार पर हिंदी में नित नए आयाम जुड़ रहे हैं। उल्लेखनीय है कि 2008 में जापान की टोक्यो युनिवर्सिटी में हिंदुस्तानी भाषा के शिक्षण के सौ वर्ष पूरे होने पर दो दिवसीय भव्य कार्यक्रम का आयोजन किया गया था। जिसमें पाकिस्तानी विद्वानों ने भी अपनी सहभागिता की थी।

हिंदी के संदर्भ में यह निर्विवाद है कि विश्व में हिंदी को स्थापित करने में भारतवंशियों की भी अहम भूमिका रही है। भारतीय गिरमिटिया जिन-जिन देशों में ले जाए गए, वहाँ पर भी भाषाई संकट था। ये लोग अधिसंख्य रूप से भोजपुरी और अवधीभाषी थे। प्रवासित देशों में इन्हें सामाजिक समस्याएँ, सांस्कृतिक संकट और खेतों के मालिकों से संवादहीनता आदि से जूझना पड़ रहा था। ऐसे में वहाँ पर भारत के विभिन्न भागों से लाए हुए श्रमिकों की संपर्क भाषा अवधी और भोजपुरी स्थापित हुई, जिसके कारण वहाँ अन्य भाषाएँ भी भोजपुरी और अवधी शैली में मिश्रित होने लगीं। इससे एक नई भाषा और हिंदी का निर्माण हुआ, जो कि भारत की हिंदी से भिन्न थी। इस नई हिंदी को सूरीनाम के लोग 'सरनामी हिंदी' कहते हैं, फ़िजी के लोग 'फ़िजीबात' कहते हैं, दक्षिण अफ़्रीकी हिंदी को 'नैताली' कहते हैं। मॉरीशस, भारत के निकट था, इसलिए वहाँ भोजपुरी और खड़ी बोली का अंतर आज तक विद्यमान है। इन भारतवंशी बाहुल्य देशों के कारण हिंदी का विश्व में गुणात्मक रूप से विस्तार हुआ। इस संदर्भ में इन देशों के कुछ विद्वानों का यहाँ उल्लेख करना आवश्यक है, जैसे कि सूरीनाम के मुंशी रहमान खान मुस्लिम होते हुए भी सूरीनाम में रामायण पढ़ाया करते थे। उन्होंने अनेक पुस्तकें लिखीं। प्राप्त जानकारी के अनुसार वे रामलीला के इतने शौकीन थे कि कानपुर में वे रामलीला देखकर लौट रहे थे तो कुछ अरकटिया (गिरमिटिया मज़दूरों के दलाल) उन्हें फुसलाकर कलकत्ता ले गए और वहाँ से सूरीनाम पहुँचा दिया। उन्होंने अपनी स्मरण शक्ति के बल पर अनेक दोहों, चौपाइयों को लिपिबद्ध

किया और सूरीनाम में रह रहे हिंदुओं को सुनाया और सिखाया, साथ ही मुसलमान भाइयों के लिए इस्लामी कुंडलियों की रचना भी की। सूरीनाम में हिंदी सेवा के लिए बाबू महातम सिंह का अतुलनीय योगदान है। उन्होंने समूचा जीवन हिंदी सेवा को समर्पित कर दिया। इसी प्रकार पं. हरीदेव सहतू और डॉ. जीत नाराइन, जिनकी 'दाल भात चटनी' प्रसिद्ध पुस्तक है। इसके अतिरिक्त कवि सुरजन परोही, गीतकार-नाटककार अमर सिंह रमण, जन सुरज नारायन सिंह सुभाग, मार्तिन हरिदत्त लक्ष्मिन श्रीनिवासी सहित अनेक भारतवंशियों ने सूरीनाम में आज हिंदी को बचाए रखा है। फ़िजी में पं. तोताराम सनाढ्य, पंडित कमला प्रसाद मिश्र, कुंवर सिंह, जोगेंद्र सिह कुँवल, पं. अमीचंद, डॉ. सुब्रमणी आदि उल्लेखनीय नाम हैं। डॉ. सुब्रमणी का 'डउका पुरान' इस बात का प्रमाण है कि वहाँ की हिंदी में किस प्रकार अवधी का प्रमुखता से प्रभाव है। इसी प्रकार मॉरीशस के बृजेन्द्र भगत मधुकर, सोमदत्त बखौरी, मुनीश्वर चिंतामणि सहित अनेक साहित्यकारों के योगदान को भुलाया नहीं जा सकता, जिन्होंने हिंदी को एक अंतरराष्ट्रीय स्वरूप देने के लिए एक महत्त्वपूर्ण भूमिका अदा की है। मॉरीशस के अभिमन्यु अनत इस बात के उदाहरण हैं कि उनके देश के लोग यह आरोप लगाते हैं कि वे मॉरीशस के लेखक न होकर, भारत के लेखक हैं। वे सदैव यही कहते हैं-'मैं हिंदी में लिखूँगा, क्योंकि हिंदी मेरी धमनियों की भाषा है।' इसी प्रकार मॉरीशस से रामदेव धुरंधर, अज़ामिल माताबदल, बीरसेन जागासिंह, इंद्रदेव भोला, हेमराज सुन्दर, राज हीरामन, सूरजप्रसाद मंगर, धनराज शंभु, धर्मवीर घूरा, राजेंद्र अरुण, राजरानी गोविन, जयदत्त जीउत, खेर जगत सिंह, महेश रामजियावन, श्रीमती विनोदबाला अरुण, मोहनलाल मोहित, पूजा नेमा, चिंतामणि, प्रहलाद रामशरण, सत्यदेव टेगंर, सुमित बुधन सहित अनेक नाम हैं, जिन्होंने हिंदी साहित्य को मॉरीशस में निरंतर समृद्ध किया है।

भारतवंशियों के हिंदी प्रेम के विषय में एक बात उल्लेखनीय है कि ये लोग हिंदी को धर्म के साथ भी जोड़कर देखते हैं। भारतवंशियों की पीढ़ियाँ आज भी भारत के संदर्भ में उसी काल में जीती हैं, जब उनके पूर्वज भारत से बंधक मज़दूरों के रूप में ले जाए गए थे। इसका स्पष्ट उदाहरण प्रवासी भारतीय दिवस के आयोजनों में दिखा। जब पत्रकारों ने कुछ आप्रवासी भारतीयों (एन.आर.आई) के बच्चों से पूछा कि आप भारत में कहाँ घूमना पसंद करेंगे, तो उन्होंने अपने परिचितों और रिश्तेदारों से डिस्कोथेक और पार्टियों में जाने की बात कही। ठीक इसके विपरीत जब पत्रकारों ने भारतवंशी मूल के बच्चों से यही प्रश्न किया तो उन्होंने हरिद्वार, बनारस सहित अनेक धार्मिक स्थानों पर जाने की इच्छा प्रकट की। इस मानसिकता का प्रभाव भारत से बाहर लिखे जा रहे साहित्य पर भी स्पष्ट

झलकता है। जो कहानी मॉरीशस में रची जाती है, उसकी पृष्ठभूमि लंदन से बिलकुल अलग होती है। ये सभी लोग हिंदी साहित्य को समृद्ध कर रहे हैं। आप्रवासी भारतीयों का संदर्भ आने पर हिंदी के उन साहित्यकारों का उल्लेख करना आवश्यक है, जो लोग स्वतंत्रता प्राप्ति के बाद विदेशों (विशेष रूप से अमेरिका, कनाडा, यूरोप आदि) में जाकर बसे हैं। उन्होंने अपनी मातृभाषा के साथ-साथ हिंदी में भी लिखने का प्रयास किया है। उनमें से कई लोग अच्छा लिख भी रहे हैं। तेजेंद्र शर्मा के अनुसार लंदन में 1990 से लेकर अब तक एक सौ से अधिक पुस्तकें हिंदी में छप चुकी हैं। अमेरिका में भी हिंदी लेखक सक्रिय हैं। ये लोग विभिन्न पत्र-पत्रिकाओं में अपने लेखकीय योगदान के माध्यम से अमेरिका में हिंदी को लोकप्रिय बना रहे हैं। इटली, न्यूज़ीलैंड, डेनमार्क, उज़्बेकिस्तान, दक्षिण अफ़्रीका जैसे देश में आप्रवासी भारतीय हिंदी लेखक हिंदी के प्रचार-प्रसार में निरंतर सक्रिय हैं।

हिंदी को विश्व मंच पर स्थापित करने में हिंदी सिनेमा का भी महत्त्वपूर्ण योगदान है। अनेक विद्वानों ने विदेशों में हिंदी शिक्षण के लिए हिंदी फ़िल्मी गानों को माध्यम भी बनाया है, जिसके लिए जापान के प्रो. तोमियो मिज़ोकामि का नाम सर्वविदित है। उन्होंने लगभग 300 फ़िल्मी गानों का हिंदी से जापानी में अनुवाद किया है। जब उन्होंने जापान में मुझे वह पुस्तक भेंट की तो मैं दंग रह गया। अमेरिका में डॉ. अंजना संधीर ने भी हिंदी शिक्षण के लिए हिंदी फ़िल्मी गानों का उपयोग किया और फ़िल्मी गानों के आधार पर एक पुस्तक तैयार की। त्रिनिदाद के विषय में तो यह विख्यात है कि वहाँ पर 'सुहानी शाम ढल चुकी, तुम कब आओगे...' एक अघोषित राष्ट्रीय गान का स्थान ले चुका है। किसी भी सामूहिक आयोजन में इस गाने को अवश्य बजाया या गाया जाता है। इसी प्रकार फ़िजी में 'विलेज सिनेमा घर' में निरंतर भारतीय हिंदी फ़िल्मों को प्रदर्शित किया जाता रहता है। वहाँ पर एक बार स्थानीय कलाकारों ने 'अधूरा सपना' और 'घर परदेस' नाम से हिंदी फ़िल्म भी निर्मित की थी। चीन में भी हिंदी फ़िल्मों का स्पष्ट प्रभाव क्लब, और रेस्तराँ आदि में दिखाई दिया। हिंदी फ़िल्मी गानों की धुनों पर अतिथि नाचते हैं। चीन के ग्वानजाऊ के बीजिंग लू बाज़ार में चीनी दुकानों पर खड़ी लड़कियाँ भारतीय ग्राहकों से हिंदी में बात करती और अपना सामान बेचती मिल जाएँगी। उन्होंने सुविधानुसार अपने नाम भी गीता, सीमा, सीता आदि रख लिए हैं।

भारतवंशी देशों में धार्मिक धारावाहिक सदा ही लोकप्रिय होते हैं और आजकल बहुत से समाचार चैनल सीधे प्रवासी भारतीयों के घर तक पहुँचते हैं। अनेक देशों में हिंदी में समाचार प्रसारण के अतिरिक्त स्थानीय रूप से निर्मित हिंदी धारावाहिकों

का प्रसारण भी होने लगा है, जिसमें कि मॉरीशस प्रमुख है। फ़िजी टीवी में 'झरोखा' और 'आईना' नाम से हिंदी कार्यक्रम प्रसारित होते हैं। फ़िजी का एक अन्य चैनल एफ.बी.सी., टी वी 'वर्ल्ड ऑफ़ बालीवुड' शीर्षक से हिंदी गानों का प्रसारण करता है।

विदेशों में हिंदी प्रचार के क्षेत्र में रेडियो के योगदान को समुचित श्रेय कभी नहीं मिला है, लेकिन सिनेमा के साथ-साथ हमें रेडियो को भी नज़रअंदाज़ नहीं करना चाहिए। फ़िजी में हिंदी के 'सरगम', 'रेडियो नवतरंग', 'रेडियो बुला फ़िजी नमस्ते', 'रेडियो मिर्ची' और 'रेडियो फ़िजी' आदि हिंदी के प्रमुख रेडियो स्टेशन हैं, जिन पर हिंदी के कार्यक्रम निरंतर प्रसारित होते रहते हैं। अमेरिका में डॉ. अंजना संधीर ने स्थानीय इंडियन रेडियो 'आर.बी.सी.' पर हिंदी गानों के माध्यम से 'आओ हिंदी सीखें' कार्यक्रम दो वर्ष तक प्रस्तुत किया। त्रिनिदाद में पाँच भारतीय रेडियो के प्रसारण की व्यवस्था की गई थी। त्रिनिदाद के विद्वान डॉ. कुमार महावीर के अनुसार पाँच भारतीय रेडियो प्रसारण केंद्रों में 90.5 एफ.एम. पर हिंदी भाषा के कार्यक्रम हैं। 91.1 एफ.एम., 103 एफ.एम. और 106 एफ.एम.पर शिक्षा संबंधी कार्यक्रम प्रसारित होते थे, जिनका प्रसारण दुबारा शुरू करने के विचार के बिना ही बंद कर दिया गया। स्वर मिलन 91.1 पर एक स्थानीय प्राथमिक/मौलिक विद्यालय के शिक्षक राजिन महाराज संयोजक और प्रसारणकर्ता थे। 1998 में हिंदी भाषा का कार्यक्रम संगीत 106 पर आठ महीने तक प्रसारित किया गया और उसकी संयोजिका फ़ैलिसिटी (प्राथमिक) हिंदू विद्यालय की अध्यापिका सखी शीसुरन ने किया। यह कार्यक्रम सोमवार से शुक्रवार एक बार 5.30 से 6.30 तक प्रसारित किया जाता था और इसका उद्देश्य रात के खाने के समय सारे परिवार को एक साथ आकर्षित करना था। 103 एफ.एम. पर हिंदी भाषा के कार्यक्रम को 'हिंदी सीखें' कहा जाता है। इसके निर्माता और प्रसारणकर्ता पंडित रणधीर महाराज थे। 1995 से कई सालों तक यह दिन में तीन बार 7.15 (सुबह), 10.15 (सुबह) और 4.30 (शाम) को पाँच मिनट के लिए प्रसारित किया जाता था। तत्पश्चात यह दिन में दो बार प्रसारित होने लगा और बाद में इसका प्रसारण बंद हो गया। रणधीर और राजिन दोनों ने प्रोफ़ेसर वी.आर. जगन्नाथन (जो कि यू.डब्ल्यू.आई. में हिंदी के व्याख्याता थे) के साथ मिलकर सैंट ऑगस्टाइन रेडियो 106 पर और 103 पर इस कार्यक्रम का प्रसारण किया था। हिंदी शिक्षा का कार्यक्रम हर रोज 90.5 पर तीन मिनट के लिए सुबह 9.30 और 10.30 बजे प्रसारित किया जाता है। इसी प्रकार बी.बी.सी. की हिंदी सेवा, अमेरिका से 'वॉयस ऑफ़ अमेरिका', डेनमार्क में 'सबरंग रेडियो' प्रवासी भारतीयों में बहुत लोकप्रिय हैं, जिसे श्री चाँद शुक्ला हदियाबादी चलाते हैं। जर्मनी के 'रेडियो बर्लिन' की

अंतरराष्ट्रीय सेवा में दो घंटे हिंदी के कार्यक्रम प्रसारित किए जाते रहे हैं। जापान, रूस, नेपाल, मॉरीशस, सूरीनाम, न्यूज़ीलैंड, ऑस्ट्रेलिया के सिडनी और मैलबर्न आदि शहरों सहित अनेक देशों में रेडियो ने हिंदी के प्रचार-प्रसार में अति महत्त्वपूर्ण भूमिका निभाई है।

भारत से बाहर हिंदी की जड़ों को सुदृढ़ करने में समय-समय पर अनेक देशों के हिंदी प्रेमियों ने जो पत्र-पत्रिकाएँ निकालीं, उनका विश्व में हिंदी को पुष्पित और पल्लवित करने में एक महत्त्वपूर्ण योगदान है। इंग्लैंड में हिंदी पत्र 'हिंदोस्तान' को 1883 में कालाकांकर नरेश ने अपनी शिक्षा के दौरान प्रकाशित किया था। इसे विदेश में प्रकाशित पहला हिंदी पत्र माना जाता है। साथ ही गन्ने के खेतों में पनप रही हिंदी और लोकभाषाओं ने भारतवंशियों को इस कदर प्रेरित किया कि इन गिरमिटिया मज़दूरों ने साहित्यिक कृतियों और पत्र-पत्रिकाओं का प्रकाशन आरंभ कर दिया। इसका सबसे बड़ा उदाहरण मॉरीशस में प्रकाशित हस्तलिखित पत्रिका 'दुर्गा' है और अन्य कई पत्र-पत्रिकाएँ जो समय-समय पर निकली और बंद हो गईं। 'बसंत', 'आक्रोश', 'पंकज', 'रिमझिम', 'जनवाणी', 'इंद्रधनुष' आदि समकालीन पत्रिकाओं ने मॉरीशस में हिंदी की स्थिति को समृद्ध किया है। इसी प्रकार सूरीनाम से 'सेतुबंध', 'शांतिदूत', 'सूरीनाम दर्पण' और 'हिंदी नामा' प्रमुख हैं। फ़िजी से 'फ़िजी संस्कृति', 'शांतिदूत', 'जय फ़िजी' आदि उल्लेखनीय हैं। त्रिनिदाद से 'हिंदी निधि', 'ज्योति' आदि की हिंदी के प्रचार-प्रसार में प्रमुख भूमिका रही है। इसी प्रकार अमेरिका से 'अन्यथा', 'सौरभ', 'विश्व-विवेक', 'विश्व', 'हिंदी जगत', पत्रिकाओं के प्रमुख नाम हैं। ब्रिटेन में 'पुरवाई' पत्रिका ने हिंदी प्रचार में महत्त्वपूर्ण स्थान प्राप्त किया है। नार्वे से 'स्पाईल' (दर्पण) और 'शांतिदूत' नामक पत्रिकाएँ निकली हैं। बिखराव के पूर्व रूस की पत्रिकाएँ भारत में भी निरंतर पहुँचती थीं। इनमें प्रमुख थीं 'सोवियत भूमि', 'सोवियत दर्पण', और 'यूनोस्त हिंदी'। जापान से 'ज्वालामुखी', बर्मा से 'प्राची कलष', 'नवजीवन', 'ब्रह्मभूमि', 'आर्य युवक', 'जागृति' मुख्य रूप से प्रकाशित हुई हैं। इसी प्रकार नेपाल से 'समाज', 'पंचायत', 'गोरखा पत्र', 'नव नेपाल', 'जनचेतना' और 'हिमालनी' के योगदान ने हिंदी जगत को समृद्ध ही किया है। दक्षिण अफ़्रीका से स्वयं गांधीजी चार भाषाओं (अंग्रेज़ी, तमिल, गुजराती और हिंदी) में 'इंडियन ओपीनियन' का प्रकाशन करते थे। कनाडा से 'भारती' और 'हिंदी चेतना' भी आप्रवासी भारतीयों में लोकप्रिय रही हैं। प्रवासी भारतीयों के लिए भारत से प्रकाशित होने वाली एकमात्र हिंदी पत्रिका 'प्रवासी संसार' है। इन पत्र-पत्रिकाओं के अतिरिक्त बहुत सी पत्र-पत्रिकाएँ समय-समय पर निकलीं और बंद होती रही हैं, लेकिन इनके योगदान को भुलाया नहीं जा सकता है।

हिंदी के संदर्भ में एक उल्लेखनीय तथ्य यह भी है कि यह भारतीय राजनय का अंग भी है। इसी कारण विदेशों में हिंदी के प्रचार-प्रसार का कार्य विदेश मंत्रालय को दिया गया है। विदेश में हिंदी शिक्षण के लिए विदेश मंत्रालय का अंग भारतीय सांस्कृतिक संबंध परिषद महत्त्वपूर्ण भूमिका निभाता है। उपलब्ध तथ्यों के अनुसार कैम्ब्रिज में हिंदी 150 वर्षों से पढ़ाई जा रही है और पूर्वी यूरोप के कई देशों में लगभग 200 से अधिक वर्षों से हिंदी अध्ययन-अध्यापन का कार्य हो रहा है। उदाहरणस्वरूप, हंगरी के ओतवोश लोरांद विश्वविद्यालय में भारतीय अध्ययन विभाग की स्थापना 1873 में हुई थी, जहाँ लगभग पिछले 50 वर्षों से हिंदी पठन-पाठन का कार्य चल रहा है। आज विश्व के लगभग 600 से अधिक स्थानों पर हिंदी-शिक्षण का कार्य हो रहा है। श्रीलंका स्थित दूतावास के सहयोग से चलाई जा रही हिंदी की कक्षाओं में 250 से अधिक छात्र सदैव प्रवेश लेते हैं। भारत सरकार द्वारा आयोजित किए जाने वाले विश्व हिंदी सम्मेलन भी आज राजनय का अंग बन चुके हैं।

विश्व के अनेक देशों में हिंदी के प्रचार-प्रसार का कार्य हो रहा है। हिंदी को संरक्षित और संवर्धित करने के लिए अलग-अलग देशों में वहाँ स्थानीय स्तर पर गठित भारतीय समुदाय के लोगों के समूह और बाद में उनके संस्थागत समूहों ने महत्त्वपूर्ण भूमिका निभाई है। मॉरीशस में यह कार्य गन्ने के खेतों से ही आरंभ हुआ। उत्तर प्रदेश और बिहार के गिरमिटिया श्रमिकों ने भारतीय गाँवों की भाँति बैठका लगाना शुरू किया और हिंदी प्रचार-प्रसार का कार्य आरंभ हुआ। बाद में अनेक हिंदी सेवी संस्थाएँ प्रकाश में आईं, जिनमें 'हिंदी प्रचारिणी सभा' और 'हिंदी स्पीकिंग यूनियन' अग्रणी हिंदी सेवी संस्थाएँ हैं। इनके साथ ही 'सनातन धर्म सभा' और 'आर्य समाज' भी हिंदी के लिए अपने स्तर पर प्रयासरत हैं। वास्तव में हिंदी भारतवंशियों के लिए उनके अस्तित्व का प्रतीक भी है। यहाँ सभी सरकारी कार्य फ़्रेंच अथवा अंग्रेज़ी में ही होता है, बोलचाल में 'क्रियोल' का प्रयोग होता है। किंतु अब मॉरीशस की एयर होस्टेस से लेकर किसी कार्यालय या होटल के बैरे तक हिंदी में बोलते मिल जाएँगे। इसी प्रकार सूरीनाम में भी 'सूरीनाम हिंदी परिषद' हिंदी प्रचार की प्रमुख संस्था है। उसके साथ ही वहाँ बाबू महातम सिंह का नाम भी उल्लेखनीय है। उन्होंने अपना सारा जीवन हिंदी प्रचार-प्रसार के लिए दिया। जितनी भी धार्मिक संस्थाएँ हैं, (आर्य समाज, सनातन धर्म महासभा, सूरीनाम साहित्य मित्र संस्था आदि) सभी ने हिंदी के प्रचार-प्रसार में अपनी महत्त्वपूर्ण भूमिका निभाई है, जिसे अनदेखा करना गलत होगा। भारत से बाहर यदि कहीं सचमुच हिंदी की नींव मज़बूत है तो वह फ़िजी देश है, जहाँ तीन घोषित राजभाषाओं में से एक हिंदी भी है। फ़िजी में 'हिंदी टीचर्स एसोसिएशन'

और आर्य समाज मुख्य संस्थाएँ हैं जिनके माध्यम से हिंदी का प्रचार-प्रसार किया जाता है। इसी प्रकार त्रिनिदाद एवं टोबैगो में भी वहाँ की एक प्रमुख संस्था 'हिंदी निधि' है जो भारतीय दूतावास के साथ मिलकर पत्रिका भी निकालती है और हिंदी कार्यक्रम भी आयोजित करती है। इसके अतिरिक्त 'स्वाहा' संस्था और आर्य समाज भी कई स्थानों पर अपनी हिंदी शिक्षण की गतिविधियाँ संचालित करते हैं। प्रो. हरिशंकर आदेश का नाम त्रिनिदाद में हिंदी प्रचार के लिए लेना अनिवार्य है, क्योंकि उन्होंने 1969 में 'भारतीय विद्या संस्थान' की स्थापना की और इसके माध्यम से हिंदी और भारतीय संगीत की शिक्षा निरंतर देते रहे हैं। गयाना में 'गयाना हिंदी प्रचार सभा' प्रमुख संस्था है, जो अपने स्तर पर निरंतर हिंदी प्रचार के लिए प्रयास करती रहती है। इन भारतवंशी देशों के अतिरिक्त अमेरिका में विश्व हिंदी न्यास और भारतीय विद्या भवन प्रमुख हिंदी सेवी संस्थाएँ हैं। इसी प्रकार कनाडा में 'हिंदी प्रचारिणी सभा' हिंदी प्रचार-प्रसार के लिए अनेक कार्यक्रम आयोजित करती रहती है। ब्रिटेन में हिंदी प्रचार-प्रसार की अनेक संस्थाएँ हैं, जिनमें प्रमुख संस्था यू.के. हिंदी समिति लंदन, गीतांजलि बहुभाषीय साहित्यिक समुदाय, बर्मिंघम, कथा यू.के. लंदन, भारतीय भाषा संगम यॉर्क, भारतीय विद्या भवन, कला निकेतन नॉटिंघम, चैपल, लेस्टर, ग्रेट ब्रिटेन हिंदी लेखक संघ आदि हैं।

लोक भाषाओं से मिलकर मॉरीशस में भोजपुरी, सूरीनाम में सरनामी, फ़िजी में फ़ीजिब्त और दक्षिण अफ़्रीका में नैताली हिंदी बन जाती है। इसमें लोक साहित्य की रचना होती रहती है। सूरीनाम के विख्यात कवि श्री हरीदेव सहतू की कविता इस प्रकार है :

हम तोके का बोली,
हम तोके का बोली
बोली बोली,
भाषा बोली
अवधी कि भोजपुरी।
अंत में–
अपन भाषा में एक बात बोली
तोहँसे हम्मे बहुत है प्यार
महतारी भाषा हमार, महतारी भाषा हमार
सरनामी हमार, सरनामी हमार।

इसी प्रकार गिरमिटिया मज़दूर के रूप में सन् 1898 में सूरीनाम पहुँचे मुंशी रहमान खान वहाँ के प्रसिद्ध कवि हुए हैं। काल और परिस्थितियों का प्रभाव

भाषा और साहित्य पर भी पड़ता है। इस प्रभाव से मुंशी रहमान खान भी अछूते नहीं रहे। उन्होंने हज़रत नबी मुहम्मद रसूलिल्लाह के जीवन चरित को तुलसीदास की रामायण शैली में इस प्रकार रचा है :

आदि अंत प्रभु का नहीं, नहिं कोई सिरजनहार।
मात पिता प्रभु के नहीं, नहीं कोई पालनहार॥
जो कहिं नूर रसूल का, नहीं रचत रहमान।
तौ कुदरत रब अपनी, प्रकट न करत जहान॥
नूर की उत्पत्ति जस भई, है यह रब की षान।
है यह नूर रसूल का, कहुं संक्षेप बखान॥
जिबरा ईल रसूल में, जौन भयउ संबाद।
उन दोनहुँ की वार्ता, करूँ यहाँ इरशाद॥

उपरोक्त दोहों में खड़ी बोली का प्रयोग अधिक है, जबकि हरीदेव सहतू की कविता में अवधी और भोजपुरी अधिक है,क्योंकि हरीदेव सहतू की कविता मुंशी रहमान खान के काल के बाद की है। इसीलिए भाषा अपने लोक रूप में अधिक जीवित है। मॉरीशस में भी भोजपुरी और अवधी क्षेत्रों के लोग अधिक गए थे। ऐसे में वहाँ एक नए समाज के साथ-साथ भाषा ने भी स्वरूप बदला। वहाँ की भोजपुरी को जिसे वे लोग हिंदी कहते हैं, उसमें क्रियोल के अनेक शब्द आ गए हैं। मॉरीशस में लिखी गई एक कविता के अंश इस प्रकार हैं :

जंगल काट कियो मैदाना
खेत बनाये सहित सिवाना।
उपल बटोर सजाये सीमा
खाकर दाल भात अरु पीमा।

इन पंक्तियों में 'सीमा' का अर्थ रास्ता है और 'पीमा' का मिर्च। सभी शब्द क्रियोल भाषा के हैं, जिनका प्रयोग भोजपुरी में किया गया है। इसी प्रकार आज मॉरीशस में वहाँ की हिंदी में अनेक शब्द क्रियोल भाषा के समाहित हो चुके हैं और वह नित नए प्रयोगों के साथ सामने आ रही है। भले ही हम उसे भोजपुरी कहें, अवधी कहें, या जो भी कहें, लेकिन वे लोग तो इसे हिंदी ही कहते हैं।

पारिभाषिक शब्दावली

1. **डायस्पोरा (Diaspora)**–वास्तव में हिंदी शब्द 'प्रवसन' की तुलना में 'डायस्पोरा' शब्द प्राचीन है। यह शब्द मूलतः ग्रीक भाषा का है। शब्दशास्त्र की दृष्टि से डायस्पोरा या Diaspora को ग्रीक भाषा के 'Diaspora' से लिया गया है। संधि-विच्छेद करने पर यह शब्द इस प्रकार है : 'Dia' और 'Sperien' का ''बीजों को बोना, छितराना या बिखेरना, फैलाना'' आदि। यह एक अनंत क्रिया है। मूलतः इस शब्द का प्रयोग ई.पू. 586 में यहूदियों के 'बेबीलोनिया निष्कासन' के संदर्भ में किया गया था।
2. **पारदेशीय पहचान (Transnational Identity)**–विभिन्न देशों में प्रवासित लोगों में सामूहिक चेतना और पारस्परिक जागरूकता के आधार पर निर्मित पहचान को पारदेशीय पहचान कहते हैं।
3. **नृजातीय (Ethnic)**–एथनिक शब्द एक विशिष्ट प्रकार की सांस्कृतिक पहचान का द्योतक है, जो दो या दो से अधिक समूहों को सांस्कृतिक तत्त्वों के आधार पर पृथक करता है। ये सांस्कृतिक तत्त्व भाषा, वेश-भूषा, धर्म, खान-पान और अन्य पहलुओं से निर्मित होते हैं।
4. **सार्वदेशिक शहर (Cosmopolitan City)**–इस शब्द का प्रयोग एक ऐसे शहरी क्षेत्र को परिभाषित करने के लिए किया जाता है, जहाँ विभिन्न देशों और सांस्कृतिक पहचान के लोग बसते हों। उदाहरण के तौर पर दिल्ली, लंदन इत्यादि।
5. **सम्मिश्रता (Hybridity)**–डायस्पोरा के संदर्भ में यह शब्द एक संयुक्त, मिश्रित/संकरित संस्कृति को परिभाषित करता है, जो दो या दो से अधिक संस्कृतियों के मिश्रण से बनती है।
6. **बहुल पहचान (Multiple Identity)**–डायस्पोरा के संदर्भ में बहुल पहचान से तात्पर्य ऐसी समेकित पहचान से है, जो विभिन्न सामाजिक संदर्भों में परिवर्तनशील होती है।
7. **पीड़ित डायस्पोरा (Victim Diaspora)**–यह डायस्पोरा का प्रारंभिक प्रकार है, जिसकी मुख्य विशेषता स्वभूमि से एक कष्टकारी घटना के कारण दो या उससे अधिक विदेशी स्थानों के लिए विस्थापन मानी गई है। वर्तमान समय के विभिन्न शरणार्थी (रिफ्यूजी) समूहों को भी इसमें सम्मिलित किया जा सकता है। इसके

मुख्य उदाहरण हैं–यहूदी, अफ़्रीकी, आर्मेनियाई। इसमें आयरिश तथा फ़िलीस्तीनी लोगों को भी सम्मिलित किया जाता है।

8. **श्रमिक डायस्पोरा (Labour Diaspora)**–वैश्विक स्तर पर मानव समुदायों का महत्त्वपूर्ण फैलाव त्रासदीपूर्ण बिखराव से अलग हटकर रोज़गार के अवसर तलाशने के संदर्भ में भी हुआ, जिसने श्रमिक डायस्पोरा को जन्म दिया। श्रमिक डायस्पोरा के मुख्य उदाहरण के रूप में भारतीय अनुबंधित श्रमिक प्रवासन (इंडियन इंडेंचर लेबर) के रूप में माना जा सकता है। इन लोगों को ब्रिटिश, डच तथा फ़्रांसीसी बागान उपनिवेशों में 1830 से लेकर लगभग 1920 तक भेजा जाता रहा है।
9. **साम्राज्यवादी डायस्पोरा (Imperial Diaspora)**–औपनिवेशिक अथवा सैनिक उद्देश्यों की पूर्ति के लिए बसाए गए स्थानों पर 'साम्राज्यवादी डायस्पोरा' का जन्म हुआ। यूरोप के लगभग सभी शक्तिशाली देशों ने अपनी साम्राज्यवादी महत्त्वाकांक्षाओं को आगे बढ़ाने के लिए डायस्पोराओं का गठन किया। स्पैनिश, पुर्तगाली, डच, जर्मन, फ़्रांसीसी और ब्रिटिश उपनिवेशवादी विश्व के अधिकांश हिस्सों में फैले और इन प्रवासी समूहों द्वारा डायस्पोरा का निर्माण किया गया।
10. **गतिमान डायस्पोरा (Mobilized Diaspora)**–डायस्पोरा के मूल में किसी स्थान विशेष से जुड़ाव को महत्त्वपूर्ण विशिष्टता के रूप में लिया जाता है। लेकिन वास्तविकता में आज भी ऐसे समूह मौजूद हैं, जिन्हें किसी स्थान विशेष से जुड़ा नहीं माना जा सकता है। इस प्रकार के डायस्पोरा को विक्षेत्रीकृत डायस्पोरा या गतिमान डायस्पोरा के रूप में स्वीकार किया जाता है। उदाहरण के लिए कैरेबियाई डायस्पोरा, सिंधी और पारसी डायस्पोरा आदि।
11. **ट्रांस-अटलांटिक डायस्पोरा (Trans-atlantic Diaspora)**–विभिन्न अफ़्रीकी देशों से गुलामों को ख़रीदकर, उन्हें बागान श्रमिकों के रूप में ट्रांस-अटलांटिक व्यापार प्रणाली के माध्यम से नए विश्व के विभिन्न देशों के लिए भेजा जाता रहा। 'एंटी स्लेवरी सोसाइटी' के सक्रिय प्रयासों से इस अमानवीय प्रथा का अंत हुआ। इस दास प्रथा के कारण अफ़्रीकी डायस्पोरा का जन्म हुआ। इसे ही ट्रांस-अटलांटिक डायस्पोरा के नाम से भी जाना जाता है।
12. **बहु-नृजातीय राष्ट्र (Multi-ethnic state)**–एक ऐसा राष्ट्र, जहाँ विभिन्न नृजातीय समूहों के लोग मौजूद हों।
13. **भारतीय अनुबंधित श्रमिक (Indian Indenture Labour)**–औपनिवेशिक शासकों द्वारा भारत से अपनी कालोनियों में एक विशेष अनुबंध के तहत ले जाए गए मज़दूरों को अनुबंधित श्रमिक कहा गया है। यह अनुबंध प्राय: पाँच वर्ष या उससे अधिक होता था।
14. **औपबंधिक श्रम प्रणाली (Indenture Labour System)**--इस प्रणाली के अंतर्गत विभिन्न देशों से औपनिवेशिक शासकों द्वारा एक विशेष अनुबंध या एग्रीमेंट के तहत मज़दूरों को दूसरे देशों में ले जाया जाता था, जो औपनिवेशिक शासकों के अधीन थे।

15. **वाणिज्यिक डायस्पोरा (Trade Diaspora)**–इस प्रकार के डायस्पोरा निर्माण का मुख्य कारण व्यापार रहा है। व्यापार के लिए विभिन्न देशों में लोगों का प्रवासन हुआ। वाणिज्यिक डायस्पोरा पद का प्रयोग सर्वप्रथम एबनेर कोहेन द्वारा किया गया। यह एक ऐसा डायस्पोरा है, जिसका आधार परिवार और नातेदारी संबंधों पर टिका हुआ है, जो इसको एक सुदृढ़ और विश्वसनीय आधार प्रदान करता है। दक्षिण पूर्व एशियाई उपनिवेशों के चीनी व्यापारी, कैरेबियाई तथा पश्चिमी अफ़्रीका के लेबनानी व्यापारी और पूर्वी अफ़्रीका के भारतीय व्यापारिक तंत्र इसके प्रमुख उदाहरण हैं।
16. **फ्रैंकोफ़ोन (Francophone)**–फ़्रेंच भाषा बोलने वाला व्यक्ति मुख्य रूप से उन देशों में जहाँ दो या दो से अधिक भाषाएँ बोली जाती हैं।
17. **ऐंग्लोफ़ोन (Anglophone)**–अंग्रेज़ी बोलने वाला व्यक्ति, मुख्य रूप से उन देशों में जहाँ दो या दो से अधिक भाषाएँ बोली जाती हैं।
18. **ल्युसोफ़ोन (Lusophone)**–पुर्तगाली भाषा बोलने वाला व्यक्ति, मुख्य रूप से उन देशों में जहाँ दो या दो से अधिक भाषाएँ बोली जाती हैं।
19. **बिखराव (Dispersion)**–डायस्पोरा के संदर्भ में इस शब्द का प्रयोग डायस्पोरा के फैलाव और प्रवासन को समझने के लिए किया जाता है।
20. **स्वभूमि की ओर झुकाव (Homeland Orientation)**–डायस्पोरा को परिभाषित करने के लिए यह एक महत्त्वपूर्ण विशेषता है। प्राय: यह देखा गया है कि डायस्पोरा में अपनी स्वभूमि की ओर तीव्र झुकाव होता है।
21. **कंगनी**–उत्तर भारत के 'गिरमिटिया व्यवस्था' की तरह ही दक्षिण भारत में मज़दूरों के विस्थापन की प्रक्रिया को 'कंगनी व्यवस्था' के रूप में जाना जाता था। 'कंगनी व्यवस्था' के तहत ये श्रमिक मुख्यत: मलेशिया, श्रीलंका, सिंगापुर, बर्मा इत्यादि देशों में भेजे गए। अंग्रेज़ी का 'कंगनी' शब्द मुख्यत: तमिल शब्द 'कनक्नी' का अपभ्रंश रूप है, जिसका वास्तविक अर्थ प्रबंधक या नियंत्रक होता है। इस व्यवस्था के तहत भरती करने वाले अधिकारी श्रमिकों को यात्रा और दैनिक खर्च के लिए कुछ अग्रिम राशि प्रदान करते थे।
22. **मैस्त्री**–मैस्त्री व्यवस्था में अनुबंध किसी निश्चित अवधि तक निर्धारित नहीं होता था। साथ ही इन श्रमिकों की भरती में दलालों की भूमिका नगण्य होती थी। श्रमिक कानूनी तौर पर स्वतंत्र होते थे। अनुबंध समाप्ति पर औपनिवेशिक सत्ताधारियों द्वारा इन श्रमिकों के स्थायी निवास के लिए इनको कृषि योग्य भूमि प्रदान करने का प्रावधान था।
23. **फ़्यूज़न संगीत (Fusion Music)**–यह संगीत दो या दो से अधिक प्रकार के संगीत का मिश्रण होता है। उदाहरण के रूप में भारतीय और पाश्चात्य संगीत का मिश्रित रूप फ़्यूज़न संगीत के नाम से जाना जाता है।
24. **प्राचीन डायस्पोरा (Ancient Diaspora)**–प्राचीन डायस्पोरा से तात्पर्य यहूदियों के इज़राइल से बहिर्गमन की प्रकिया से है। यह प्रकिया छठी और सातवीं शताब्दी में प्रारंभ हुई, कालांतर में यहूदी प्रवासन येरूशलम के लिए हुआ।

25. **मध्यकालीन डायस्पोरा (Medieval Diaspora)**–मध्यकाल में मानव समूहों का बड़े स्तर पर प्रवासन एक महत्त्वपूर्ण घटना थी। विभिन्न देशों के बीच व्यापारिक संबंधों और मार्गों के निर्माण के फलस्वरूप, अच्छे जीवन की कामना लोगों के सामूहिक विस्थापन का कारण बनी।

26. **आधुनिक डायस्पोरा (Modern Diaspora)**–आधुनिक काल का प्रवासन ब्रिटिश साम्राज्यवादियों के आर्थिक, व्यापारिक और दासता के फलस्वरूप उत्पन्न हुई प्रक्रिया थी।

27. **गिरमिटिया**–गिरमिट शब्द अंग्रेज़ी के 'एग्रीमेंट' शब्द का अपभ्रंश रूप है। जिस काग़ज़ पर अँगूठे का निशान लगवाकर हर साल हज़ारों मज़दूर दक्षिण अफ़्रीका या अन्य देशों को भेजे जाते थे, उसे मज़दूर और मालिक 'गिरमिट' कहते थे। इस दस्तावेज़ के आधार पर मज़दूर गिरमिटिया कहलाता था।

28. **अरकाटी**–औपनिवेशिक कालोनियों में मज़दूरों को एजेंटों की सहायता से ले जाया जाता था। इन एजेंटों के अंतर्गत कुछ सब-एजेंट भी कार्य करते थे, जो दलालों के माध्यम से मज़दूरों को एकत्रित करते थे। इन दलालों को अरकाटी के नाम से जाना जाता था। अरकाटी सीधे-सादे ग्रामीण लोगों को समझा-बुझाकर,छल-बल, धोखाधड़ी, डरा-धमकाकर और फुसलाकर भर्ती करने लगे। इन दलालों को एक आदमी के लिए पाँच रुपए और एक महिला के लिए इससे भी अधिक कमीशन मिलता था।

29. **डिपो**–औपनिवेशिक कालोनियों में अनुबंधित श्रमिकों को पानी के जहाज़ से ले जाया जाता था। गंतव्य पर पहुँचने के पश्चात उन्हें छोटे-छोटे बैरकों में रखा जाता था, जिन्हें डिपो के नाम से संबोधित किया जाता था।

30. **जहाज़ी भाई**–औपनिवेशिक कालोनियों में अनुबंधित श्रमिकों को पानी के जहाज़ से ले जाया जाता था। जहाज़ पर इन श्रमिकों के बीच एक सामूहिक चेतना और एक अनूठा रिश्ता कायम हो जाता था और वे एक-दूसरे को जहाज़ी भाई कहकर संबोधित करते थे।

31. **कुली (Coolie)**–ऐतिहासिक रूप से कुली एक एशियाई गुलाम को कहा जाता था, जो मुख्यतः भारतीय उपमहाद्वीप, चीन, फ़िलीपींस और इंडोनेशिया के होते थे। यह शब्द औपनिवेशिक शासकों द्वारा इन गुलामों को संबोधित करने के लिए दिया गया था।

32. **फ़िजी हिंदी**–कैरेबियाई देशों में प्रवासित भारतवंशियों ने पिछले सौ वर्षों में अपनी अभिव्यक्ति के लिए जो भाषा रची, उसमें वहाँ के स्थानीय शब्दों का भी समावेशन किया। उदाहरणस्वरूप फ़िजी की स्थानीय भाषा और हिंदी की अवधी, मगही और ब्रज भाषा प्रभाव से निर्मित भाषा को 'फ़िजी हिंदी' कहते हैं।

33. **सरनामी भाषा**–सूरीनाम में 'सरनामी भाषा' के रूप में भोजपुरी भाषा की विशिष्ट उपस्थिति देखी जा सकती है। 'सरनामी भाषा' का विकास सूरीनाम की आधिकारिक डच भाषा और प्रवासी भारतीयों द्वारा संवहित भोजपुरी भाषा के मिश्रण से हुआ है।

34. **नैताली भाषा**–दक्षिण अफ्रीका की स्थानीय भाषा और हिंदी के सम्मिश्रण से 'नैताली भाषा' विकसित हुई।

35. **श्रम गीत**–कार्य के दौरान गाए जाने वाले लोकगीत, इनमें मुख्यत: धोबिया गीत, चमरौधा गीत, जंतसार या पिसौनी गीत, निरौपनी या निराई गीत इत्यादि लोकगीत शामिल थे। ये गीत जाति विशेष और कार्य विशेष से संबंधित होते थे।

36. **क्रियोल भाषा**–क्रियोल या खिचड़ी भाषा, वो स्थिर भाषा होती है, जिसका प्रादुर्भाव विभिन्न भाषाओं के मिश्रण से होता है। उदाहरण के तौर पर मॉरीशस में क्रिओल भाषा फ्रेंच और भोजपुरी भाषाओं का मिश्रण है।

37. **पुराना डायस्पोरा (Old Diaspora)**–जो लोग भारत की स्वतंत्रता के पूर्व विदेश गए उन्हें 'पुराना डायस्पोरा' कहा जा सकता है। भारतीय डायस्पोरा का एक बड़ा भाग पुराने डायस्पोरा से बना हुआ है। इन लोगों ने मलेशिया, मॉरीशस, त्रिनिदाद और टोबैगो, फ़िजी, गयाना और सूरीनाम जैसे देशों में पलायन किया।

38. **नया डायस्पोरा (New Diaspora)**–भारत की स्वतंत्रता प्राप्ति के बाद विदेश जाने वाले लोगों को 'नया डायस्पोरा' की श्रेणी में डाला जा सकता है। इन लोगों का पलायन मुख्य रूप से विदेशों में उपलब्ध नए आर्थिक अवसरों के परिप्रेक्ष्य में हुआ और यह मुख्यत: यूरोप, अमेरिका और खाड़ी के देशों में प्रवासित हुए।

39. **भारतीय मूल के लोग (People of Indian Origin)**–इसका अर्थ उन भारतीयों से होता है, जिन्होंने नए राष्ट्र (जहाँ वे भारत से पलायन करके बसे हैं) की राष्ट्रीयता अपना ली है। इस श्रेणी के अंतर्गत पुराना और नया डायस्पोरा दोनों ही आते हैं।

40. **पुन: प्रवासित (Twice Migrants)**–कुछ ऐसे भारतीय मूल के लोग भी हैं, जिन्होंने कुछ पीढ़ियों बाद कैरेबियाई, अफ्रीका, फ़िजी जैसे देशों से यूरोप, उत्तरी अमेरिका और ऑस्ट्रेलिया जैसे देशों में पुन: पलायन कर लिए, इनको हम 'Twice Migrant' या पुन: प्रवासित शब्द से संबोधित करते हैं।

41. **हाशियाकरण (Marginalization)**–भारतीय डायस्पोरा के संदर्भ में इस शब्द का उपयोग एक ऐसी प्रक्रिया को दर्शाने के लिया किया जाता है, जिसमें डायस्पोरा का दमन प्रवासित देश द्वारा किया जा रहा हो और इस परिस्थिति से निपटने के लिए भारत के पास कोई विशेष नीति न हो।

42. **सक्रिय असाहचर्य (Active Dissassociation)**–यह एक नीतिगत विचारधारा है, जिसके तहत विदेशों में रह रहे भारतीयों के प्रति किसी विशेष नीति का निर्माण नहीं किया जाता और विदेशी मामलों में भारतीयों के संबंध में कोई दख़ल नहीं दिया जाता। स्वतंत्रता के ठीक बाद भारत ने यह नीति अपने डायस्पोरा के प्रति अपनाई थी।

43. **आप्रवासी भारतीय (Non Resident Indian)**–यह ऐसे भारतीय हैं, जो लंबे समय से विदेशों में रह रहे हैं, परंतु उनके पास उस देश की नागरिकता नहीं है। इनके पास पासपोर्ट भी भारतीय ही होता है।

44. **पी.आई.ओ. कार्ड (PIO Card)**–पी.आई.ओ. कार्ड धारक भारतीय मूल के लोगों को विदेशी व्यक्तियों की तुलना में अत्यधिक सुविधा उपलब्ध कराई गई है। इसके अनुसार 1000 यू. एस. डॉलर के भुगतान पर उन्हें बीस वर्षों के 'मल्टीपल एंट्री वीज़ा' की सुविधा उपलब्ध कराई गई है। केवल कृषि भूमि ख़रीदने के अधिकार को छोड़कर पी. आई. ओ. कार्ड धारकों को भारतीय नागरिक की ही भाँति लगभग सभी वाणिज्यिक अधिकार उपलब्ध हैं। यह भारत में वीज़ा–मुक्त प्रवेश सुविधा उपलब्ध करता है। इन कार्डधारकों को केवल वोट डालने के अधिकार को छोड़कर अनिवासी भारतीयों की भाँति अधिकांश अधिकार उपलब्ध हैं।

45. **ओवरसीज़ सिटिज़न ऑफ़ इंडिया (Overseas Citizen Of India)**–विदेशों में रह रहे भारतीयों द्वारा दोहरी नागरिकता की माँग को देखते हुए भारत सरकार ने ओवरसीज़ सिटिज़न ऑफ़ इंडिया नाम से एक स्कीम 2006 में प्रारंभ की, जिसका मकसद दोहरी नागरिकता नहीं देते हुए भी भारतीय मूल के लोगों को वह सारी सुविधाएँ उपलब्ध कराना था, जो कि एक भारत के नागरिक को उपलब्ध होती हैं। हालाँकि ओवरसीज़ सिटिज़न ऑफ़ इंडिया को भारत में राजनीतिक और कृषि भूमि की ख़रीद से संबंधित अधिकार नहीं होते हैं।

46. **ओवरसीज़ इंडियन फेसिलिटेशन सेंटर (Overseas Indian Facilitation Center)**–इस केंद्र का मुख्य उद्देश्य विदेशों में रह रहे भारतीयों को भारत में सुविधाएँ उपलब्ध कराना है।

47. **भारत को जानो कार्यक्रम (Know India Program)**–नो इंडिया प्रोग्राम (केआईपी) प्रवासी भारतीय कार्य मंत्रालय का एक कार्यक्रम है, जिसका उद्देश्य भारतीय डायस्पोरा की युवा पीढ़ी को भारत से नज़दीकी तौर पर जोड़ना है। यह भारतीय मूल के छात्रों और युवा विशेषज्ञों को एक विशेष प्रकार का मंच उपलब्ध कराता है, जिससे वे अपने दृष्टिकोण, आकांक्षाओं एवं अनुभवों को आपस में बाँट सकें और समकालीन भारत से नज़दीकी संबंध स्थापित कर सकें।

48. **डायस्पोरा नॉलेज नेटवर्क (Diaspora Knowledge Network)**–इसके अंतर्गत भारतीय डायस्पोरा को भारतीय विकास के साथ जोड़ने का प्रयास सूचना और संचार तकनीक के माध्यम से किया जाता है। यह एक ऐसी अवधारणा है, जिसकी चर्चा 2006 में शुरू हुई थी और आज इंटरनेट, सोशियल मीडिया और आधुनिक संचार माध्यमों के बढ़ते इस्तेमाल से यह सच होता साबित हो रहा है।

49. **गोपियो (GOPIO) (Global Organization of People of Indian Origin)**–यह विश्व भर में फैले भारतीय डायस्पोरा को संगठित करने के उद्देश्य से निर्मित एक संगठन है, जिसकी स्थापना 1989 में न्यूयार्क शहर में हुई थी।

50. **नृजातीय निर्माण (Ethnic Formation)**–यह मेज़बान देश में डायस्पोरिक पहचान के निर्माण की एक प्रक्रिया है, जिसमें एक ही देश से प्रवासित लोग सामूहिक चेतना का बोध करते हैं।

51. **बहुलवादी समाज (Plural Society)**–ऐसे समाज का निर्माण नृजातीयता और राष्ट्रीयता के आधार पर होता है। प्रवासन, इस प्रकार के समाज के निर्माण का एक प्रमुख कारण है।

52. **कुली बैरिस्टर (Coolie Baristar)**–इस शब्द का प्रयोग औपनिवेशिक दक्षिण अफ़्रीकी शासकों द्वारा महात्मा गांधी के लिए किया जाता था। औपनिवेशिक शासक प्राय: एशियाई मूल के लोगों (ख़ास तौर पर भारतीयों के लिए) के लिए इसी शब्द का प्रयोग करते थे।

53. **डायस्पोरा जन संकेंद्रक (Diaspora Public Spheres)**–इसका निर्माण विविध जन संचार माध्यमों (मास मीडिया) द्वारा होता है। इनमें समाचार-पत्र, पत्रिकाएँ, उपन्यास और अन्य प्रिंट माध्यमों के साथ ही इलेक्ट्रानिक मीडिया-टेलीविज़न, रेडियो और वेबसाइट आदि को भी सम्मिलित किया जाता है। मीडिया (उत्पादक/प्रोड्यूसर) द्वारा प्रस्तुत सांस्कृतिक सामग्री से ही डायस्पोरा जन संकेंद्रकों का गठन होता है। इन्हीं के माध्यम से विश्व स्तर पर बिखरे होने के बाद भी विभिन्न प्रवासित समूह (श्रोता/उपभोक्ता) आपस में जुड़े रहते हैं और सामूहिक चेतना का निर्माण करते हैं।

54. **किरवाल**–यह क्रिओल का भोजपुरी रूप है तथा इसे कैरेबियाई देशों में भारतीय मूल के लोगों द्वारा वहाँ पहले से बसे लोगों को संबोधित करने के लिए प्रयोग में लाया जाता है।

55. **स्कैब लेबर (Skab Labour)**–हड़ताली मज़दूरों की जगह काम पर लाए गए श्रमिकों को स्कैब लेबर कहा जाता है। त्रिनिदाद में ईस्ट-इंडियनों को अफ़्रो-त्रिनिदादियन लोगों की सौदेबाजी की क्षमता को कम करने के उद्देश्य से 'स्कैब लेबर' के रूप में लाया गया था।

56. **स्टीरिओटाइप (Stereotype)**–इसका शाब्दिक अर्थ होता है रूढ़िवादी। यह एक प्रकार का विचार है, जो किसी समूह या व्यक्ति को किसी विशेष नज़रिए से देखने पर मज़बूर कर देता है, जिससे पूर्वाग्रह का जन्म होता है।

57. **इन्क्लेव (Enclave)**–यह बड़े क्षेत्र का एक छोटा-सा भाग होता है, जो चारों तरफ से उस क्षेत्र से घिरा हुआ होता है। डायस्पोरा के संदर्भ में प्राय: एक दूसरे देश में एक ही देश से प्रवासित लोग एक साथ रहने लगते हैं और एक इन्क्लेव का निर्माण करते हैं। इसे एथनिक इन्क्लेव के नाम से भी जाना जाता है।

58. **सम्मिश्रित संस्कृति (Hybrid Culture)**–दो या दो से अधिक संस्कृतियों के मिश्रण से उत्पन्न होती है। इसमें विभिन्न संस्कृतियों के मूल तत्त्वों का समावेशन होता है। डायस्पोरा के विशेष संदर्भ में इसका निर्माण होस्ट और डायस्पोरिक संस्कृतियों के मिश्रण से होता है।

59. **पवित्र संकुल (Sacred Complex)**–इस अवधारणा का प्रतिपादन प्रो़फ़ेसर एल.पी. विद्यार्थी द्वारा किया गया था, जिसका मुख्य उद्देश्य एक ऐसे संकुल को

व्याख्यायित करना था, जो एक पवित्र स्थल की पवित्रता के निर्माण में सहायक होते हैं (जैसे-स्थान, अनुष्ठान, पुजारी इत्यादि)।

60. **सांस्कृतिक बहाव (Cultural Flow)**–यह एक संस्कृति से दूसरी संस्कृति में मूल्यों और विचारों के बहाव को प्रदर्शित करता है।

61. **मीडिया स्केप (Media-Scape)**–अर्जुन अप्पदुरई द्वारा प्रयुक्त इस शब्द का तात्पर्य मीडिया और उसके कंटेंट को संपूर्णता में देखने और उसके प्रभावों को समझने से है। डायस्पोरा के संदर्भ में यह मीडिया का डायस्पोरा पर प्रभाव को परिभाषित करने के संदर्भ में प्रयुक्त होता है।

62. **सांस्कृतिक गठरी (Cultural Baggage)**–यह विभिन्न सांस्कृतिक तत्त्वों, मूल्यों, अवधारणाओं और संस्थाओं का एक समेकित आयाम है, जो प्रवासन के दौरान प्रवासित समूह अपने साथ दूसरे देश ले जाते हैं। इस गठरी में धर्म, भाषा, संगीत, कला, पहनावा, पाक कौशल आदि क्षेत्रीय विविधता वाले लोक स्वरूप विद्यमान रहते हैं।

63. **विलय (Assimilation)**–सांस्कृतिक स्तर पर विभिन्न संस्कृतियों के विलय की प्रक्रिया को एसिमिलेशन कहा जाता है। यह समावेशन या इंटेग्रेशन की प्रक्रिया से भिन्न होती है क्योंकि विलय के पश्चात विभिन्न सांस्कृतिक तत्त्वों (मुख्य रूप से अल्पसंख्यक सांस्कृतिक समूह के तत्त्व) की अपनी अस्मिता विलुप्त हो जाती है।

64. **लघु परंपरा (Little Tradition)**–यह अवधारणा रॉबर्ट रेड्फील्ड द्वारा प्रसारित की गई इसके माध्यम से ग्रामीण क्षेत्रों की सामाजिक-सांस्कृतिक परंपराओं का वर्णन और उन्हें समझने का प्रयास किया गया। इस अवधारणा के माध्यम से ग्रामीण और शहरी क्षेत्रों के बीच के अंतर-संबंधों को समझने का प्रयास भी किया जाता है।

65. **थाईपुसम**–मुरुगन देवता से जुड़ा एक बड़ा तमिल त्योहार। मलेशिया में तमिलों द्वारा मनाया जाने वाला यह सबसे बड़ा त्योहार है।

66. **होसे अथवा कुली कार्निवल (Coolie Carnival)**–होसे या तज़्जाह एक वेस्ट इंडियन परंपरा है, जिसमें मकबरों के बहुरंगी प्रतिरूप जुलूस के रूप में निकाले जाते हैं, और इन्हें समुद्र अथवा किसी तालाब में अनुष्ठानिक रूप से विसर्जित कर दिया जाता है। उन्नीसवीं शताब्दी के त्रिनिदाद के समाचार-पत्रों और सरकारी रिपोर्टों में होसे को 'कुली कार्निवल' के नाम से दर्ज किया गया था। विश्व भर के शिया मुस्लिम समुदाय द्वारा होसे परंपरा का विभिन्न प्रकार से निर्वाह किया जाता है।

67. **ग्रीन कार्ड (Green Card)**–संयुक्त राज्य अमेरिका में दूसरे देशों से प्रवासित लोगों को इस कार्ड की प्राप्ति के पश्चात वहाँ स्थायी रूप से रहने और कार्य करने की अनुमति प्राप्त हो जाती है। इस कार्ड को स्थायी निवास कार्ड के रूप में भी जाना जाता है।

लेखक परिचय

अजय कुमार दूबे–प्रोफ़ेसर, सेंटर फॉर अफ़्रीकन स्टडीज, जवाहर लाल नेहरू विश्वविद्यालय, नई दिल्ली। मुख्य संपादक 'डायस्पोरा स्टडीज', 'अफ़्रीका रिव्यू', 'इनसाइट अफ़्रीका'। शोध क्षेत्र-अंतरराष्ट्रीय अध्ययन, विदेश नीति, अफ़्रीकी मुद्दे और डायस्पोरा आदि।

हरप्रीत कौर–पी.एच.डी. तुलनात्मक साहित्य, सहायक प्रोफ़ेसर, अनुवाद प्रौद्योगिकी विभाग, महात्मा गांधी अंतरराष्ट्रीय हिंदी विश्वविद्यालय, वर्धा। विशेष रुचि सिक्ख डायस्पोरा और अनुवाद।

नीरजा अरुण–भारतीय विद्या भवन आर्ट्स और कॉमर्स कालेज की प्रिंसिपल, भारतीय डायस्पोरा से संबंधित कार्यक्रमों की संयोजक, अकादमिक सह-अध्यक्ष, गोपियो, यू.एस.ए.। रुचि के क्षेत्र आधुनिक साहित्य, भारतीय डायस्पोरा, भारतीय संस्कृति और धर्म आदि।

निवेदिता सिंह–गोविंद बल्लभ पंत सामाजिक विज्ञान संस्थान, इलाहाबाद के दलित संसाधन केंद्र में शोध सहायक। रुचि के क्षेत्र विज़ुअल रेप्रेज़ेंटेशन, सामाजिक मुद्दे और फ़ोटोग्राफ़ी।

प्रशांत खत्री–एम.एस.सी., पी.एच.डी. मानवविज्ञान, दिल्ली विश्वविद्यालय। वर्तमान में मानवविज्ञान विभाग, इलाहाबाद विश्वविद्यालय, इलाहाबाद में सहायक प्रोफ़ेसर के रूप में कार्यरत।

रामशरण जोशी–प्रोफ़ेसर, संचार एवं मीडिया अध्ययन केंद्र, महात्मा गांधी अंतरराष्ट्रीय हिंदी विश्वविद्यालय, वर्धा, पत्रकारिता के क्षेत्र में सक्रिय योगदान, सामाजिक, आर्थिक, राजनीतिक मुद्दों पर लेखन में रुचि।

राकेश पांडेय–संपादक 'प्रवासी संसार'। रुचि के क्षेत्र पत्रकारिता तथा वैश्विक हिंदी साहित्य।

राजीव रंजन राय–एम.एस.सी., पी.एच.डी. मानवविज्ञान, इलाहाबाद विश्वविद्यालय। संप्रति सहायक प्रोफ़ेसर, डायस्पोरा अध्ययन विभाग, महात्मा गांधी अंतरराष्ट्रीय हिंदी विश्वविद्यालय, वर्धा ! प्रवासन, डायस्पोरा और पारदेशीय सांस्कृतिक अध्ययन में रुचि।

□□□